ENSINO MÉDIO:

DIDÁTICAS ESPECÍFICAS NO ÂMBITO PEDAGÓGICO-CURRICULAR

PURA LÚCIA OLIVER MARTINS
ILMA PASSOS ALENCASTRO VEIGA
(ORGS.)

ENSINO MÉDIO:

DIDÁTICAS ESPECÍFICAS NO
ÂMBITO PEDAGÓGICO-CURRICULAR

Capa	Fernando Cornacchia
Coordenação	Ana Carolina Freitas
Copidesque	Mônica Saddy Martins
Diagramação	Guilherme Cornacchia
Revisão	Laís Souza Toledo Pereira

Dados Internacionais de Catalogação na Publicação (CIP)
(Câmara Brasileira do Livro, SP, Brasil)

Ensino médio: didáticas específicas no âmbito pedagógico-curricular / Pura Lúcia Oliver Martins, Ilma Passos Alencastro Veiga (orgs.). – 1. ed. – Campinas, SP: Papirus Editora, 2025.

Vários autores.
Bibliografia.
ISBN 978-65-5650-215-1

1. Didática 2. Educação 3. Ensino médio – Currículos 4. Pedagogia 5. Prática de ensino 6. Professores – Formação I. Martins, Pura Lúcia Oliver. II. Veiga, Ilma Passos Alencastro.

25-263858   CDD-373

Índices para catálogo sistemático:
1. Ensino médio: Proposta pedagógica   373

Eliane de Freitas Leite – Bibliotecária – CRB-8/8415

1ª Edição – 2025

Exceto no caso de citações, a grafia deste livro está atualizada segundo o Acordo Ortográfico da Língua Portuguesa adotado no Brasil a partir de 2009.

Proibida a reprodução total ou parcial da obra de acordo com a lei 9.610/98.
Editora afiliada à Associação Brasileira dos Direitos Reprográficos (ABDR).

DIREITOS RESERVADOS PARA A LÍNGUA PORTUGUESA:
© M.R. Cornacchia Editora Ltda. – Papirus Editora
R. Barata Ribeiro, 79, sala 316 – CEP 13023-030 – Vila Itapura
Fone: (19) 3790-1300 – Campinas – São Paulo – Brasil
E-mail: editora@papirus.com.br – www.papirus.com.br

Homenagem póstuma

*Claudia, uma estrela "encantada"...
Dra. Claudia Christina Bravo e Sá Carneiro foi professora na Universidade Federal do Ceará (UFC) e professora visitante na Universidade Estadual do Ceará (Uece). Vale destacar o reconhecimento de sua trajetória acadêmica ao assumir a indissociabilidade entre ensino, pesquisa, extensão e gestão, principalmente ao ocupar a cadeira n. 17 na Academia Cearense de Química. Com personalidade voltada para o coletivo, Claudia trilhou caminhos diversificados e assumiu papéis incansáveis como profissional da educação superior, bem como cuidando com esmero da sua formação continuada.
Claudia foi guerreira, corajosa, resiliente e incansável também com a vida pessoal, familiar e social.
Seu último legado acadêmico, publicado neste livro, foi escrito nos seus últimos dias de vida.
Claudia partiu, nos deixou, mas seus ideais de luta e resistência por uma educação de qualidade política e social iluminam nossa caminhada com seu encantamento.
Nas palavras da professora Dra. Cleide Maria Quevedo Quixadá Viana, "Claudia viverá bem e plenamente para sempre 'encantada' nos nossos corações e nas nossas memórias"...*

SUMÁRIO

PREFÁCIO 11
Suzana dos Santos Gomes

EIXO TEMÁTICO I
ENSINO MÉDIO, POLÍTICAS EDUCACIONAIS E DEBATES:
O NOVO ENSINO MÉDIO E AS DCNEM

1. EM UM CONTEXTO DE REFORMAS, PARA ONDE
   VAI O ENSINO MÉDIO? 21
   Edileuza Fernandes-Silva e *Maria Alessandra Lima Moulin*

2. DIDÁTICA E DIDÁTICAS ESPECÍFICAS: UMA RELAÇÃO
   DE COMPLEMENTARIDADE EPISTEMOLÓGICA 45
   Ilma Passos Alencastro Veiga, *Pura Lúcia Oliver Martins* e *Kátia Valéria Mosconi Mendes*

EIXO TEMÁTICO II
ENSINO MÉDIO: AS FORMULAÇÕES CURRICULARES E AS DIDÁTICAS ESPECÍFICAS

LINGUAGENS E SUAS TECNOLOGIAS

3. DIDÁTICA DA LÍNGUA PORTUGUESA PARA O ENSINO MÉDIO E A FORMAÇÃO DE PROFESSORES: ELEMENTOS PARA UMA REFLEXÃO CRÍTICA DE GRAMÁTICA E PRODUÇÃO TEXTUAL........ 65
Aline Santos Pereira Rodrigues e *Mireile Pacheco França Costa*

MATEMÁTICA E SUAS TECNOLOGIAS

4. O ESTUDO DE AULA E SUA CONTRIBUIÇÃO PARA UMA DIDÁTICA ESPECÍFICA DA PRÁTICA... 85
Dario Fiorentini

DIDÁTICA DAS CIÊNCIAS HUMANAS E SOCIAIS APLICADAS E SUAS TECNOLOGIAS

5. REINVENTAR A HISTÓRIA NO ENSINO MÉDIO: DESAFIOS À DIDÁTICA, À FORMAÇÃO E À PRÁTICA DOCENTE DE UMA PERSPECTIVA CRÍTICA E TRANSFORMADORA 113
Selva Guimarães

6. DIDÁTICA ESPECÍFICA DA GEOGRAFIA: SENTIDOS E SIGNIFICADOS DE ENSINAR E APRENDER NO ENSINO MÉDIO..... 143
Lana de Souza Cavalcanti

7. DESAFIOS E PERSPECTIVAS DO ENSINO DE FILOSOFIA NO ENSINO MÉDIO BRASILEIRO: UMA ANÁLISE DA DIDÁTICA E DAS PRÁTICAS COMUNICATIVAS 165
Alexandre Ribeiro Martins

8. A DIDÁTICA ESPECÍFICA DO ENSINO DE SOCIOLOGIA NO ÂMBITO DOS DILEMAS SOCIAIS CONTEMPORÂNEOS..................... 187
Ângela Imaculada Loureiro de Freitas Dalben e *Graziele Ramos Schweig*

EIXO TEMÁTICO III
DIDÁTICAS DAS CIÊNCIAS DA NATUREZA E DO MUNDO FÍSICO E SUAS TECNOLOGIAS

CIÊNCIAS DA NATUREZA E SUAS TECNOLOGIAS

9. ENSINO DE QUÍMICA COMO COMPROMISSO CIDADÃO: OBSTÁCULOS, TENSÕES E POSSIBILIDADES.. 209
Claudia Christina Bravo e Sá Carneiro

10. O ENSINO DE FÍSICA NO ENSINO MÉDIO: É POSSÍVEL FAZER DIFERENTE... 233
Paulo Sérgio Maniesi

11. DIDÁTICAS ESPECÍFICAS PARA O ENSINO DAS CIÊNCIAS BIOLÓGICAS: QUESTÕES, DESAFIOS E ALTERNATIVAS.................... 253
Daniel Louzada-Silva

PREFÁCIO

PERSPECTIVAS PARA O TRABALHO DOCENTE NO ENSINO MÉDIO: CONTRIBUIÇÕES DA DIDÁTICA GERAL E DAS DIDÁTICAS ESPECÍFICAS

É com grata satisfação que recebi o convite para prefaciar esta coletânea organizada pelas professoras doutoras Pura Lúcia Oliver Martins e Ilma Passos Alencastro Veiga, referências nacionais no campo da didática, da formação de professores, da organização escolar e da prática docente na educação básica e no ensino superior.

Ao longo de suas trajetórias acadêmicas e profissionais, cada uma, a seu modo, contribuiu para a formação de gerações de pesquisadores e tem atraído profissionais da área da educação e afins, que vêm usufruindo da competência e da qualidade de suas publicações.

Esta obra é resultado da intensa atividade acadêmica vivida por elas, cujo foco é a formação de professores para o ensino médio, destacando as contribuições da didática geral e das didáticas específicas no âmbito pedagógico-curricular. Revela o compromisso de ambas com a pesquisa acadêmica na área da educação e a relevância social dos resultados alcançados em seus estudos.

Parabenizo-as pela escolha do tema, pois o ensino médio sempre suscitou discussões e controvérsias, seja quanto à sua abrangência e/ou às suas finalidades. Ao longo das décadas, passou por várias reformas que modificaram o currículo. Na Lei de Diretrizes e Bases da Educação Nacional (LDB) (Lei n. 9.394/1996), foi configurado como etapa final da educação básica, com, no mínimo, três anos de duração, sendo assegurada a sua expansão e obrigatoriedade em todo o país. No artigo 35, inciso II, o ensino médio passou a primar pela "preparação básica para o trabalho e a cidadania do educando como pessoa humana, incluindo a formação ética e o desenvolvimento da autonomia intelectual e do pensamento crítico", tendo como foco a formação plena e integral do estudante (Brasil, 1996).

É importante destacar que o contexto da reforma do ensino médio, marcado pela complexidade, apresenta implicações pedagógicas para a didática geral e para as didáticas específicas. Essas implicações estão fundamentadas em uma perspectiva epistemológica que abrange as dimensões humana, política, social, técnica e tecnológica. Esta coletânea oferece uma contribuição significativa para a formação de professores, considerando as demandas pela implementação de práticas diferenciadas no ensino médio.

O eixo temático I – Ensino médio, políticas educacionais e debates: o Novo Ensino Médio e as DCNEM traz o Capítulo 1, "Em um contexto de reformas, para onde vai o ensino médio?", de autoria de Edileuza Fernandes-Silva e Maria Alessandra Lima Moulin, cujo texto discute as "tramas" e o entrelaçamento de fios que resultaram na estruturação do Novo Ensino Médio e tem como indutora a Base Nacional Comum Curricular do Ensino Médio de 2018. As autoras sinalizam ainda alguns elementos acerca de que formação de professores nas licenciaturas é necessária para a última etapa da educação básica.

Por sua vez, o Capítulo 2, intitulado "Didática e didáticas específicas: uma relação de complementaridade epistemológica", de autoria de Ilma Passos Alencastro Veiga, Pura Lúcia Oliver Martins e Kátia Valéria Mosconi Mendes, analisa a concepção teórico-prática da didática geral ou fundamental e suas relações complementares com as didáticas específicas, no âmbito da organização curricular do ensino médio, voltadas para a formação de professores. Esse objetivo procura ultrapassar os significados restritos de didática ao incluir perspectivas epistemológicas que envolvem as dimensões humana, política, social, técnica e tecnológica. Para tanto, é indispensável também a discussão em torno do contexto sociopolítico, econômico e educacional contemporâneo.

Dando prosseguimento, no eixo temático II – Ensino médio: as formulações curriculares e as didáticas específicas, tratando das "Linguagens e suas tecnologias", o Capítulo 3, "Didática da língua portuguesa para o ensino médio e a formação de professores: elementos para uma reflexão crítica de gramática e produção textual", de Aline Santos Pereira Rodrigues e Mireile Pacheco França Costa, propõe uma didática específica do ensino de língua portuguesa (Deelp). Problematiza os recursos da língua, especialmente os da gramática normativa e da produção textual, trazendo à tona diversas questões em meio ao processo de comunicação. As autoras buscam partilhar sugestões e encaminhamentos quanto às práticas pedagógicas alternativas do ensino da gramática normativa para produção textual da redação do Enem.

Abordando a "Matemática e suas tecnologias", o Capítulo 4, intitulado "O estudo de aula e sua contribuição para uma didática específica da prática", de autoria de Dario Fiorentini, apresenta, descreve e discute uma didática específica da prática educativa em matemática, que tem a aula como foco de estudo e pressupõe um processo dialógico e colaborativo de construção de conhecimentos didático-pedagógicos e curriculares, podendo envolver professores da escola e formadores de professores interessados em investigar como e o que ambos aprendem nesse contexto.

Com o foco na "Didática das ciências humanas e sociais aplicadas e suas tecnologias", o Capítulo 5, "Reinventar a história no ensino médio: desafios à didática, à formação e à prática docente de uma perspectiva crítica e transformadora", de Selva Guimarães, aborda os desafios da didática e da didática da história, especificamente no ensino médio, no contexto sociopolítico do Brasil nas últimas décadas. Segundo a autora, a história é uma disciplina formativa, necessária e estratégica, pois tem como objeto a compreensão da experiência humana, em diversos tempos e lugares.

O Capítulo 6, "Didática específica da geografia: sentidos e significados de ensinar e aprender no ensino médio", de Lana de Souza Cavalcanti, aborda aspectos da escolarização de jovens do ensino médio, defendendo uma formação voltada à cidadania plena, à formação humana integral. Com esse propósito, o capítulo analisa os limites presentes nas normativas vigentes no Brasil e apresenta elementos de uma didática crítica da geografia como caminhos para a superação desses limites, caminhos que resultem em aprendizagem significativa e potencialmente transformadora.

O Capítulo 7, "Desafios e perspectivas do ensino de filosofia no ensino médio brasileiro: uma análise da didática e das práticas comunicativas", de autoria de Alexandre Ribeiro Martins, analisa os desafios do ensino de filosofia no ensino médio brasileiro, especialmente fragilizado em períodos de crise democrática. Como área que essencialmente questiona o senso comum e os discursos hegemônicos, a filosofia tem um papel central na formação cidadã e no desenvolvimento do pensamento crítico dos estudantes.

Por sua vez, o Capítulo 8, "A didática específica do ensino de sociologia no âmbito dos dilemas sociais contemporâneos", de Ângela Imaculada Loureiro de Freitas Dalben e Graziele Ramos Schweig, apresenta as especificidades da sociologia escolar, os desafios de sua legitimação na escola básica e as finalidades e os fundamentos pedagógicos e epistemológicos do ensino de sociologia no ensino médio brasileiro. Nesse capítulo, as autoras discutem as possibilidades metodológicas e finalidades pedagógicas, atentando para o potencial pedagógico dos conteúdos, fundamentos e princípios da disciplina no ensino médio.

No eixo temático III – Didáticas das ciências da natureza e do mundo físico e suas tecnologias, o Capítulo 9, "Ensino de química como compromisso cidadão: obstáculos, tensões e possibilidades", de Claudia Christina Bravo e Sá Carneiro, discute o ensino de química como compromisso cidadão. A autora apresenta e analisa os obstáculos, as tensões e as possibilidades do ensino da química. Defende que a construção de uma didática específica depende da conexão entre o epistemológico e o pedagógico, na unificação entre o conhecimento químico e o conhecimento das disciplinas pedagógicas.

Por seu turno, o Capítulo 10, "O ensino de física no ensino médio: é possível fazer diferente", de Paulo Sérgio Maniesi, focaliza os desafios atuais das didáticas e das metodologias de ensino. Segundo o autor, a didática visa tratar de indicadores que surgiram na convivência com a metodologia da sistematização coletiva do conhecimento, com base em práticas pedagógicas que envolvem conteúdos de física, desenvolvidas com estudantes e professores de física do ensino médio e licenciandos. Por fim, apresenta-se uma alternativa de ensino nas modalidades presencial e remota, que ultrapassa o eixo da transmissão-assimilação.

Finalmente, o Capítulo 11, "Didáticas específicas para o ensino das ciências biológicas: questões, desafios e alternativas", de Daniel Louzada-Silva, focaliza o ensino de ciências da natureza, segundo o autor, confrontado por um forte movimento anticiência. Para o ensino de ciências biológicas, há desafios adicionais, com destaque para a afirmação de sua autonomia em relação às ciências físicas, com as quais compartilha a busca da compreensão do mundo natural, mas com abordagem própria. De acordo com o autor, formar professores de ciências biológicas é, portanto, tarefa extremamente necessária, contínua e que enfrenta múltiplos desafios recentes.

Refletir sobre a articulação entre didática geral e didáticas específicas implica um repensar constante dos processos de ensino e aprendizagem, bem como de suas inter-relações, as quais podem potencializar o desenvolvimento dos estudantes nos mais diversos contextos histórico-culturais. Trata-se de um desafio que exige dos professores um modo de pensar teórico-científico sobre como ensinar os conteúdos escolares.

É importante destacar que cada área do saber produz modos próprios de organização didático-pedagógica, relacionados à lógica científica de cada disciplina, visando favorecer as mediações entre o ensino e os respectivos objetos de conhecimento. Nesse sentido, torna-se relevante dedicar espaço à socialização científica de investigações teórico-práticas sobre o ensino em diferentes áreas, nas quais se encontram dialeticamente fundidos os conhecimentos disciplinares e didático-pedagógicos.

Na dimensão dialética, observam-se duas perspectivas: a investigativa e a formadora, que são faces de um mesmo processo no trabalho docente. A perspectiva investigativa está presente tanto na didática geral quanto nas didáticas específicas, assim como a formadora. Ambas estão indissociavelmente ligadas, pois a investigação também é educativa, e a formação implica reflexões que incidem sobre a investigação, enriquecendo-a, especialmente quando as atividades são realizadas de forma coletiva, envolvendo tanto professores quanto estudantes.

A dimensão mediadora da didática geral e das didáticas específicas, que permeia todas as demais, une as perspectivas investigativa e formadora, com o ensino como seu objeto central. Nessa perspectiva, o professor é o mediador, organizando ambientes e condições que permitam aos estudantes avançarem em suas aprendizagens considerando suas realidades.

Como se pode observar, a proposta desta obra é contribuir para a formação de professores, visando à melhoria efetiva da qualidade do ensino e da aprendizagem. Para que os estudantes possam ser sujeitos de sua própria formação, é necessário construir um processo de formação dos professores no campo da didática geral e das didáticas específicas e investir nele, uma vez que o professor só poderá dar sua tarefa por realizada quando o seu trabalho estiver a serviço da aprendizagem dos estudantes. Desse modo, o objetivo da formação é construir e consolidar caminhos que permitam ao professor conquistar autonomia nas dimensões política, social e pedagógica.

Para concluir, convido todos para a leitura desta obra, e espero que os estudos apresentados possibilitem aos leitores reflexões sobre as questões que envolvem o ensino médio, a formação, as contribuições da didática geral e das didáticas específicas diante dos desafios das práticas de ensino. E que, com a leitura, seja possível ampliar compreensões e encaminhar novas inquietações que fomentem diálogos na direção da escola que almejamos.

Profa. Dra. Suzana dos Santos Gomes
Universidade Federal de Minas Gerais
Primavera 2024

Referências

BRASIL. Ministério da Educação. Lei n. 9.394, de 20 de dezembro de 1996. Estabelece as diretrizes e bases da educação nacional. *Diário Oficial da União*, Brasília, p. 27833, 23 dez. 1996. Seção 1.

BRASIL. Ministério da Educação. Lei n. 13.415, de 16 de fevereiro de 2017. Altera a Lei que estabelece as diretrizes e bases da educação nacional e a Lei que regulamenta o Fundo de Manutenção e Desenvolvimento da Educação Básica e de Valorização dos Profissionais da Educação, e institui a Política de Fomento à Implementação de Escolas de Ensino Médio em Tempo Integral. *Diário Oficial da União*, Brasília, DF, 17 fev. 2017.

BRASIL. Ministério da Educação. *Base Nacional Comum Curricular do Ensino Médio (BNCC)*. Brasília, DF, 14 dez. 2018.

EIXO TEMÁTICO I

ENSINO MÉDIO, POLÍTICAS EDUCACIONAIS E DEBATES: O NOVO ENSINO MÉDIO E AS DCNEM

1
EM UM CONTEXTO DE REFORMAS, PARA ONDE VAI O ENSINO MÉDIO?

Edileuza Fernandes-Silva
Maria Alessandra Lima Moulin

Para início de conversa

Conhecer os interesses por trás da reforma do ensino médio nos ajuda a refletir sobre os rumos que as políticas educacionais têm apresentado à última etapa da educação básica desde a aprovação da Lei n. 13.415/2017 (Brasil, 2017b). Assim, instigadas pela questão "para onde vai o ensino médio?", buscaremos explorar as "tramas" que enredam a reforma no Brasil, evidenciando o entrelaçamento de fatores que culminaram na estruturação do Novo Ensino Médio (NEM), regulamentado pela referida lei e orientado pela Base Nacional Comum Curricular do Ensino Médio (BNCCEM) (Brasil, 2017a). Destacaremos, também, a "reforma da reforma", originada nos debates realizados desde a implantação da BNCCEM, que culminou na reestruturação da Política

Nacional do Ensino Médio, em julho de 2024 (Lei n. 14.945/2024), com foco em mudanças a serem implementadas a partir de 2025. Por fim, apontaremos elementos relativos à formação de professores nas licenciaturas, necessária para os que atuam nessa última etapa da educação básica.

Tendo em vista a natureza e complexidade da reforma do ensino médio, é preciso admitir as determinações sobre ela, como o contexto sócio-histórico e econômico de formulação da proposta em âmbito internacional e nacional. Em âmbito internacional, as influências de organismos estrangeiros sobre as políticas de países em desenvolvimento, especialmente no campo educacional. Em âmbito nacional, as singularidades das redes de ensino públicas e das instituições privadas. Esses elementos constituem um todo articulado, permeado de contradições, o que nos levou a desenvolver um estudo crítico sobre a temática, procurando compreendê-lo em sua forma histórica, processual, dinâmica, política e pedagógica.

Nesse sentido, este capítulo realiza uma leitura de cunho teórico-bibliográfico de documentos que embasam a reforma do ensino médio no Brasil: Base Nacional Comum Curricular do Ensino Médio (Brasil, 2017a); Lei n. 13.415 (Brasil, 2017b), que altera as leis n. 9.394, de 20 de dezembro de 1996, que estabelece as diretrizes e bases da educação nacional, e n. 11.494, de 20 de junho 2007, que regulamenta o Fundo de Manutenção e Desenvolvimento da Educação Básica e de Valorização dos Profissionais da Educação, e institui a Política de Fomento à Implementação de Escolas de Ensino Médio em Tempo Integral; e Resolução n. 3, de 21 de novembro de 2018, que atualiza as Diretrizes Curriculares Nacionais para o Ensino Médio (Brasil, 2018), além da mais recente alteração (julho de 2024), regulamentada pela Lei n. 14.945/2024 (Brasil, 2024b).

Direcionamentos externos ao ensino médio no Brasil: Receituário empresarial e o retorno ao passado

Embora a Lei de Diretrizes e Bases da Educação Nacional (LDB), Lei n. 9.394, de 1996, recomende aos sistemas de ensino que garantam às unidades escolares públicas de educação básica autonomia pedagógica, administrativa e de gestão financeira, também para elaborar a sua proposta pedagógica, não se pode afirmar que essa autonomia seja exercida sem interferências externas. Ao contrário, ela é "fortemente influenciada, ou subjugada, pelos poderes exercidos pela classe dominante, que compõe, em sua grande maioria, os representantes políticos" (Branco *et al.*, 2018, p. 27). As intervenções dos agentes políticos e grupos sociais recaem até sobre o que é da natureza da escola como instituição formal de educação: a prerrogativa de fazer a seleção e a organização dos conhecimentos a serem transmitidos, articuladamente ao seu projeto político-pedagógico (PPP).

No Brasil, de maneira especial a partir da década de 1990, o receituário empresarial (Freres; Rabelo, 2017) para o campo educacional encontra respaldo em declarações, princípios e diretrizes definidas em encontros internacionais, como Jomtien (1990), Nova Déli (1993) e Dakar (2000), realizados com a chancela de organismos internacionais como a Organização das Nações Unidas para a Educação, a Ciência e a Cultura (Unesco), o Fundo das Nações Unidas para a Infância (Unicef), o Banco Mundial (BM) e o Programa das Nações Unidas para o Desenvolvimento (PNUD). Em todos os encontros, em menor ou maior grau, é uníssono o discurso em torno da defesa do papel da educação "na suposta sustentabilidade dos países envolvidos com a agenda neoliberal" (Rabelo; Jimenez; Segundo, 2017, p. 14). Isso porque, como afirma Leher (1998, p. 101), para o Banco Mundial, a educação é uma área estratégica para os países pobres e, se bem gerida, pode contribuir para "aliviar a pobreza extrema, manter o capital humano e adaptá-lo às necessidades de um sistema de mercado que contribui para o crescimento, tanto quanto para a promoção da justiça social como para a sustentabilidade política".

Com esse intuito, entre os compromissos assumidos por representantes dos países participantes da Conferência Mundial de

Educação Para Todos, destaca-se a ampliação da oferta da educação básica para a população mundial até o ano 2000. Os compromissos de Jomtien foram ratificados no encontro de Nova Déli, realizado em 1993. Para universalizar a educação básica, foi indicada a necessidade de os países investirem na criação de programas de alfabetização de adultos, na melhoria das condições de trabalho docente e de formação, assim como em reformas nos sistemas educacionais. Na mesma direção, em 2000, foi realizado o Fórum de Dakar, que

> [...] contou com a participação de 180 países e 150 ONGs que reiteraram o papel da educação como um direito humano fundamental e o designaram como a chave para o desenvolvimento sustentável, a segurança da paz e a estabilidade dentro e fora de cada país envolvido (Rabelo; Jimenez; Segundo, 2017, p. 15).

Os discursos predominantes nesses encontros, e que têm ressonância em países signatários dos documentos deles originados, são aparentemente progressistas, reconhecem o papel do Estado na garantia do direito à educação e ressaltam a necessária articulação com o setor privado e as organizações não governamentais (ONGs), por meio de parcerias. Além disso, são definidos os conhecimentos, as competências, habilidades e atitudes a serem contemplados nas reformas curriculares dos países, considerados fundamentais para a formação das juventudes. Ou seja, há um padrão a ser seguido pelos sistemas de ensino, e isso tem relação com o tipo de trabalhador que se deseja para o setor produtivo, com domínio restrito a conhecimentos instrumentais e práticos, o que explica em parte a redução da carga horária de componentes curriculares de ciências humanas e sociais no NEM e na BNCCEM (Brasil, 2017a), um dos pontos polêmicos da reforma. Trata-se de uma base com características de currículo prescritivo, com forte padronização de conhecimentos que devem ser privilegiados na formação das juventudes.

Dessa forma, a definição de um padrão homogêneo a ser seguido na elaboração das políticas curriculares confronta o princípio de escola democrática, aquela que se organiza para que os estudantes tenham acesso aos níveis mais elevados de conhecimento cultural da humanidade, indispensável às classes populares menos privilegiadas social e economicamente (Saviani, 1994). Esse padrão guarda relação com as interferências externas e com o recrudescimento da lógica do mercado no Estado, a despeito da defesa histórica da educação como meio de transformação da sociedade e de desenvolvimento dos cidadãos, consignada em documentos e orientações oriundos desses organismos. Nesse contexto, "a configuração neoliberal do Estado mínimo se desenvolve paralelamente à universalização e verticalização do sistema capitalista de produção numa sociedade globalizada, na qual se intensificam as disparidades entre ricos e pobres" (Branco *et al.*, 2018, p. 11), corroborando processos de exclusão dos pobres a direitos fundamentais, como a educação.

Tem se tornado ainda mais frágil a ideia de transformação das instituições educativas de ensino médio capazes de recuperar o "sentido estruturante da educação e de sua relação com o trabalho, as suas possibilidades criativas e emancipatórias" (Mészáros, 2009, p. 9). Isso, ao mesmo tempo em que se desqualifica a escola, por não atender às expectativas da sociedade no que se refere aos resultados dos desempenhos medidos por avaliações externas e, ainda, por não exercer seu potencial transformador. Ao desqualificá-la, também se desqualificam os sujeitos, que passam a ser responsabilizados pelo fracasso individual e institucional.

Para acompanhar o alcance dos compromissos assumidos pelos países, é proposto o desenvolvimento de sistemas de administração e gestão educacional participativos, que possibilitem a prestação de contas e o monitoramento para controlar o alcance dos objetivos e estratégias do Educação para Todos (Unesco, 2001, p. 2-3). No Brasil, o Sistema Nacional de Avaliação da Educação Básica (Sinaeb), "instrumento de acompanhamento global de redes de ensino com o objetivo de traçar séries históricas do desempenho dos sistemas, que permitam verificar tendências ao longo do tempo, com a finalidade de reorientar políticas públicas" (Freitas *et al.*, 2009, p. 46), começou a ser desenvolvido no final dos anos 1980 e aplicado pela primeira vez em 1990, consolidando-se como um mecanismo de monitoramento e avaliação externo à escola.

Nesse cenário econômico-político, "a orientação política do neoliberalismo evidencia, ideologicamente, um discurso de crise e fracasso da escola pública, como decorrência da incapacidade administrativa e financeira do Estado de gerir o bem comum" (Branco et al., 2018, p. 20). Com base nesses discursos, são apresentadas reformas de reestruturação pedagógica, administrativa e financeira e de gestão das escolas, com forte orientação do mercado, marcando a inclusão da teoria do capital humano na educação, denominada por Frigotto (2002) de "economicismo".

Para resolver a "crise estrutural global do capitalismo atual" (Mészáros, 2009), é preciso, entre outras ações, promover "reformas",[1] palavra que tem origem no latim e significa mudar para voltar à feição anterior. De acordo com Dad Squarisi, o vocábulo foi ressignificado com o tempo, tornando-se sinônimo de aperfeiçoar, aprimorar, melhorar. O que ocorre é que, em relação às reformas educacionais, nem sempre as mudanças são para melhor, como no caso do "novo velho ensino médio".

> A "reforma" por meio de inovação jurídica (criação ou alteração da lei) é a resultante dos interesses que assumiram posição nas arenas de disputa política (a formulação e a promulgação do texto no governo e no Congresso Nacional), sendo a visão sobre o que deve ser o sistema de ensino um dos elementos em disputa (Stoco, 2019, p. 480).

De fato, nas audiências públicas realizadas nas cinco regiões do país com o objetivo de aprovar o texto da BNCCEM, reconhecida como uma política indutora da reforma do ensino médio, foi possível observar a correlação de forças entre grupos do governo da época, grupos ligados a conglomerados econômicos e grupos da sociedade civil organizada. Aliada a isso, a ausência de diálogo com docentes e discentes, sujeitos

---

1. Disponível em: https://www.em.com.br/app/colunistas/dad-squarisi/2023/07/09/interna_dad_squarisi,1517548/reforma-a-palavra-da-moda-vem-la-do-latim.shtml. Acesso em: 16 jan. 2024.

responsáveis pela implementação da reforma curricular, foi emblemática e demonstrou o campo de disputa em torno da educação das juventudes brasileiras.

Esses fatores, junto com tantos outros, caracterizam uma educação/escola de ensino médio em constante questionamento quanto à sua função social e ao cumprimento de suas finalidades. Assim, a crise da última etapa da educação básica integra um projeto de poder contra o qual é preciso resistir.

O ensino médio, historicamente, tem sido foco de reformas. A última, de 2017, é a expressão das manobras regulatórias sobre essa etapa do ensino, especialmente de fundações, organizações, institutos, movimentos que constituem estruturas de poder, sobre os rumos da educação brasileira. De acordo com Ferreti e Silva (*apud* Stoco, 2019, p. 480), o sistema regulatório "articula condições culturais, econômicas e políticas sempre na mesma direção, o atendimento de um grupo de hegemonia política e econômica". Essa regulação é exercida principalmente sobre o trabalho pedagógico da escola, responsável por concretizar o currículo, seus objetivos e finalidades. No ensino médio, as finalidades previstas no artigo 35 da LDB, Lei n. 9.394/1996, são:

> I – a consolidação e o aprofundamento dos conhecimentos adquiridos no ensino fundamental, possibilitando o prosseguimento de estudos;
>
> II – a preparação básica para o trabalho e a cidadania do educando, para continuar aprendendo, de modo a ser capaz de se adaptar com flexibilidade a novas condições de ocupação ou aperfeiçoamento posteriores;
>
> III – o aprimoramento do educando como pessoa humana, incluindo a formação ética e o desenvolvimento da autonomia intelectual e do pensamento crítico;
>
> IV – a compreensão dos fundamentos científico-tecnológicos dos processos produtivos, relacionando a teoria com a prática, no ensino de cada disciplina.

São finalidades abrangentes e complexas de formação humana, acadêmica e profissional, cuja concretização exige ações envolvendo União, estados, municípios e Distrito Federal, redes de ensino, escolas e profissionais da educação. E, ainda, exige o reconhecimento de que a educação é prática social em constante mudança, para atender às necessidades sociais em cada momento histórico, e, como criação, "ela não deve ser qualificada para o mercado, mas para a vida" (Mészáros, 2009, p. 9). Entretanto, a educação básica pública vem sendo regulada com base em interesses político-econômicos, recrudescendo essa lógica desde que passou a integrar a agenda de organismos como a Organização para Cooperação e Desenvolvimento Econômico (OCDE), o que tem levado à definição de finalidades e objetivos para a educação.

O ensino médio brasileiro é uma das etapas mais afetadas por essas determinações econômicas, por meio de políticas e reformas educacionais engendradas para atender aos interesses do mercado, indicando que ruma para a preparação de trabalhadores malformados e precarizados, com pouca ou nenhuma perspectiva de continuidade dos estudos na educação superior. Ao mesmo tempo, é preciso destacar o retrocesso da reforma, tendo em vista a retomada de aspectos que remetem à reforma Francisco Campos (1931), marcada pela articulação com os ideários do governo de Getúlio Vargas e seu projeto político-ideológico, implantado sob a ditadura conhecida como Estado Novo.

Nesse período, houve importante mudança no caráter exclusivamente propedêutico do ensino, com a implantação do ensino profissionalizante, destinado às classes menos favorecidas, "com terminalidade específica, que visava preparar mão de obra para as indústrias que começavam a surgir no país" (Moehlecke, 2012, p. 40). Assim, estava na base dos argumentos da reforma Francisco Campos modernizar o ensino secundário[2] brasileiro, conferindo-lhe organicidade,

---

2. "Ensino secundário era o nível de escolarização entre o curso primário e o ensino superior, que, a partir da Reforma Francisco Campos, passou a ter duração de sete anos e dois ciclos" (Dallabrida, 2009, p. 186), destinado à formação das elites e da classe média brasileira.

contemplando aumento do número de anos de escolarização, divisão em dois ciclos, frequência obrigatória dos estudantes, currículo seriado, sistema de avaliação dos estudantes, além de supressão do regime de cursos preparatórios e de exames parcelados, predominante no Império. De acordo com Dallabrida (2009, p. 185), "essas medidas procuravam produzir estudantes secundaristas autorregulados e produtivos, em sintonia com a sociedade disciplinar e capitalista que se consolidava, no Brasil, nos anos de 1930". Logo, reproduzem a lógica da dualidade do ensino secundário, tendo em vista que a organização curricular e de tempo para o ensino propedêutico não se ajustava à realidade de estudantes não privilegiados social e economicamente. Portanto, "contrastava com os estudos curtos e práticos do ensino técnico-profissional ou normal" (*ibid.*, p. 186).

Assim, o processo dual no ensino médio no Brasil não é algo novo e persiste, mesmo diante da preocupação com a ampliação e a construção de uma identidade para esse nível de formação e com a melhoria da qualidade do ensino. No entanto, é inaceitável o retorno ao passado, que faz com que o "Novo" Ensino Médio, na verdade, reafirme a dicotomia entre ensino profissionalizante e preparação para continuidade na educação superior, que marca as políticas educacionais em pleno século XXI. Supomos que isso se deva a intervenções externas sobre as reformas educacionais brasileiras, caracterizando um processo de alinhamento do sistema educativo à lógica do mercado e de manutenção da ideologia político-econômica neoliberal. Sobre essas bases, importa formar o trabalhador ajustável, flexível, resiliente, demandado pelo capitalismo em crise estrutural (Mészáros, 2009).

Portanto, na lógica do mercado, a escola de Ensino Médio é reconhecida como a instituição que prepara os estudantes para assumir determinados papéis na sociedade e contribuir para o sistema produtivo, e a educação é requisito básico para o desenvolvimento social, econômico e tecnológico de uma sociedade. Nesse sentido, redes de ensino assimilam a ideia de ampliar o conceito de cidadania vinculado ao consumo como condição para a inserção social, acompanhando o discurso empresarial que defende o acesso à educação como meio para qualificar as pessoas para a vida, para o trabalho, para o acesso ao conhecimento e para a empregabilidade (Machado *apud* Freres; Rabelo, 2017). Quem ousará discordar dessas intenções?

No entanto, essa perspectiva em relação à formação no ensino médio não tem favorecido os grupos sociais populares no que concerne ao acesso a direitos humanos básicos. O que se observa é um círculo vicioso em que o poder se mantém nas mãos de grupos sociais dominantes para a perpetuação de seus interesses e de sua hegemonia.

Além disso, a reforma do ensino médio foi empreendida em um contexto político que envolveu golpe político, instabilidade política, interdição das vozes dos sujeitos diretamente envolvidos na formação das juventudes, crise econômica, crise sanitária de Covid-19, entre outros fatores. Assim, a reforma se inscreve em um contexto político de crise democrática, marcado pelo golpe que culminou no *impeachment* da presidenta Dilma Rousseff em 2016. Em setembro de 2016, o governo de Michel Temer apresentou a reforma por meio da Medida Provisória (MP) n. 746/2016 (Brasil, 2016), com o argumento de que o ensino médio

> [...] possui um currículo extenso, superficial e fragmentado, que não dialoga com a juventude, com o setor produtivo, tampouco com as demandas do século XXI. Uma pesquisa realizada pelo Centro Brasileiro de Análise e Planejamento – Cebrap, com o apoio da Fundação Victor Civita – FVC, evidenciou que os jovens de baixa renda não veem sentido no que a escola ensina (Brasil, 2016).

Entretanto, a implantação da base articulada à reforma do ensino médio não veio acompanhada de condições objetivas materiais indispensáveis, como a estrutura física e tecnológica dos prédios escolares, a formação dos professores, a redução do número de estudantes por turma, entre outras. A despeito dessas preocupações, do envio do texto ao Congresso Nacional como MP até a aprovação e sanção foram quatro meses e meio, "numa demonstração de íntimo acordo entre os poderes executivo e legislativo, uma vez que o texto original não sofreu nenhuma emenda significativa" (Ortega; Hollerbach, 2020, p. 5).

Seguindo a tendência da MP, em 16 de fevereiro de 2017, a reforma do ensino médio foi aprovada no Congresso Nacional como Lei n. 13.415.

O açodamento na aprovação do texto da reforma do ensino médio revela o jogo de interesses que tem, de um lado, grupos políticos e econômicos de olho no extenso mercado que representa a educação básica pública. Pelos dados do Censo de 2022, é possível afirmar que a reforma movimenta a indústria de livros didáticos, materiais pedagógicos, apostilas, "treinamento" de professores, além de empresas do ramo da tecnologia que vendem serviços e produtos que têm a inovação como mote – as *big techs*. Essa movimentação se volta a uma parcela expressiva dos jovens que frequentam as escolas públicas brasileiras, especificamente. De outro lado, está um governo com a pior aprovação desde o fim da ditadura militar, criando o terreno propício para a aprovação da reforma de uma etapa tão complexa do ponto de vista de sua identidade e de suas finalidades, sem a discussão com professores, estudantes, entidades acadêmicas e sociedade civil.

Diante das contínuas divergências e contradições em torno da BNCCEM, e com o retorno de um governo de esquerda à presidência da República (governo Lula – 2023 a 2027), novas discussões voltam a destacar o ensino médio, reacendendo o debate sobre a necessidade de sua reestruturação. O tema, popularmente chamado nos meios de comunicação de "reforma da reforma" ou "Novo Ensino Médio 2024/2025", ganha força e visibilidade no discurso público.

O NEM (2017) enfrentou críticas de diversas ordens, em razão de falhas logísticas, além de significativas contradições teóricas e políticas. Um dos principais problemas logísticos se relaciona especificamente aos itinerários formativos, cuja escolha, em teoria, deveria ser feita pelos próprios estudantes, a fim de atender às suas demandas. Tal escolha foi relativizada pelas questões materiais e estruturais existentes nas diferentes realidades das redes de ensino do país. As contradições políticas se referiam, entre outras, à contestação de uma política pautada na vertente do ensino por competências e nos aspectos apresentados inicialmente neste capítulo.

Assim, visando atender às proposições oriundas de debates iniciados em 2017 e continuados no processo de implantação do "NEM", retomou-se a discussão acerca do distanciamento do currículo prescrito pela base em relação à realidade do currículo planejado e colocado em ação pelos docentes e discentes.

Porém, como ressaltado anteriormente, o embate gira em torno dos contextos sócio-históricos, filosóficos e epistemológicos nos quais estão ancorados o projeto de reforma do ensino médio e a questionável concepção de qualidade da educação proposta por essas reformas educacionais – como é possível perceber em excertos de artigos de revistas ligadas à educação.

> Na semana passada, a Câmara dos Deputados aprovou a "reforma da reforma" do ensino médio [...]. Foi um desastre desde o princípio. Uma catástrofe anunciada. Basta conhecer como funciona uma escola para saber que seria o caos. O movimento estudantil queria a revogação, assim como os sindicatos docentes e parte expressiva dos pesquisadores em educação. Mas o cenário político nos concedeu apenas a possibilidade de tentar deixá-la "menos pior" (Gil, 2024).

> As *disciplinas clássicas têm menos prioridade* na grade com a entrada das novas ofertas. Em alguns casos, estudantes relatam ter ficado com apenas duas aulas na semana de português e matemática. [...] Estudantes mais pobres podem ser desestimulados de seguir para o ensino superior porque, no novo formato do ensino médio, há disciplinas optativas que são profissionalizantes e que facilitam a entrada precoce do jovem no mercado de trabalho. Entidades afirmam que a legislação que instituiu o Novo Ensino Médio *não foi discutida com todos os setores* da educação (Santos; Tenente; Calgaro, 2023).

Defendemos, portanto, não apenas uma "reforma da reforma", mas a revogação de uma política que, desde sua origem, apresenta falhas estruturais. Não se trata do fracasso dessa política em termos de implementação, mas dos interesses ideológicos que ela reflete, como o aligeiramento do processo educativo da juventude, o reforço ao ensino dual, a desvalorização da profissão docente, a privatização das escolas públicas e o afastamento da escola de sua função social, conforme previsto no artigo 205 da Constituição Federal de 1988. Apontamos, assim, para o risco de a escola pública falhar em sua missão essencial de formar uma juventude capaz de construir sua identidade e de vivenciar um trabalho pedagógico que integre práticas e saberes socialmente significativos.

Em face disso, reafirma-se a centralidade da escola na concepção, no desenvolvimento e na avaliação do seu trabalho pedagógico. Trabalho pedagógico como categoria central para compreendê-la e que envolve as atividades didático-pedagógicas que realiza, o desenvolvimento do currículo, a avaliação concebida e praticada, as relações entre os sujeitos que lhe dão vida por meio de processos diversos em espaços-tempos que precisam ser pensados pedagogicamente, sem desconsiderar as dimensões técnica e política, também orientadoras desse trabalho.

Na contramão dessas possibilidades, no contexto da reforma do ensino médio de 2017, o governo brasileiro procurou vincular a formação dos professores à BNCCEM. Para isso, apresentou uma Base Nacional Comum para Formação de Professores da Educação Básica, em dezembro de 2018, no movimento de substituição da Resolução n. 2 de 2015 pela Resolução n. 2 de 2019, com o argumento de melhorar a qualidade do ensino oferecido aos estudantes ao mesmo tempo em que valoriza o professor. Que formação? Em que bases teóricas essa formação se daria?

Que professor, que formação para o ensino médio?

A democratização do acesso de estudantes de grupos sociais populares à escola é resultado de uma luta histórica da sociedade civil, de entidades, movimentos sociais, estudantes e famílias e foi garantida na Constituição da República Federativa do Brasil de 1988, em seu artigo 208, inciso II: o ensino médio público se torna dever do Estado, com a defesa da "progressiva universalização do ensino médio gratuito" (Brasil, 1996a). No entanto, não basta garantir o acesso à escola, é preciso garantir a permanência dos estudantes com aprendizagem, e esse tem sido, de fato, um enorme desafio para governos, gestores, educadores, pois exige investimentos no desenvolvimento profissional docente, que inclui a formação inicial de qualidade articulada a formação continuada, carreira, salários e condições adequadas de trabalho. Exige também dos docentes uma organização do processo didático: ensinar, aprender, pesquisar e avaliar em contextos educativos que favoreçam a participação e o protagonismo estudantil em atividades e projetos voltados à apropriação do conhecimento historicamente construído pela humanidade. Para isso, são necessários a formação continuada e o trabalho coletivo com vistas à compreensão de que o currículo é uma das dimensões do trabalho pedagógico, sistematizado no PPP da escola.

Considerando o objetivo deste livro – discutir os cursos de licenciatura para a formação de professores para o ensino médio e a urgente necessidade de repensar o processo de formação docente para essa etapa do ensino, com ênfase na relação entre didática e didáticas específicas, em conformidade com o que estabelece a LDB –, buscaremos fazer alguns cotejamentos em relação à formação proposta no contexto da reforma do ensino médio e a formação necessária para um professor que atua com a diversidade de estudantes, que têm exigido cada vez mais uma base teórica sólida e conhecimentos pedagógicos para concretizar o processo didático em um contexto de sociedade em permanentes mudanças tecnológicas, culturais, econômicas, sociais etc.

A formação do professor para o ensino médio, conforme a LDB, Lei n. 9.394/1996, deve contemplar a formação específica na área de conhecimento para a qual se forma e a formação por meio de disciplinas pedagógicas. Essa formação é um dos elementos que contribuirá para o cumprimento do que estabelece a LDB, no artigo 22, de que o ensino médio tem como objetivo desenvolver no educando uma formação para "o exercício da cidadania e fornecer-lhe meios para progredir no trabalho e em estudos posteriores". Portanto, não estamos falando de uma formação qualquer, mas de uma formação qualificada do ponto de vista de seu conteúdo e de sua forma. Para isso, é fundamental articular na formação nas licenciaturas a didática de cunho mais geral e as didáticas específicas, pois ambas, resguardando-se as especificidades, têm como objeto de estudo e pesquisa o ensino com vistas à aprendizagem.

No entanto, a OCDE defende diretrizes que priorizam a formação de professores para a educação básica, destacando a importância de desenvolver neles competências, habilidades e capacidades que os capacitem a atuar de forma construtiva na sociedade. Esses docentes, por sua vez, devem preparar os alunos para se tornarem adultos produtivos, autônomos, eficazes na resolução de problemas cotidianos e motivados a aprender ao longo da vida (OCDE, 2006, 2014).

Assim, ao definir ações que "controlam" o conteúdo dos cursos de formação docente, o Estado assume o poder de decidir o que e como deve ser ensinado e aprendido na educação básica. Desse modo, a relação entre formação de professores e educação básica se baseia em uma simetria centrada no currículo: mudanças no currículo da educação básica acabam por influenciar a formação de professores, pois é por meio dele que se molda a racionalidade a ser aplicada no ambiente escolar (Sacristán, 2000).

No movimento da reforma do ensino médio, o Conselho Nacional de Educação (CNE) definiu, em dezembro de 2019, Diretrizes Curriculares Nacionais para a Formação Inicial de Professores para a Educação Básica e instituiu a Base Nacional Comum para a Formação Inicial de Professores da Educação Básica (BNC-Formação) (Brasil, 2019) e revogou a Resolução n. 2, de 1º de julho de 2015, que definia as Diretrizes Curriculares Nacionais para a formação inicial em nível superior (cursos de licenciatura, cursos de formação pedagógica para graduados e cursos de segunda licenciatura) e para a formação continuada (Brasil, 2015). Inúmeras instituições de ensino superior ainda estavam em processo de revisão de seus projetos pedagógicos de cursos (PPC) e ou implementando-os à luz da resolução de 2015, sendo atropelados pela sua revogação e definição de novas bases teóricas e metodológicas para as licenciaturas.

A resolução de 2015 defendia a sólida formação dos profissionais da educação, articulando teoria-prática como princípio da formação de professores para a educação básica, que deve ocorrer em um processo de indissociabilidade entre ensino, pesquisa e extensão. Defendia, ainda, a necessidade de contemplar, nos projetos pedagógicos dos cursos de licenciatura, a prática como componente curricular, articulada aos conhecimentos específicos e pedagógicos, e, ao mesmo tempo, a conexão entre o currículo de formação inicial e o currículo da educação básica, aproximando a formação que ocorre nas instituições de ensino superior dos espaços escolares, considerados também formativos.

Na contramão, a perspectiva de formação defendida na resolução de 2019 se baseava na pedagogia de competências, centrada nas aprendizagens, no conhecimento prático, na lógica do aprender a aprender. Além de segmentar a formação, ao contemplar apenas a formação inicial, desconsidera que esta não pode ser concebida isoladamente da formação continuada e da valorização dos profissionais.

Em 2024, a Resolução CNE/CP n. 4, de 29 de maio, substitui a resolução de 2019, estabelecendo novas diretrizes curriculares para a formação inicial de professores (Brasil, 2024a). Embora a nova resolução preserve a concepção central da legislação anterior, ela elimina a nomenclatura "BNC-Formação". Nos capítulos iniciais, a resolução amplia a visão sobre o papel do professor na sociedade, incorporando a promoção da sustentabilidade e a abordagem de questões socioambientais no currículo. Contudo, mantém a estrutura organizacional em núcleos e a distribuição de carga horária seguindo os padrões previamente adotados pela BNC-Formação, com o agravante de extinguir 400 horas de prática como componente curricular, sem uma argumentação clara para essa alteração.

Nesse contexto, a Associação Nacional pela Formação dos Profissionais da Educação (Anfope) apresenta uma nota de esclarecimento na qual se manifesta contrária ao teor, ao processo de elaboração e à aprovação do referido documento. Os aspectos que orientam o parecer em posição contrária ao CNE se fundamentam em diversos argumentos. Primeiramente, a associação destaca a incongruência entre um governo de coalizão democrática e um CNE que aprova uma nova proposta sem a realização de audiências públicas, o que impede a escuta e o debate com a sociedade civil. Em segundo lugar, enfatiza que, embora o documento tenha sido disponibilizado para consulta, as contribuições, críticas, análises e os pontos de convergência e divergência resultantes dessa consulta não foram apresentados (Anfope, 2024).

Além disso, a Anfope ressalta que a publicação do documento ocorreu simultaneamente ao debate sobre o NEM, o que contribuiu para a desarticulação e o baixo envolvimento dos movimentos e entidades do campo da educação (envolvidos no debate supracitado), dificultando uma análise aprofundada e relevante. Entre outros aspectos, a nova diretriz se afasta das concepções e proposições que a Anfope tem consolidado ao longo dos últimos 40 anos, as quais defendem uma formação docente fundamentada em uma compreensão sócio-histórica da educação, com conceitos e princípios consistentes para a formação de professores (Anfope, 2024).

Nesse sentido, a nova resolução (Brasil, 2024a) assume uma concepção de formação de professores que não coaduna com as discussões históricas, de articulação da formação inicial e continuada e de valorização dos profissionais, ficando praticamente subsumida no documento a discussão de carreira, salário e condições de trabalho.

Para construir modelos eficazes de desenvolvimento docente, é essencial ouvir os professores de maneira atenta e objetiva. Implementar programas de desenvolvimento profissional sem considerar as necessidades e prioridades dos docentes a quem esses programas se destinam pode resultar em ações desconectadas da realidade da prática educacional. Além do conhecimento pedagógico e do domínio dos conteúdos específicos, a *expertise* docente inclui saberes que se desenvolvem na prática cotidiana e nas experiências individuais. Esses conhecimentos devem ser parte integrante dos debates sobre a formação inicial nos cursos de licenciatura, para que o trabalho docente não seja apenas uma adaptação a prescrições curriculares impostas, mas, sim, uma prática crítica e consciente, orientada por uma identidade profissional forte e bem consolidada (Cole, 2019).

No caso do ensino médio, etapa em que as disciplinas são baseadas em conteúdos específicos das áreas do conhecimento, a construção dessa identidade profissional é ainda mais relevante. Assim, é preciso um debate genuíno e intencional sobre a formação dos professores, que leve em conta as condições históricas e materiais dessa formação. Isso implica ir além de adaptá-la às prescrições normativas e, sim, considerar as demandas e os desafios que os professores enfrentam em sua realidade de trabalho. Somente ao reconhecer e discutir essas necessidades com uma intencionalidade pedagógica real é possível fomentar uma formação docente que, além de técnica, seja reflexiva e adaptada às complexidades da educação no Brasil.

Por fim, reafirma-se a necessidade urgente de repensar o processo de formação docente para o ensino médio com ênfase na relação entre didática e didáticas específicas de acordo com o ordenamento legal norteado pela LDB, Lei n. 9.394/1996.

Considerações finais

É preciso reiterar que os perfis dos estudantes do ensino médio demandam um projeto unitário para essa etapa do ensino, superando a disputa com a formação técnica e profissional, que deveria ser integrada a esse nível. Nesse sentido, o discurso oficial reforça a visão de ensino médio presente na Lei n. 9.394/1996, ao estabelecer a especificidade desse nível de ensino, construída em torno de um núcleo comum a todos e uma parte diversificada que possibilite a articulação com a educação profissional. Contraditoriamente, esse discurso materializado nas DCNEM (2018) separa novamente o ensino médio da educação profissional, ao estabelecer trajetórias distintas e independentes para ambos, por meio de itinerários formativos desarticulados e conteúdos frágeis e pulverizados.

A Portaria n. 399, de 8 de março de 2023, instituiu a consulta pública para a avaliação e a reestruturação da Política Nacional de Ensino Médio. Essa consulta resultou no Projeto de Lei n. 5.230/2023, que tramitou no Congresso Nacional, e que teve como relator Mendonça Filho, ex-ministro do governo Temer, responsável pela MP n. 746/2016. Na aprovação do texto substitutivo, na Câmara dos Deputados, houve a modificação de alguns pontos do projeto, tais como: elevação da carga horária da formação geral básica de 1.800 horas para, no mínimo, 2.400 horas; reintrodução de outras áreas de conhecimento na formação geral básica e nos itinerários formativos propedêuticos; alteração na carga horária dos itinerários formativos de 1.200 horas para 800 horas; reformulação da BNCC até 2024 e implementação de novo modelo de ensino médio até 2025; reformulação dos itinerários formativos por meio de diretrizes curriculares nacionais, impedindo a ausência de unidade curricular no país; oferta de pelo menos dois itinerários formativos propedêuticos por escola; oferta obrigatória do ensino médio na modalidade presencial.

O debate se consolidou com a promulgação da Lei n. 14.945/2024 (Brasil, 2024b), que redefine a carga horária mínima anual para mil horas e estabelece um aumento progressivo para 1.400 horas, conforme os prazos e metas definidos pelo Plano Nacional de Educação (art. 24). A lei também inclui o artigo 35-B, que organiza o currículo em Formação Geral Básica (FGB) e Itinerários Formativos (IF), incorporando novos elementos como metodologias investigativas, conexão com a comunidade, reconhecimento do trabalho e seu caráter formativo, além da articulação entre diferentes saberes nas áreas do conhecimento e, quando aplicável, no currículo de formação técnica e profissional.

Outros aspectos contemplados são: define a carga horária mínima para a FGB, que passa a ser de 2.400 horas, permitindo-se redução para 2.100 horas no caso da formação técnico-profissional (art. 35-C); determina as áreas do conhecimento, conforme diretrizes do CNE, e estabelece o cumprimento integral ao longo da FGB (art. 35-D). Quanto aos IF, define carga horária mínima de 600 horas, organiza as ênfases e estabelece que cada itinerário deve contemplar ao menos uma área de conhecimento. Dois novos parágrafos são inseridos, os quais determinam que os sistemas de ensino devem garantir oferta de, no mínimo, dois itinerários distintos e apoiar os estudantes na escolha, revogando a possibilidade de créditos externos.

A reestruturação do plano prevê também diretrizes para inclusão e equidade com critérios para expansão das matrículas em tempo integral, com ênfase na inclusão de populações vulneráveis e orientação para adequação de oferta noturna. Especifica, ainda, que a formação técnica e profissional deve ser ofertada, preferencialmente, por instituições públicas mediante convênios.

Apesar dessas modificações no substitutivo, a defesa de um projeto nacional de ensino médio requer a organização de toda a sociedade. Requer, também, a defesa da formação continuada dos profissionais da educação, para que compreendam de forma autônoma as possibilidades didáticas e curriculares, em favor de uma organização do trabalho pedagógico crítico, integrado e contextualizado nas realidades das escolas e dos sujeitos em formação, promovendo assim a flexibilização curricular sem privar os estudantes do direito aos conhecimentos. Garantir e assegurar a qualidade da formação dos estudantes são ações que apresentam relação direta com a qualidade da formação docente e a valorização dos professores. Portanto, é preciso pensar institucionalmente a instituição formadora e as redes de ensino.

Referências

ANFOPE – Associação Nacional pela Formação dos Profissionais da Educação. *Nota da Anfope sobre o parecer CNE/CP n. 4/2024*, abril de 2024. Disponível em: https://www.anfope.org.br/wp-content/uploads/2024/04/Nota-Anfope_correcao_final.pdf. Acesso em: 14 nov. 2024.

BRANCO, E. P. *et al*. As políticas neoliberais. *In*: BRANCO, E. P. *et al. A implantação da Base Nacional Comum Curricular no contexto das políticas neoliberais*. Curitiba: Appris, 2018.

BRASIL. Senado Federal. *Constituição da República Federativa do Brasil*. Brasília: Diário Oficial da União, 6 de outubro de 1988. Disponível em: http://www.planalto.gov.br/ccivil_03/constituicao/constituicao.htm. Acesso em: 11 maio 2024.

BRASIL. *Emenda Constitucional n. 14, de 12 de setembro de 1996*. Modifica os arts. 34, 208, 211 e 212 da Constituição Federal e dá nova redação ao art. 60 do Ato das Disposições constitucionais Transitórias. Brasília: Diário Oficial da União, 1996a.

BRASIL. Presidência da República. *Lei n. 9.394, de 20 de dezembro de 1996*. Estabelece as diretrizes e bases da educação nacional. Brasília: Diário Oficial da União, 1996b.

BRASIL. Ministério da Educação. *Resolução n. 2, de 1º de julho de 2015*. Define as Diretrizes Curriculares Nacionais para a formação inicial em nível superior (cursos de licenciatura, cursos de formação pedagógica para graduados e cursos de segunda licenciatura) e para a formação continuada. Brasília: Diário Oficial da União, seção 1, 2 jul. 2015. Disponível em: http://pronacampo.mec.gov.br/images/ pdf/res_cne_cp_02_03072015.pdf. Acesso em: 16 maio 2024.

BRASIL. Presidência da República. *Medida Provisória n. 746, de 22 de setembro de 2016*. Institui a Política de Fomento à Implementação de Escolas de Ensino Médio em Tempo Integral, altera a Lei n. 9.394, de 20 de dezembro de 1996, que estabelece as diretrizes e bases da educação nacional, e a Lei n. 11.494 de 20 de junho 2007, que regulamenta o Fundo de Manutenção e Desenvolvimento da Educação Básica e de Valorização dos Profissionais da Educação, e dá outras providências. Brasília: Presidência da República, 2016. Disponível em: http://www.planalto.gov.br/ccivil_03/_ato2015-2018/2016/Exm/Exm-MP-746-16.pdf. Acesso em: 5 fev. 2024.

BRASIL. Ministério da Educação. *Base Nacional Comum Curricular*: Ensino Médio. Brasília: Ministério da Educação, 2017a. Disponível em: basenacionalcomum.mec.gov.br/images/histórico/BNCC_EnsinoMedio_embaixa_site_110518.pdf. Acesso em: 12 jan. 2024.

BRASIL. Presidência da República. *Lei n. 13.415, de 16 de fevereiro de 2017*. Altera as leis n. 9.394, de 20 de dezembro de 1996, que estabelece as diretrizes e bases da educação nacional, e 11.494, de 20 de junho de 2007, que regulamenta o Fundo de Manutenção e Desenvolvimento da Educação Básica e de Valorização dos Profissionais da Educação, e institui a Política de Fomento à Implementação de Escolas de Ensino Médio em Tempo Integral. Brasília: Diário Oficial da União, 2017b. Disponível em: http://www.planalto.gov.br. Acesso em: 21 out. 2022.

BRASIL. Ministério da Educação. *Resolução 3, de 21 de novembro de 2018*. Atualiza as Diretrizes Curriculares Nacionais para o Ensino Médio. Brasília: Ministério da Educação, 2018. Disponível em: http://portal.mec.gov.br/docman/novembro-2018-pdf/102481-rceb003-18/file. Acesso em: 8 fev. 2024.

BRASIL. Ministério da Educação. *Resolução n. 1, de 2 de julho de 2019*. Diretrizes Curriculares Nacionais para a Formação Inicial de Professores para a Educação

Básica e institui a Base Nacional Comum para a Formação Inicial de Professores da Educação Básica (BNC-Formação). Brasília: Ministério da Educação, 2019. Disponível em: http://portal.mec.gov.br/index.php?option=com_docman&view=download&alias=116731-rcp001-19&category_slug=julho-2019-pdf&Itemid=30192. Acesso em: 16 maio 2024.

BRASIL. Presidência da República. *Lei n. 5.230 de 2023*. Altera a Lei n. 9.394, de 20 de dezembro de 1996, que estabelece as diretrizes e bases da educação nacional, e define diretrizes para a política nacional de ensino médio. Brasília: Presidência da República, 2023. Disponível em: https://www.planalto.gov.br/CCIVIL_03/Projetos/Ato_2023_2026/2023/PL/pl-5230.htm#:~:text=PROJETO%20DE%20LEI%20N%C2%BA%205.230%20DE%202023&text=Altera%20a%20Lei%20n%C2%BA%209.394,pol%C3%ADtica%20nacional%20de%20ensino%20m%C%-3%A9dio. Acesso em: 24 maio 2024.

BRASIL. Ministério da Educação. *Resolução n. 4, de 29 de maio de 2024*. Define as Diretrizes Curriculares Nacionais para a formação inicial em nível superior (cursos de licenciatura, cursos de formação pedagógica para graduados e cursos de segunda licenciatura) e para a formação continuada. Brasília: Ministério da Educação, 2024a. Disponível em: http://portal.mec.gov.br/index.php?option=com_docman&view=download&alias=258171-rcp004-24&category_slug=junho-2024&Itemid=30192. Acesso em: 13 nov. 2024.

BRASIL. Presidência da República. *Lei n. 14.945, de 31 de julho de 2024*. Altera a Lei n. 9.394, de 20 de dezembro de 1996 (Lei de Diretrizes e Bases da Educação Nacional), a fim de definir diretrizes para o ensino médio, e as Leis n. 14.818, de 16 de janeiro de 2024, 12.711, de 29 de agosto de 2012, 11.096, de 13 de janeiro de 2005, e 14.640, de 31 de julho de 2023. Brasília: Presidência da República, 2024b. Disponível em: https://www.in.gov.br/en/web/dou/-/lei-n-14.945-de-31-de-julho-de-2024-575696390. Acesso em: 10 nov. 2024.

COLE, A. Explorando o conhecimento profissional dos professores: construindo identidade e comunidade. *In*: GOODSON, I. F. *Currículo, narrativa pessoal e futuro social*. Campinas: Editora da Unicamp, 2019.

DALLABRIDA, N. Reforma Francisco Campos e a modernização nacionalizada do ensino secundário. *Educação*, Porto Alegre, v. 32, n. 2, p. 185-191, maio-ago. 2009. Disponível em: https://revistaseletronicas.pucrs.br/ojs/index.php/faced/article/view/5520/4015. Acesso em: 8 jan. 2017.

FREITAS, L. C. de *et al*. Avaliação de redes de ensino: a responsabilidade do poder público. *In*: FREITAS, L. C. de *et al*. *Avaliação educacional*: caminhando pela contramão. Petrópolis: Vozes, 2009.

FRERES, H. A.; RABELO, J. Educação, desenvolvimento e empregabilidade: o receituário empresarial para a educação no Brasil. *In*: RABELO, J.; JIMENEZ, S.; SEGUNDO, M. D. M. (org.). *O movimento de educação para todos e a crítica marxista*. Fortaleza: Imprensa Universitária, 2017. p. 59-68.

FRIGOTTO, G. (org.). *Educação e crise do trabalho*. Petrópolis: Vozes, 2002.

GIL, N. A "reforma da reforma" do ensino médio. Coluna "Cidades das Letras: Literatura e Educação". *Brasil de Fato*, MG, 27 de março de 2024. Disponível em: https://www.brasildefatomg.com.br/2024/03/27/a-reforma-da-reforma-do-ensino-medio. Acesso em: 10 nov. 2024.

LEHER, R. *Da ideologia do desenvolvimento à ideologia da globalização*: a educação como estratégia do Banco Mundial para o "alívio da pobreza". 1998. Tese (Doutorado em Educação) – Faculdade de Educação, Universidade de São Paulo, São Paulo, 1998.

LIBÂNEO, J. C.; OLIVEIRA, J. F. de; TOSCHI, M. S. *Educação escolar*: políticas, estrutura e organização. São Paulo: Cortez, 2012.

MOEHLECKE, S. O ensino médio e as novas diretrizes curriculares nacionais: entre recorrências e novas inquietações. *Revista Brasileira de Educação*, v. 17, n. 49, jan.-abr. 2012. Disponível em: https://www.scielo.br/j/rbedu/a/VcRMWBTsgWHCZczymnpgGMr/?format=pdf&lang=pt. Acesso em: 9 jan. 2024.

MÉSZÁROS, I. *A crise estrutural do capital*. São Paulo: Boitempo, 2009.

OCDE – Organização para a Cooperação e Desenvolvimento Econômico. *Professores são importantes*: atraindo, desenvolvendo e retendo professores eficazes. São Paulo: Moderna/OCDE, 2006. Disponível em: https://www.oecd.org/content/dam/oecd/pt/publications/reports/2005/06/teachers-matter_g1gh5af3/9789264065529-pt.pdf. Acesso em: 10 nov. 2024.

OCDE – Organização para a Cooperação e Desenvolvimento Econômico. *Melhores competências, melhores empregos, melhores condições de vida*: uma abordagem estratégica das políticas de competências. Publicação *online* da OCDE, 2014. Disponível em: https://www.oecd-ilibrary.org/education/melhores-competencias-melhores-empregos-melhores-condicoes-de-vida_9788563489197-pt. Acesso em: 10 nov. 2024.

ORTEGA, A. R.; HOLLERBACH, J. D. G. Os discursos oficiais sobre as Leis 5.692/71 e 13.415/2017: a defesa de uma educação a serviço do capital. *Educação por Escrito*, Porto Alegre, v. 11, n. 2, p. 1-12, jul.-dez. 2020.

RABELO, J.; JIMENEZ, S.; SEGUNDO, M. D. M. (org.). *O movimento de educação para todos e a crítica marxista*. Fortaleza: Imprensa Universitária, 2017.

SACRISTÁN, J. G. *O currículo*: uma reflexão sobre a prática. Trad. Ernani F. da Rosa. 3. ed. Porto Alegre: Artmed, 2000.

SANTOS, E.; TENENTE, L.; CALGARO, F. Novo Ensino Médio: ajustar ou revogar? Entenda em 7 pontos o debate que envolve alunos e MEC. *Portal G1*, Educação. Disponível em: https://g1.globo.com/educacao/noticia/2023/02/16/novo-ensino-medio-ajustar-ou-revogar-entenda-em-7-pontos-o-debate-que-envolve-alunos-e-mec.ghtml. Acesso em: 10 nov. 2024.

SAVIANI, D. *Escola de democracia*. São Paulo: Cortez, 1994.

SILVA, E. F. da; PAULA, A. V. de. BNCC do ensino médio e trabalho pedagógico da escola: propostas da audiência pública de Brasília. *Currículo sem Fronteiras*, v. 19, n. 3, p. 992-1010, set.-dez. 2019.

STOCO, S. O que estamos chamando de reforma?. *In*: GOERGEN, P. L. *et al.* (org.). *VI Seminário de Educação Brasileira – Cedes*. Campinas: FE/Unicamp, 2019, p. 479.

UNESCO. *Educação para todos*: o compromisso de Dakar. Brasília: Unesco/Consed/Ação Educativa, 2001. Disponível em: http://unesdoc.unesco.org/images/0012/001275/127509porb.pdf. Acesso em: 4 fev. 2024.

2
DIDÁTICA E DIDÁTICAS ESPECÍFICAS: UMA RELAÇÃO DE COMPLEMENTARIDADE EPISTEMOLÓGICA

Ilma Passos Alencastro Veiga
Pura Lúcia Oliver Martins
Kátia Valéria Mosconi Mendes

Introdução

O presente capítulo analisa a concepção teórico-prática da didática geral ou fundamental e suas relações complementares com as didáticas específicas no âmbito da organização curricular do ensino médio voltadas para a formação de professores. Esse objetivo procura ultrapassar os significados restritos de didática ao incluir perspectivas epistemológicas que envolvem as dimensões humana, política, social, técnica e tecnológica. Para tanto, é indispensável também a discussão em torno do contexto sociopolítico, econômico e educacional contemporâneo.

Nesse sentido, essas dimensões configuram outra perspectiva de didática geral ou fundamental, proposta por Candau (1983), ou outras terminologias, e as didáticas específicas, enfatizando como objeto o ensino e a aprendizagem. Sendo o ensino e a aprendizagem temas que se referem às questões da didática e das didáticas específicas, tomamos como pressuposto a importância da "unidade substantiva" entre elas, de acordo com a afirmação de Zabalza (2004). Isso significa refletir as concepções, a natureza e a dinâmica epistemológica dessas disciplinas curriculares, sublinhando, principalmente, as relações de complementaridade e interdependência, para construir o diálogo no bojo da perspectiva crítica e emancipatória.

Nesse movimento, as reflexões deste capítulo giram em torno dos seguintes itens organizativos: a) a origem da didática; b) a didática geral ou fundamental e as didáticas específicas: um diálogo com alguns autores; c) contribuições das didáticas específicas, geral ou fundamental na formação do professor; d) fundamentos das didáticas específicas: encaminhamentos possíveis. Ressaltamos, também, que os futuros professores atuarão em realidades e instituições escolares diversificadas e complexas e que, para tanto, é necessário qualificar a formação inicial e continuada dos profissionais para o ensino médio, uma das modalidades da educação básica.

A origem da didática

A obra *Didática magna* (1640), de João Amós Comênio, reconhece a didática como um dos pilares da pedagogia. Nessa obra, encontramos alguns princípios: a) a didática é uma técnica e uma arte; b) o ensino deve ter como objetivo a aprendizagem; c) os processos de ensino e aprendizagem caracterizam-se pela rapidez e eficácia (Comênio, 1998). Vale ressaltar que Comênio iniciou a sistematização da didática no âmbito pedagógico e desenvolveu métodos específicos, enaltecendo o emprego dos recursos didáticos. Dessa perspectiva, a didática era entendida como sinônimo de ensino.

Nasce, assim, a didática na concepção da utopia da criação de um método capaz de ensinar tudo a todos, que, na verdade, era uma metodologia e não uma didática. De 1640 até os dias de hoje, já se passaram 385 anos, quase quatro séculos. Mesmo com o foco no método, Comênio deu o primeiro passo, ou melhor, foi o promotor do ponto de partida. Cabe aos estudiosos, pesquisadores e professores de didática delinearem outros pontos de partida e outros pontos de chegada que propiciem sua evolução histórica[1] e epistemológica.

Com o correr do tempo, a didática geral sofreu reformulações, tendo em vista o surgimento de novas formas de pensamento e do conhecimento em educação. Passamos pela escola tradicional, pelo escolanovismo, tecnicismo, reprodutivismo e, hoje, por outros aportes epistemológicos da pedagogia. Assim, a didática concebida por Comênio no século XVII foi a base para o seu desenvolvimento e chega ao século XXI com outras perspectivas, no sentido de superar os movimentos anteriormente citados.

A concepção mais ampla ultrapassa os significados restritos de didática ao assumir perspectivas epistemológicas que envolvem as dimensões teórica, prática, humana, política, social, ética, técnica e tecnológica. Diante do exposto, essas dimensões configuram outra perspectiva da didática geral ou fundamental e das didáticas específicas, delineando como objeto o ensino e a aprendizagem.

A didática geral ou fundamental e as didáticas específicas: Um diálogo com alguns autores

A formação de professores para o ensino médio requer, de um lado, uma didática geral ou fundamental que possibilite um processo formativo de qualidade, exigindo do professor conhecimentos teóricos e práticos, habilidades cognitivas, afetivas, sociais, atitudinais e valores éticos e estéticos, a fim de produzir a aprendizagem dos alunos. De outro lado, há a necessidade de didáticas específicas que dependem de dois campos

---

1. Para ampliar essa evolução, sugerimos: VEIGA, I. P. A. *Prática pedagógica do professor de didática.* Campinas: Papirus, 1999.

científicos constitutivos: a pedagogia, como ciência da educação, e as áreas dos conhecimentos escolares que formatam a matriz curricular do ensino médio:

- Linguagens e suas tecnologias: língua portuguesa, língua estrangeira, artes e educação física.
- Matemática e suas tecnologias.
- Ciências humanas e suas tecnologias: história, geografia, filosofia e sociologia.
- Ciências da natureza e suas tecnologias: química, física e ciências biológicas.

Esse diálogo tem como ponto de partida os estudos de Contreras (1994), Bedoya (2005), Martins (2008), Libâneo (2008), Veiga *et al.* (2011), Andrade Pinto (2015), Trillo, Zabalza e Vila (2017) e Galvão, Lavoura e Martins (2019).

Para Contreras (1994), a didática se ocupa dos processos de ensino-aprendizagem de acordo com duas características: a) o ensino é uma prática humana que compromete moralmente o professor; b) o ensino é uma prática social que responde às necessidades e delimitações que estão além das intenções e previsões individuais. Por ser uma atividade humana e social, a didática exerce influência na vida de outras pessoas, e essa influência tem uma intencionalidade formativa, investigativa e educativa. Dessa forma, não é possível ser insensível ante a relação pedagógica interativa entre professor e alunos mediada pelo conhecimento. Por esse prisma, a didática não pode se contentar em apenas admirar a realidade educativa; há necessidade de uma ação interpretativa. Portanto, a didática geral ou fundamental, de cunho amplo, é formativa, interativa, investigativa e interventiva. Contreras complementa que a didática desenvolve também uma função reflexiva sobre o ensino e a aprendizagem (*ibid.*).

A didática específica, na concepção de Bedoya (2005), deve corresponder a cada ciência ou disciplina específica, objeto de um determinado ensino. A didática específica, portanto, tem seu fundamento na concepção de *ciência* ou *disciplina específica*, como *objeto* de ensino de um campo epistemológico. O autor destaca o seguinte:

> A didática das disciplinas exige ou implica um processo de *investigação e discussão*, replanejamento e *construção constantes* porque os *problemas*, para serem postos em prática, não como uma mera montagem instrumental e operativa, exigem a *confrontação* epistemológica e interdisciplinar (*ibid*., p. 181, grifos nossos).

Por isso, para Bedoya, a referência básica é a confrontação epistemológica e disciplinar que não são rotinas predefinidas, pois o processo didático reproduz e, ao mesmo tempo, constrói novos espaços e reinventa a prática pedagógica por meio da crítica ao objeto estudado.

Para Martins (2008, p. 586, grifos nossos), a didática "é entendida como *expressão* de uma *prática determinada*, num momento histórico *determinado*". Desse ponto de vista, o eixo central da didática está nas "relações sociais e a base epistemológica compreende a teoria como expressão da prática, resultante de uma relação que é ao mesmo tempo material e social" (*ibid*., p. 587). A autora explica que é material, por se dar nas ações concretas no local de trabalho. É social, porque a produção se faz de forma coletiva. E defende que "no âmbito da didática, o próprio processo de fazer (a forma) passa a ser considerado fundamental como elemento educativo" (Martins, 2012, p. 93).

Dessa perspectiva, a didática ultrapassa o caráter meramente instrumental "que trata o processo de ensino desenraizado do contexto histórico, 'neutro', universal e aplicável a todas as situações e, [...] busca compreender o processo de ensino em suas múltiplas determinações, para intervir nele e reorientá-lo na direção política almejada" (Martins, 2003, p. 176).

Martins (2012) apresenta cinco princípios orientadores para a didática da perspectiva da *sistematização coletiva do conhecimento*, apresentados a seguir:

- Da vocação prescritiva da didática a um modelo aberto de construção de novas práticas: "Nessa concepção, a teoria não é entendida como verdade que vai guiar a prática, mas como expressão de uma relação, de uma ação sobre a realidade" (*ibid.*, p. 95).

- Da transmissão à produção do conhecimento: "No próprio processo de trabalho, os professores passam a criar e a produzir novos conhecimentos [...] num processo coletivo" (*ibid.*, p. 95).

- Das relações hierárquico-individualistas para as relações sociais, coletivas e solidárias: "A mudança nas formas de relação social [...] ultrapassa a relação linear entre conteúdo e forma, pontuando uma relação de causalidade complexa" (*ibid.*, p. 96).

- Da relação conteúdo/forma, de uma perspectiva linear de causa/efeito, para a perspectiva de causalidade complexa: "um problema prático, tomado como ponto de partida para o ensino, não constitui uma causa única que provoca um efeito único previsível [...] ele abre um campo de possíveis resultados pressupondo novas relações [...] diante do conhecimento" (*ibid.*, p. 97).

- Do aluno sujeito individual para o campo ideológico individual do aluno: "ao mesmo tempo que incentiva o trabalho coletivo, considera a individualidade dos agentes" (*ibid.*, p. 97).

Os princípios didáticos sistematizados por Martins (2012) expressam um modelo aberto de didática que possibilita novas práticas, pela ampliação das relações sociais coletivas e solidárias com nova concepção da relação conteúdo/forma no processo de ensino.

Nas reflexões de Libâneo (2008), as didáticas específicas buscam a unicidade e interdependência por meio da relação indissociável entre "as questões pedagógico-didáticas e as questões epistemológicas" (*ibid.*, p. 63). O autor apresenta argumentos a favor da integração entre didáticas específicas, sinteticamente apresentados a seguir:

- A didática e as didáticas específicas têm o ensino como objeto de estudo e pesquisa.
- As formas de ensinar dependem das formas de aprender, pois o elemento nuclear é a aprendizagem.
- Aprender é desenvolver as capacidades cognitivas do estudante.
- A didática e as didáticas específicas são interdependentes, uma vez que o objeto de ambas é o ensino-aprendizagem.

Assim, uma das contribuições de Libâneo para a construção das didáticas especiais ou específicas foi destacar o caráter da relação indissociável entre o pedagógico e o epistemológico, enaltecendo o ensino como objeto dessas didáticas e como dimensão central do trabalho docente. O ensinar e o aprender como unidade dialética e, portanto, indissociáveis.

Libâneo (2015), ao discutir o campo disciplinar, investigativo e profissional da didática geral ou fundamental e das didáticas específicas, apresenta a premissa de que a "especificidade epistemológica dessas disciplinas é o estudo da atividade de ensino-aprendizagem na relação com um saber, em situações pedagógicas contextualizadas, visando o desenvolvimento humano dos alunos" (*ibid.*, p. 39).

A relação articulada e horizontal entre ensino e aprendizagem depende da "*rigorosidade* como disciplina e como campo investigativo", como defende Libâneo (2015, p. 55). O autor situa a didática no centro da formação do professor, porque "se constitui como campo científico interdisciplinar cujo objetivo é o *ensino* dirigido para a *aprendizagem*" (*ibid.*, p. 56, grifos nossos).

Compreender o *ensino* como objeto da didática articulado com a *aprendizagem* em busca da unidade, com *rigorosidade* disciplinar, teórica, conceitual e metodológica implica percorrer o caminho para o exercício profissional crítico, para as transformações das condições sociais vigentes e para a superação das desigualdades sociais.

É ainda Libâneo (2015) que situa a didática no centro da formação dos professores, porque "se constitui como *campo científico interdisciplinar* cujo objeto é o *ensino* dirigido para a *aprendizagem*" (*ibid.*, p. 56, grifos nossos). Isso significa, claramente, a relação de unidade entre ensino e aprendizagem, bem como a unidade do processo formativo e a garantia da relação entre conteúdo e forma. Assim, o autor é enfático ao defender que a pedagogia é a teoria e a prática da educação, e a didática é o campo da pedagogia que estuda e pesquisa o ensino como práxis social complexa.

Uma pesquisa realizada por Veiga *et al.* (2011), com o objetivo de analisar o papel da didática na formação de professores da educação básica, por meio do estudo analítico dos dez planos de ensino da disciplina em duas instituições, possibilitou perceber as seguintes perspectivas:

- A *didática deslegitimadora do instituído* – "forma o profissional, valendo-se da concepção de educação como prática social crítica emancipadora" (*ibid.*, p. 102).

- A *didática investigadora* – vista como "possibilidade de romper com práticas conservadoras de ensinar, aprender, pesquisar e avaliar ainda presentes na sala de aula" (*ibid.*, p. 104).

- A *didática tecnologizada* – "em que as bases pedagógicas da utilização das tecnologias estão em duas correntes: behaviorismo e socioconstrutivismo" (*ibid.*, p. 106).

- A *didática pragmatista* – "calcada nas competências e habilidades, focaliza o ensino na dimensão meramente técnica" (*ibid.*, p. 107).

Em síntese, as perspectivas tecnologizadas e pragmatistas necessitam ser superadas, para que não fiquem na concepção meramente instrumental e que Veiga denominou de "tecnólogo de ensino" (2002). As outras perspectivas procuram construir e socializar uma proposta crítica e emancipatória da didática.

Das perspectivas críticas enumeradas, é possível superar os posicionamentos no ensino da didática, como o conservadorismo jesuítico, o escolanovismo, o tecnicismo, o politicismo e sociologismo e, ainda, o neotecnicismo, acirrado pelo emprego das tecnologias, distante da concepção crítica de educação e assentado no psicologismo superado. No âmbito dessas concepções, a didática não contribuirá para a prática pedagógica crítica, emancipatória. É necessário imprimir situações inovadoras no ensino da disciplina ao romper com as ações autoritárias, transmissivas e verticalizadas.

Alinhados a essa referência, os estudos e as pesquisas realizadas por Veiga (2011) acerca da formação de professores para a educação básica e superior expressam os princípios fundamentais, bem como a preocupação quanto às relações entre a didática geral ou fundamental e as didáticas específicas.

Vale destacar os seguintes aspectos:

- Prática como elemento de partida e de chegada para que o aluno possa ter atitude reflexiva.

- A articulação entre o ensino e o trabalho docente favorece a socialização do conhecimento mais concreto.

- Ênfase na diversidade e emancipação para construir o movimento da singularidade.

- Unicidade do ensinar, aprender, pesquisar, avaliar e socializar conhecimentos, tecnologias e inovações pela relação dialógica entre professor e estudante.

- Articulação do conhecimento com as questões e a apresentação do enfoque crítico para enriquecer as discussões.

Nesse sentido, o campo das didáticas específicas para formar professores para a educação básica e, em especial, para o ensino médio procura analisar seu objeto e as relações entre ensino e aprendizagem no campo epistemológico das disciplinas curriculares e do conhecimento pedagógico-didático. Elas também são conhecidas como didáticas do ensino de: artes, educação física, língua portuguesa, língua estrangeira moderna; matemática; física, química, ciências biológicas; história, geografia, sociologia, filosofia e outras.

Para Andrade Pinto (2015), o objetivo da formação docente é "a melhoria da qualidade das aprendizagens dos alunos" (*ibid.*, p. 114). O autor chama atenção para as condições materiais, bem como para o "conjunto de fatores que se articulam à sua atuação docente e reduzindo, deste modo, a formação docente a uma questão de ordem individual" (*ibid.*, p. 114). Portanto, as contribuições apresentadas e discutidas por Andrade Pinto evidenciam a ideia da importância do contexto sociopolítico, histórico e cultural em que a formação didática está inserida. Nesse sentido, o contexto mais amplo e também o institucional devem ser considerados nos diversos momentos da formação e investigação. Vale ressaltar a importância da mediação e interligação das formulações legais, no caso, as legislações federais (MEC, CNE) e as estabelecidas pelas instituições de ensino superior, locais onde ocorrem as formações de professores.

Uma didática da docência, relacionada à função do professor que ensina, e uma didática da discência, ou seja, do aluno que aprende, são defendidas por Trillo, Zabalza e Vilas (2017). Para esses autores, o ensino e a aprendizagem são processos integrados que se referem a questões da docência e da discência e assumem como pressuposto a importância da "unidade substantiva". O compromisso primordial dos "professores e estudantes está vinculado à boa aprendizagem, porque há diversas maneiras de enfrentar esse propósito" (*ibid.*, p. 48). O trabalho pedagógico integrativo, interativo e investigativo envolve o "ensinar e aprender, e conviver" (*ibid.*, p. 48). Isso significa pensar o processo de ensino em função dos estudantes em seu processo de aprender e conviver.

Os autores partem da indagação de "como pensar o ensino em função dos estudantes" ou, dito de outra forma, situando os estudantes como discentes. Destacamos desse estudo as proposições definidas pelos autores com base em três argumentos: em primeiro lugar, o protagonismo do estudante em sua própria aula; em segundo, "uma das principais aprendizagens" há de ser sobre si mesmo, conhecer-se e reconhecer-se como estudante e autorregular sua aprendizagem (ritmos, tempos, estratégias, enfoques); em terceiro lugar, a ideia "de uma aprendizagem autônoma", assumindo a aprendizagem protagônica de suas próprias decisões. Assim, na conjunção desses três pontos, os autores apresentam o estatuto de aprendiz do estudante universitário no contexto espanhol. Essa caracterização da didática da discência está fundamentada no arcabouço teórico no âmbito da racionalidade técnica e nos argumentos do enfoque de qualidades pessoais.

Galvão, Lavoura e Martins (2019) apresentam cinco fundamentos da didática histórico-crítica, considerados como elementos nucleares, apresentados a seguir:

- Consideram a dimensão ontológica como uma característica da atividade humana do ato de ensinar.

- Assumem o conhecimento como intencionalidade do ato de ensinar histórico-crítico e como eixo essencial da didática.

- Exigem o pleno domínio do objeto do conhecimento e os respectivos conteúdos do ato de ensinar histórico-crítico.

- São determinados por uma concepção ampliada de *eixo* e de *dinâmica* do ato de ensinar que possibilitam que os docentes questionem e reflitam sobre a relevância daquilo que ensinam aos estudantes.

- Reconhecem o *ensino* e a *aprendizagem* como percursos lógico-metodológicos, contraditórios e inversos, que se instituem entre o ensinar e o aprender.

Dessa perspectiva, o pensar, o conceber, o desenvolver e o avaliar na visão histórico-crítica da didática, em meio às situações reais, é o desafio para abrir caminhos à efetiva construção coletiva na concretização da prática pedagógica histórico-crítica. Isso significa assumir a concepção de educação como prática social crítica e emancipatória e a didática como parte de uma rede de relações, tais como: teoria-prática, conteúdo-forma, objetivo-avaliação, ensino-aprendizagem, professor-aluno, aluno-aluno e os princípios da indissociabilidade entre ensino, pesquisa e extensão, da interdisciplinaridade e da contextualização.

Desse modo, a didática está no centro da formação do professor para a educação básica, com destaque para a articulação entre ensino e aprendizagem como requisito inicial para inserção crítica na sociedade.

Contribuições das didáticas específicas, geral ou fundamental na formação do professor

Construir a didática desmistificadora do instituído e a investigadora é compreender a interpretação delas com base nos marcos sociais, nas teorias críticas da educação e nos novos temas oriundos dos fundamentos epistemológicos, metodológicos e investigativos das diferentes disciplinas incluídas na matriz curricular dos cursos de licenciaturas e do ensino médio. O foco da didática geral ou fundamental gira em torno dos elementos mais abrangentes e fundamentais do processo do ensino para produzir as aprendizagens; portanto, ocupa-se do ensino de modo geral. As didáticas específicas abordam as especificidades das disciplinas curriculares, considerando o campo científico das licenciaturas. São didáticas complementares e interdependentes.

Tanto a didática geral ou fundamental quanto as didáticas específicas são disciplinas obrigatórias para formação docente para exercício no ensino médio. Nesse sentido, a didática de cunho geral e as didáticas específicas têm o ensino para produzir as aprendizagens como objeto de estudo, têm as mesmas tarefas formativas, por meio do diálogo entre elas: a geral e as específicas (Veiga; Fernandes Silva, 2021).

Importante ressaltar que as didáticas específicas de diferentes campos científicos são *múltiplas*, *diversas* e *interdisciplinares*. São *plurais*, porque propiciam o diálogo epistemológico em unidade relacional com os conhecimentos pedagógicos didáticos, tecnológicos, experienciais, com base na indissociabilidade entre ensino, pesquisa e extensão, na interdisciplinaridade, na contextualização, na unicidade de teoria e prática, entre outros. É preciso compreender a relação entre métodos de ensino e o método da ciência, entre conteúdo e forma, teoria e prática etc. Podemos concluir que o conhecimento didático e o conhecimento epistemológico do campo científico, em conjunto, elaboram a didática específica. Esses conhecimentos estão integrados em busca da unidade entre elas.

Fundamentos das didáticas específicas: Encaminhamentos possíveis

As pesquisas, experiências vividas e reflexões em torno da didática e das didáticas específicas da perspectiva histórico-crítica possibilitaram a indicação de elementos estruturantes para a elaboração dessa proposta. Esses elementos estruturantes foram pautados nas lições aprendidas. As didáticas específicas se concretizam como processo contínuo e progressivo, são plurais, multifacetadas, mutáveis, complexas, envolvem fatores subjetivos e institucionais. Portanto, não são neutras nem fragmentadas. Na Figura 1, destacamos as lições aprendidas.

Figura 1: Lições aprendidas

Fonte: Elaborada pelas autoras.

O objetivo da Figura 1 é colocar em evidência o significado da didática e das didáticas específicas e a formação de professores para o ensino médio, processo que tem início e nunca tem fim. Nesse sentido, a formação de professores como formação humana é sempre contínua, progressiva e inconclusa. Sintetizando os encaminhamentos possíveis, evidenciamos os elementos estruturantes das didáticas específicas. São eles:

- Compreender a configuração contextual e os vínculos dos campos pedagógicos e epistemológicos.
- Pensar o objetivo da disciplina no contexto social e a influência desse contexto.

- Delimitar as intencionalidades, para desenvolver a personalidade do estudante, futuro professor, de modo completo.
- Atribuir sentidos ao conhecimento, objetivar a compreensão do porquê dos conceitos.
- Propor metodologias colaborativas e processos avaliativos para a construção do conhecimento que possam dialogar, problematizar e avaliar questões e desafios dos conhecimentos de determinado campo epistemológico.
- Incluir os conhecimentos e linguagens dos campos epistemológicos que se desenvolvem em movimento e em diálogo, pois o conhecimento estruturado não existe sem o real.
- Lembrar que o conhecimento evolutivo não tem fim e é sempre provisório.
- Lembrar que o conhecimento cultural é partilhado.
- Destacar o conhecimento contextualizado produzido em circunstâncias cognitivas, afetivas e sociais.

Assim, para Barth (1997), é imprescindível conhecer a linguagem específica de cada campo científico, porque essa linguagem expressa o conhecimento de cada campo científico.

Por esses encaminhamentos possíveis, a didática específica necessita continuar articulada com a didática geral ou fundamental, a fim de definir qual a essência dos conhecimentos pedagógicos e epistemológicos em profundidade.

Num balanço geral dos diálogos com os autores, vale destacar os pressupostos das didáticas específicas:

- O ensino é considerado uma prática humana e social (Contreras, 1994).

- É dada importância à unidade substantiva das relações de complementaridade e interdependência (Zabalza, 2004).

- O fundamento das didáticas específicas representa a concepção de ciência ou disciplinas específicas como objeto de ensino (Bedoya, 2005).

- O ensinar e o aprender são enaltecidos como unidade dialética e indissociável entre pedagógico e epistemológico (Libâneo, 2008).

- O eixo central da didática está nas relações sociais, e a base epistemológica é a teoria como expressão da prática (Martins, 2008).

- As didáticas específicas são múltiplas, diversas, plurais e propiciam o diálogo epistemológico e interdisciplinar em unidade relacionada (Veiga *et al.*, 2011; Veiga; Fernandes Silva, 2021).

- É dada importância ao contexto sociopolítico, histórico e cultural em que a formação didática está inserida (Andrade Pinto, 2015).

- A dimensão ontológica é compreendida como uma característica da atividade humana do ato de ensinar (Galvão; Lavoura; Martins, 2019).

O debate desses pressupostos é relevante para estimular a realização de estudos investigativos sobre a construção das didáticas específicas por meio dos cursos de graduação nas licenciaturas e nos cursos de pós-graduação *lato* e *stricto sensu*, acadêmico e profissional. É, portanto, imprescindível clarear o significado da didática geral ou fundamental e das didáticas específicas no âmbito do estatuto relativo à pedagogia e à didática, bem como no campo epistemológico.

Referências

ANDRADE PINTO, U. A didática e a docência em contexto. *In*: MARIN, A. J.; PIMENTA, S. G. (org.). *Didática*: teoria e prática. Araraquara: Junqueira & Marin, 2015.

BARTH, B. M. *O saber em construção*: para uma pedagogia da compreensão. Lisboa: Instituto Piaget, 1997.

BEDOYA, J. I. *Epistemología y Pedagogía*: ensayo histórico crítico sobre el objeto y método pedagógicos. 6. ed. Bogotá: Eco Ediciones, 2005.

CANDAU, V. M. F. *A didática em questão*. Petrópolis: Vozes, 1983.

COMÊNIO, J. A. *Didáctica magna*. 8. ed. México: Porruá, 1998.

CONTRERAS, J. *Enseñanza, curriculum y profesorado*: introducción crítica a la didáctica. Madri: Akal, 1994.

GALVÃO, A. C.; LAVOURA, T. N.; MARTINS, L. M. *Fundamentos da didática histórico-crítica*. Campinas: Autores Associados, 2019.

LIBÂNEO, J. C. Didática e epistemologia: para além do debate entre a didática e as didáticas específicas. *In*: VEIGA, I. P. A.; D'ÁVILA, C. M. (org.). *Profissão docente*: novos sentidos, novas perspectivas. Campinas: Papirus, 2008.

LIBÂNEO, J. C. Antinomias na formação de professores e a busca de integração entre o conhecimento pedagógico-didático e o conhecimento disciplinar. *In*: MARIN, A. J.; PIMENTA, S. G. (org.). *Didática*: teoria e prática. Araraquara: Junqueira & Marin, 2015.

MARTINS, P. L. O. *Didática teórica, didática prática*: para além do confronto. 9. ed. São Paulo: Loyola, 2003.

MARTINS, P. L. O. O campo da didática: expressão das contradições das práticas. *In*: ENDIPE, 14., 2008, Porto Alegre. *Anais* [...]. CD-ROM.

MARTINS, P. L. O. As formas e práticas de interação entre professores e alunos. *In*: VEIGA, I. P. (org.). *Lições de didática*. 5. ed. Campinas: Papirus, 2012.

TRILLO, F.; ZABALZA, M. A.; VILAS, Y. Estudiar en la universidad: un momento especial en la vida. *Revista Argentina de Educación Superior – Raes*, Buenos Aires, ano 9, n. 14, jun.-nov., 2017.

VEIGA, I. P. A. Professor: tecnólogo do ensino ou agente social. *In*: VEIGA, I. P. A.; AMARAL, A. L. (org.). *Formação de professores*: políticas e debates. Campinas: Papirus, 2002.

VEIGA, I. P. A. Um diálogo com as didáticas especiais. *In*: LONGUINI, M. D. (org.). *O uno e o diverso da educação.* Uberlândia: Edufu, 2011.

VEIGA, I. P. A. *et al.* A. A didática nos planos de ensino: perspectivas de análise. *In*: LONGAREZI, A. M.; PUENTES, R. P. (org.). *Panorama da didática*: ensino, prática e pesquisa. Campinas: Papirus, 2011.

VEIGA, I. P. A.; FERNANDES-SILVA, E. Para onde vão a didática geral da educação superior e as didáticas específicas?. *In*: VEIGA, I. P. A.; FERNANDES, R. C. de A. (org.). *Por uma didática da educação superior.* Campinas: Autores Associados, 2021.

ZABALZA, M. A. *O ensino universitário*: seu cenário e seus protagonistas. Porto Alegre: Artmed, 2004.

EIXO TEMÁTICO II

ENSINO MÉDIO: AS FORMULAÇÕES CURRICULARES E AS DIDÁTICAS ESPECÍFICAS

LINGUAGENS E SUAS TECNOLOGIAS

3
DIDÁTICA DA LÍNGUA PORTUGUESA PARA O ENSINO MÉDIO E A FORMAÇÃO DE PROFESSORES: ELEMENTOS PARA UMA REFLEXÃO CRÍTICA DE GRAMÁTICA E PRODUÇÃO TEXTUAL

Aline Santos Pereira Rodrigues
Mireile Pacheco França Costa

Introdução

A didática é um componente curricular importante na formação inicial docente, pois "articula a teoria e a prática nos desafios atuais dentro do contexto sociocultural" (Vieira; Martins, 2009, p. 11310). Entretanto, observamos um distanciamento entre o que é ensinado na universidade, nos cursos de licenciaturas, e a prática de ensino em sala de aula, já que os docentes tomam iniciativas para superar os entraves postos pela prática do seu fazer laboral, tendo em vista que, para Gatti e Nunes (2009), a didática específica não tem trabalhado com os licenciados "o que" e "o como" ensinar.

Nesse contexto, frequentemente, a didática está relacionada à ideia de que cabe ao professor uma postura cada vez mais crítica e consciente de seu papel, por meio do estudo dos métodos e técnicas de ensino, buscando compreender os processos de aprendizagem e desenvolver estratégias eficazes para facilitar a construção de conhecimento.

Martins (2009) critica a formação acadêmica recebida na universidade e a realidade da escola, em que os professores vão atuar. Aponta a fragmentação e a dissociação entre o que é ensinado, segundo os pressupostos que visam à ação educativa – didática teórica –, e o que é vivenciado nas escolas, com base no trabalho prático em sala de aula, na organização escolar, em relação às exigências sociais – didática prática –, e valoriza a iniciativa de professores para fazer frente aos problemas decorrentes dessa contradição. A autora considera, ainda, que a prática gera novos conhecimentos fundamentais para o trabalho pedagógico, valendo-se da aproximação com a realidade social dos estudantes, o que evidencia a necessidade de atentar à realidade histórica, social e cultural dos sujeitos, para que o processo de aprendizagem ocorra de forma colaborativa, autônoma e solidária.

Dessa forma, assim como a didática se subdivide em geral e específica, o ensino de língua portuguesa (LP) no ensino médio (EM) também ocorre de forma fragmentada, considerando gramática, literatura e redação. De acordo com a Base Nacional Comum Curricular (BNCC) (Brasil, 2018) e a legislação do Novo Ensino Médio (Brasil, 2020), a didática no ensino de LP deve estar alinhada com os objetivos educacionais, que incluem o desenvolvimento da capacidade de leitura dos diferentes gêneros textuais, do domínio da norma culta da língua, do uso das variantes linguísticas, da compreensão, da interpretação para a produção e análise de textos. Isso implica uma abordagem pedagógica que valorize a contextualização dos conteúdos, a interdisciplinaridade, o uso de tecnologias educacionais e a promoção da participação ativa dos estudantes no processo de aprendizagem. Nesse sentido, a didática desempenha um papel fundamental, ao auxiliar o docente na elaboração e implementação de práticas pedagógicas que promovam o desenvolvimento das habilidades linguísticas dos alunos.

As linguagens de LP, segundo a BNCC, compreendem uma diversidade de formas de expressão e comunicação que englobam não apenas a gramática, mas também a literatura e a redação. Essa divisão entre esses três aspectos linguísticos, muitas vezes, pode obscurecer a compreensão holística da língua.

A gramática, por exemplo, estuda as regras e estruturas que regem a língua, ao passo que a literatura explora a riqueza estética e cultural dos textos escritos, proporcionando uma experiência estética e reflexiva. Por sua vez, a redação é a materialização do domínio linguístico, exigindo não apenas conhecimento gramatical, mas também capacidade de argumentar, persuadir e expressar ideias de forma clara e coerente.

Assim, é importante que o ensino de LP integre esses diferentes aspectos de maneira articulada, promovendo uma compreensão abrangente e crítica da linguagem e preparando os alunos para enfrentar os desafios comunicativos da vida, formando, desse modo, cidadãos letrados com senso crítico apurado.

Nesse sentido, é vital que os professores façam uso da didática prática em seu fazer laboral, que busquem, por meio de um processo de ensino, compreender a importância de refletir acerca de suas práticas, procurar formas alternativas de ensinar que valorizem o conhecimento prévio dos alunos, para uma aprendizagem consistente com sentido e significado para a realidade em que estão inseridos, deixando uma contribuição de conhecimento que ultrapasse a sala de aula.

Dessa maneira, refletimos sobre como a consciência linguística gramatical pode estar presente no EM, haja vista o desenvolvimento do próprio discente como sujeito pertencente a um espaço histórico, geográfico, socioeconômico e cultural. Com base nisso, problematizamos: quais práticas pedagógicas são necessárias para o desenvolvimento da consciência linguística gramatical do discente diante do contexto da produção dissertativo-argumentativa do Exame Nacional do Ensino Médio (Enem)? Como os docentes podem oportunizar caminhos para que os estudantes compreendam os recursos gramaticais aplicados a esse momento avaliativo como pertencentes não somente à esfera mercadológica, como também ao amadurecimento linguístico?

Letramento gramatical e a redação do Enem

Em meio a discussões sobre a linguística – área do conhecimento que se debruça a estudar cientificamente a linguagem –, Cunha, Costa e Martelotta (2012) explicam que o termo "linguagem" apresenta mais de um sentido. A definição que os estudiosos defendem é a de que a linguagem é uma habilidade inata dos seres humanos, isto é, a capacidade que os sujeitos têm de se comunicar por meio de línguas. O conceito de "língua", por sua vez, está relacionado à ideia de um sistema de signos utilizados pela comunidade que os pratica com a finalidade de comunicação. Logo, a língua é vista como um instrumento. Marcuschi (2008, p. 61), de uma perspectiva textual-interativa, aprofunda ainda mais tal discussão, afirmando que a "língua é um conjunto de práticas sociais e cognitivas historicamente situadas. [...] As línguas são objetificações históricas do que é falado".

Desse ponto de vista, "a língua é um sistema de práticas com o qual os falantes/ouvintes (escritores/leitores) agem e expressam suas intenções com ações adequadas aos objetivos em cada circunstância, mas não construindo tudo como se fosse uma pressão externa pura e simples (*ibid.*, p. 61). Dessa forma, podemos afirmar que, mesmo nos estudos mais restritos e aplicados da linguística, não se pode desarticular língua e sociedade ou, então, língua e cultura, visto que é por meio da interação entre os sujeitos que a língua se faz viva e presente nas esferas sociais, culminando na identidade cultural de determinado povo.

O ensinar apresenta diversos desafios ao professor e exige dele uma constante atualização da sua própria prática pedagógica. Ao refletir sobre o ensino de LP, é possível verificar inúmeras competências e habilidades a serem desenvolvidas pelos estudantes, utilizando-se de exercícios de interpretação textual, reconhecimento de gêneros textuais até identificação de variantes linguísticas etc. A respeito dos conteúdos gramaticais, é necessário explanar que, ao mencionar o termo "gramática", compreendem-se três componentes: fonética e fonologia (estudo relacionado aos sons das palavras), morfologia (estudo da forma, estrutura e classificação das palavras) e sintaxe (estudo da construção da frase).

Podemos refletir, mesmo de modo inicial, que, para o ensino de gramática ser bem-sucedido, é necessária uma prática pedagógica que vise ao letramento gramatical, a fim de elevar suas próprias experiências linguísticas e curiosidades iniciais a um nível de real apropriação do conhecimento e não apenas uma mera memorização de classes gramaticais, com exercícios mecânicos e desvinculados de contexto. Pautamo-nos em Travaglia (2013, p. 11), ao discutirmos sobre letramento:

> [...] parece que o processo de letramento nunca termina, já que envolve desenvolver a competência de uso dos mais diferentes recursos da língua e sua contribuição para a significação dos textos, bem como desenvolver a competência de uso dos mais diferentes gêneros de texto em situações específicas de interação comunicativa, o que representa as práticas sociais de uso da linguagem.

Como "coluna vertebral de uma língua", temos a gramática normativa. Rocha Lima, em *Gramática normativa da língua portuguesa* (2013,[1] p. 38-39), afirma que a gramática "é uma disciplina, didática por excelência, que tem por finalidade codificar o 'uso idiomático', dele induzindo, por classificação e sistematização, as normas". O gramático ainda pontua que essa área da língua é dividida em três partes: fonética e fonologia, "estudo dos fonemas e sua combinação, e dos caracteres prosódicos da fala, como o acento e a entonação"; morfologia, "estudo das formas, sua estrutura e classificação"; e sintaxe, "estudo da construção da frase".

As perspectivas apresentadas por Sautchuk (2010, p. 2) complementam a ideia posta por Rocha Lima (2013). A estudiosa

---

1. A primeira edição dessa obra é de 1957. A edição de 2013 é a 51ª.

esclarece que "todo usuário da língua concretiza seus atos de fala e exerce sua competência comunicativa, produzindo textos orais ou escritos, [...] orientado pela força intrínseca das leis fonológicas, morfológicas, sintáticas e semânticas". Assim, é possível perceber que, mesmo que o falante da LP não tenha conhecimento aprofundado e específico da gramática, ele está, a todo o momento, utilizando suas normas para poder formular textos (orais e escritos) com o intuito de se comunicar.

O ensino de redação ou produção textual ganhou notoriedade em 1977, quando tornou obrigatória a realização de "prova ou questão de redação em língua portuguesa" como forma de ingresso no ensino superior; ou seja, em virtude da legislação, as aulas de LP começaram a se especializar e a dar um enfoque maior à produção escrita, principalmente as instituições privadas que visam preparar os alunos para avaliações externas, já que esse resultado mensura o trabalho realizado.

Escreve-se para expor ou desenvolver um pensamento, uma ideia, e nos manuais de redação tem-se uma estrutura básica para que isso ocorra: introdução, desenvolvimento e conclusão. Assim, a intenção de quem escreve torna específicos o conteúdo e a sua forma de expressão. Essa característica coloca esse tipo textual num patamar "superior" em relação aos demais.

Em termos curriculares, tal tipo textual é mais presente no EM. Por isso, Soares e Campos (1978, p. 5) consideram: "A escrita logicamente explicitada poderá produzir a tarefa educativa de orientar a organização do pensamento sobre a realidade".

Nesse contexto de uma visão funcionalista de língua, a escrita está em constante transformação, passa por adaptações, surgem novos vocábulos, outros caem em desuso, é flexível, pois é a expressão dos falantes que estão inseridos em um determinado tempo e espaço, que são influenciados por questões de ordem econômica, social, cultural, histórica e até política.

Em 1998, com a publicação dos Parâmetros Curriculares Nacionais (PCNs) e a efervescência de teorias de abordagens progressistas, algumas mudanças aconteceram no tocante às propostas de redação de vestibulares, principalmente os da rede pública, e às formulações linguístico-pedagógicas dos livros didáticos de LP, com o surgimento do Plano Nacional do Livro Didático (PNLD) (Brasil, 1985). Com a instituição do Enem, em 1998, nesse mesmo período, há um retorno à concepção de dissertação como tipo textual privilegiado, a ser ensinado nas escolas, pois será o meio principal de acesso ao ensino superior, nível seguinte à educação básica.

A estrutura da rubrica de correção da prova de redação do Enem vai na contramão das orientações até mesmo dos documentos oficiais, que indicam uma concepção sociointeracionista dos processos de compreensão, produção textual e análise linguística, conceito defendido por teóricos como Geraldi *et al.* (2011) no já clássico *O texto na sala de aula*.

Tal organização traz implícita uma premissa estrutural que salienta a suposta "unidade" textual, comprovando um formato congruente que todo texto dissertativo-argumentativo deveria ter. Portanto, no que se refere ao conteúdo, a defesa de tese ou opinião que o guia de redação do Enem traz rememora que a organização do texto é a relação entre o pensamento e a estrutura textual apresentada na página com a composição de vocábulos, orações e parágrafos.

Assim, o ensino de redação nas escolas se fez presente na educação básica, para a escrita de diversos gêneros e tipos textuais. Entretanto, desde a utilização do Enem, de forma exclusiva, a partir de 2009, para o ingresso em universidades e institutos de educação públicos, uma nova função foi dada à redação: atribuição de notas e até mesmo aquisição de bolsas em faculdades privadas.

Dessa forma, as escolas tiveram de reforçar o ensino dessa matéria e descobrir novas metodologias para que seus alunos alcançassem notas altas, pudessem ser aprovados e, consequentemente, levassem o nome da escola como referência em aprovação no exame.

Para buscar novas formas de ensino, as escolas comumente partem da cartilha do participante, produzida pelo MEC anualmente, que orienta os participantes para o que seus textos dissertativo-argumentativos devem conter de forma geral. Recentemente, em 2020, com a divulgação dos manuais dos corretores, esse material passou a ser utilizado também como referência para compreender o sistema de correção e o que deve ser escrito para a obtenção da nota mil na redação do Enem (Brasil, 2022).

É importante considerar o gênero textual dissertação padrão no Enem e a prática pedagógica de ensiná-lo, uma vez que essa nomenclatura estabelece diferenças na estrutura do texto e requer competências que não são cobradas nesse mesmo gênero em outras situações que não o Enem. O ensino desse gênero é específico, de cunho escolar e demanda do professor um conhecimento extra, que comumente não é fornecido na academia durante a formação nos cursos de letras. É um conhecimento que se faz na prática de sala de aula, conforme pesquisa realizada nos currículos das principais universidades do Brasil (Costa, 2022).

Conforme já assinalado, o repertório é todo o conhecimento de mundo e de experiência de vida que o aluno mobilizará para escrever o texto dissertativo-argumentativo. O repertório sociocultural é cobrado tanto do docente, para ensinar, quanto do aluno do EM, para escrever, pois se trabalha com uma variedade de temas da atualidade. É preciso leitura e diálogo acerca do mundo em que estamos inseridos e, muitas vezes, nem o professor nem o aluno dispõem de tempo para se informar adequadamente e mobilizam apenas o repertório informal, o que não é um problema, desde que seja informada a fonte dos dados utilizados. Nesse contexto, os docentes que ensinam tal modalidade textual precisam investir em si ainda mais e dispor de tempo para se manterem atualizados em um mundo de processamento veloz das informações.

Desse modo, mais que as competências linguísticas fornecidas pela academia no curso de letras, é necessário ter acesso às atualidades, ter tempo para leitura, dedicar-se à criação de propostas de redação condizentes com a realidade do exame, compreender os critérios de correção da banca, a fim de orientar os alunos e de corrigir os textos escritos por eles, além de construir em sala de aula um ambiente propício ao diálogo, para favorecer os posicionamentos dos alunos diante dos temas sobre problemas sociais que são cobrados na prova e auxiliá-los na construção de propostas de intervenção para minimizar o determinado problema.

Antunes (2006), a respeito da escrita, afirma que há um equívoco em torno do ensino da língua, porque ensinar apenas a nomenclatura gramatical é insuficiente para que os alunos sejam hábeis na leitura e escrita de textos. Além disso, destaca que não há conhecimento gramatical e lexical que supra a deficiência de não ter o que dizer e complementa que, se faltam ideias e informações, faltarão palavras.

Assim, cabe ao docente apresentar meios que sejam próximos da realidade dos alunos e que possam servir de repertório para eles, uma vez que há uma lacuna de leituras e conhecimento de mundo por parte dos estudantes e, muitas vezes, até do próprio docente, perpetuando uma das problemáticas do ensino de redação para o Enem.

O profissional que ensina redação é, na maioria das vezes, também professor de gramática e literatura e, de acordo com a legislação dos professores da educação básica, já mencionada anteriormente, os atuantes da prática docente precisam planejar essas três frentes de conteúdo e desenvolver sequências didáticas, para que haja uma relação intrínseca entre as matérias e o que é ensinado.

Didática específica do ensino de gramática e produção textual

Tendo em vista as problematizações aqui delineadas, quais práticas pedagógicas são necessárias para o desenvolvimento da consciência linguística gramatical do discente diante do contexto da produção dissertativo-argumentativa do Enem? Como os docentes podem oportunizar caminhos para que os estudantes compreendam os recursos gramaticais aplicados a esse momento avaliativo como pertencentes não somente à esfera mercadológica, como também parte do amadurecimento linguístico? Podemos afirmar que a busca pelo modo de ensinar a gramática da LP é algo constante.

Pensando em uma didática específica do ensino de língua portuguesa (Deelp), além do domínio do conteúdo, é necessário que o docente tenha clareza dos exemplos que utilizará em suas explicações gramaticais e o pensamento crítico sobre uma avaliação formativa.

É interessante que o professor traga algo conectado à realidade dos estudantes, e não apenas um exemplo artificial, o qual, muitas vezes, pode fazer com que o aluno se confunda ainda mais com o conteúdo trabalhado e corroborar a simples memorização.

O ensino de produção textual – dissertativo-argumentativo – apresenta desafios que vão desde o planejamento das aulas, apontamentos metodológicos, relação entre professor e aluno até o sistema de avaliação. De acordo com Costa (2022), os docentes relatam que os alunos não querem escrever e, quando o fazem, revelam muitas dificuldades de expor de forma clara seus pensamentos. Atrelada a isso, a falta de tempo para correções detalhadas e aulas mais interativas, que propiciem o diálogo e a reflexão acerca dos temas de produção textual, é uma constante e contribui para a permanência dos baixos resultados em avaliações externas como o Enem.

Assim, observamos que os entraves tocam em dois pontos fundamentais: como se ensina e qual relação social é estabelecida nesse processo. Novas teorias e metodologias surgem no tocante às didáticas específicas; entretanto, o formato da abordagem tradicional ou tecnicista impera no contexto capitalista. Os desafios são oriundos tanto da formação inicial quanto do fazer laboral.

Nesse contexto, é preciso buscar alternativas para o fazer pedagógico, conceber metodologias coerentes, isto é, que superem a transmissão mecânica de conhecimentos e a formação tecnicista em direção à práxis pedagógica, com vistas à formação de um sujeito ético, reflexivo e humanizado. Essa formação não é possível sem que os estudantes produzam sentidos e significados acerca de suas aprendizagens, de maneira contextualizada e protagonista, levando em conta o conhecimento prévio que trazem da esfera escolar e para além dela, aspectos que se observam na leitura dos relatos de prática dos professores.

Dessa perspectiva, é importante considerar a teoria da aprendizagem significativa proposta por Ausubel (1963), na obra *The psychology of meaningful verbal learning*. De acordo com Moreira

(2012, p. 2), estudioso brasileiro desse conceito, "é importante reiterar que a aprendizagem significativa se caracteriza pela interação entre conhecimentos prévios e conhecimentos novos, e que essa interação é não literal e não arbitrária". Assim, os novos conhecimentos adquirem significado para o aluno e os conhecimentos prévios adquirem novos significados ou maior estabilidade cognitiva.

Para Ausubel (2003), quando alguém atribui significados a um conhecimento baseado na interação com seus conhecimentos prévios, estabelece a aprendizagem significativa; logo, o conhecimento prévio é fundamental. Por isso, o autor sinaliza que o aluno deve ter predisposição para aprender, bem como o material de aprendizagem ser significativo.

No intuito de abarcar essa aprendizagem significativa, novos métodos e processos de ensino são necessários: um bom relacionamento entre professor e aluno estimula um vínculo de estima, propicia o desejo de aprender, pois cria um ambiente agradável de diálogo e construção de conhecimento, engaja os discentes em práticas pedagógicas socioculturais.

Não obstante, as metodologias de ensino desempenham um papel imprescindível, uma vez que a forma escolhida para ensinar revela concepções ideológicas acerca da prática. Assim, mais importante que o conteúdo a ser ensinado é o modo como isso é feito. Podemos citar, neste momento, a reflexão de Araújo (2017, p. 32) sobre a metodologia participativa, por exemplo, na qual o estudioso explica a importância da relação entre participação, compartilhamento, colaboração e cooperação no processo de ensino-aprendizagem:

> Participação, compartilhamento, colaboração e cooperação apresentam incidências entre si, o que permite o entendimento de que se envolvem sinonimicamente através de aproximações muito estreitas, embora algumas raízes etimológicas sejam diferenciadas [...]. Colaborar implica em cooperação, mas também em participar pelo compartilhamento.

Seguindo por esse caminho, podemos verificar que as práticas socioculturais privilegiam uma metodologia que tem como elemento central entender a forma como o aluno aprende, o trabalho em grupo, as dinâmicas processuais de avaliação contínua, a valorização dos saberes discentes, o que é possível com base em novas formas de organização do processo de ensino, alterando as relações sociais estabelecidas no interior das instituições de ensino. A proximidade entre professor e aluno propicia confiança, gera credibilidade e contribui para um ensino mais significativo e com sentido para o aluno.

Tendo em vista as reflexões tecidas e considerando que a linguagem é dialógica, é possível organizar algumas sugestões de princípios orientadores para embasar a Deelp e que visem a uma aprendizagem significativa da gramática normativa e a um olhar mais atento ao emprego dos recursos gramaticais no processo de escrita do texto dissertativo-argumentativo no contexto do Enem. Dessa maneira, temos:

Figura 1: Sugestão de princípios orientadores para Deelp

Fonte: Elaborada pelas autoras.

Ao oportunizarmos um ensino de gramática imersa em contexto, oferecemos ao nosso aluno a chance de refletir sobre sua própria linguagem, de perceber como argumentar, por exemplo, considerando mecanismos estruturais da língua ou, então, identificar a intencionalidade de um discurso por meio do ocultamento de pronomes pessoais. Não instrumentalizamos os discentes para um simples fim avaliativo (que se torna mercadológico); ao contrário, propiciamos um ambiente em que ele aprende que questionar é importante e necessário. Valorizando a visão do educando sobre a gramática, fazemos com que vislumbre caminhos que possibilitem a ele se desenvolver cada vez mais e, com isso, incentivar o outro que também se encontra nesse processo.

Com base nesses pressupostos, é primordial que o professor crie um ambiente que motive o aluno a compreender não apenas o equívoco gramatical cometido, mas o porquê dessa situação. Assim, o discente perceberá a análise das estruturas da língua de modo mais aprofundado e, portanto, afirmará seu processo de letramento gramatical.

A respeito das considerações de Freire (2018), e considerando a Deelp, podemos refletir sobre a importância de instigar a curiosidade do aluno sobre o tópico estudado. O aluno curioso para entender a formação de uma oração, por exemplo, não vai precisar memorizar que, para ser uma oração, é necessário que a frase tenha um verbo; ao contrário, a curiosidade pode levar o discente ao entendimento de que a classe gramatical dos verbos atua como aspecto importante na construção de uma oração, pois exprime a ação que o sujeito (seja um substantivo ou pronome) pratica. Logo, a compreensão construída alcança um nível reflexivo, não é algo mecânico e sem sentido.

Callou (2007, p. 27) afirma: "Se qualquer falante já possui uma gramática internalizada [...] ao ingressar na escola, ele deve desenvolver a sua competência comunicativa de tal modo que possa 'utilizar melhor' a sua língua em todas as situações de fala e escrita". Dessa maneira, podemos refletir sobre o quão significativa é a postura do professor de LP ao considerar o conhecimento prévio do aluno sobre a gramática, em especial no nível morfossintático.

O fato de o professor se valer do conhecimento prévio do aluno e enriquecê-lo pode possibilitar ao discente a quebra da convicção "não sei gramática" e a reconstrução desse pensamento como "vou aprimorar a gramática que já domino". Essa aproximação e valorização da bagagem que o estudante traz para a sala de aula faz toda a diferença no processo de ensino. A isso, podemos acrescentar a ideia de Freire (2018, p. 79): "Não posso de maneira alguma, nas minhas relações político-pedagógicas com os grupos populares, desconsiderar seu saber de experiência feito. Sua explicação do mundo de que faz parte a compreensão de sua própria presença no mundo".

O professor precisa mostrar para o aluno que ele também é sujeito detentor de sabedoria, "o fundamental é que o professor e alunos saibam que a postura deles, do professor e dos alunos, é dialógica, aberta, curiosa, indagadora e não apassivada, enquanto fala ou enquanto ouve" (*ibid.*, p. 83). A partir do momento em que o próprio aluno se vê como sujeito ativo em sala de aula, ele, além de se tornar cada vez mais curioso sobre tópicos de LP, adquire, em um movimento consequente, autonomia em suas próprias experiências com a língua, agregadas aos estímulos dados pelo docente, mediante suas explicações gramaticais contextualizadas.

"A autonomia [...] é processo, é vir a ser. [...] É neste sentido que uma pedagogia da autonomia tem de estar centrada em experiências estimuladoras da decisão e da responsabilidade, vale dizer, em experiências respeitosas da liberdade" (*ibid.*, p. 105). Logo, é possível refletir, com base em Freire, que o incentivo dado pelo professor ao estudante vai desde o reconhecimento dos conhecimentos prévios do discente, passa pelo encorajamento ao espírito da curiosidade ingênua na transformação, pela curiosidade epistemológica e alcança a autonomia e o amadurecimento no processo de construção do conhecimento. O docente tem papel indispensável durante esse caminho. É na sua prática docente, como mediador do conhecimento, que o professor de LP desmistifica aspectos estigmatizados sobre a gramática, em especial a morfossintaxe, e auxilia o aluno a compreender a riqueza do idioma.

Neves (2004), ao tecer algumas considerações sobre o tratamento da gramática nas aulas de português, afirma que, mesmo se tratando de uma série de obviedades, é necessária devida atenção ao fato de que

> [...] estudar gramática é refletir sobre o uso linguístico, sobre o exercício da linguagem; que o lugar de observação desse uso são os produtos que temos disponíveis – falados e escritos – mas é, também, a própria atividade linguística de que participamos (*ibid.*, p. 151).

Desse modo, podemos verificar que o ensino de gramática aqui refletido pode ser encarado como algo transformador tanto para o educador quanto para o educando. Trata-se de conduzir o estudante para um conhecimento crítico de seu próprio idioma e fazer com que o professor aprimore cada vez mais sua própria prática docente, considerando-se sujeito que não só ensina, como também aprende.

É necessário, portanto, que se tenha em mente a importância de uma prática pedagógica em gramática que vise à construção do letramento gramatical, ou seja, à compreensão efetiva e reflexiva sobre a produção de sentido com base na estrutura gramatical da LP. Por conseguinte, faz-se necessário o distanciamento de uma práxis voltada a exercícios mecânicos e desconectados da realidade do aluno ou de seus conhecimentos prévios. É essencial que o professor busque estar em constante formação, indagando sobre sua própria prática, para que, assim, torne-se sujeito cada vez mais ativo na construção colaborativa do conhecimento em sala de aula.

Como adverte Freire (2018, p. 40), "na formação permanente dos professores, o momento fundamental é o da reflexão crítica sobre a prática. É pensando criticamente a prática de hoje ou de ontem que se pode melhorar a próxima prática". Assim, podemos afirmar que, quanto mais o professor de LP buscar seu aperfeiçoamento e atualização a respeito de sua própria prática docente, mais ele estará próximo de fazer com que seus alunos abandonem as ideias rotuladas e desmotivadoras que, infelizmente, ainda aparecem no contexto de ensino de gramática. É possível refletir, ainda, que a prática pedagógica é, ao mesmo tempo, causadora de estigmas sobre a aprendizagem de gramática e motivadora e transformadora desse olhar negativo para uma visão libertadora e atraente de ensino, cabendo ao educador escolher por qual caminho deseja conduzir seus educandos.

Alternativas para o ensino de gramática e produção textual: Pensamento crítico

O letramento linguístico é o cerne para a produção textual, pois é com as palavras que se formam as orações, destas surgem os períodos, que, ao serem justapostos de forma coerente e coesa, darão vida aos parágrafos que compõem um texto. Focalizamos o texto dissertativo-argumentativo, pois é considerado um gênero escolar, cobrado em vestibulares e concursos, além de desempenhar importante papel na demonstração do posicionamento de quem escreve.

Essa modalidade textual, em virtude da avaliação externa – Enem – ganhou notoriedade ímpar, por sua aceitação como ferramenta de ingresso no ensino superior, não só no Brasil como também em Portugal. Desde 1998, o Enem cresceu exponencialmente, e, com isso, redobrou-se a exigência quanto à qualidade da escrita. Infelizmente, de acordo com os dados do Inep, em 2022, apenas 197.155 dos três milhões de candidatos conseguiram nota superior a 900 na redação. Isso sinaliza a dificuldade de compreensão do tema, pouco conhecimento da estrutura desse tipo textual, diminuto domínio da norma padrão da língua e ausência de um amplo repertório sociocultural.

Diante desse cenário, o autor de um texto dissertativo-argumentativo deve expor seu ponto de vista, argumentar de forma sólida e convincente e, para isso, recorre a estratégias linguísticas aprendidas no decorrer de seu letramento gramatical. Se o processo de aprendizagem for significativo, instigado pela curiosidade, com valorização do seu conhecimento de mundo – repertório sociocultural –, possivelmente esse discente será um bom escritor e gostará de compartilhar seu posicionamento acerca de questões emblemáticas e do mundo no qual está inserido. Será um sujeito crítico, reflexivo e de bom senso.

Entretanto, se o processo de ensino aprendizagem for penoso, pautado em "decoreba", com um professor como único detentor de conhecimento, que não privilegia o ensino pautado no bom relacionamento entre professor e aluno, que não valoriza a forma em relação ao conteúdo, possivelmente esse discente terá um árduo caminho quando dele for requerida a produção textual.

Não obstante, o processo de aprendizagem da LP é crucial para a constituição do indivíduo como sujeito histórico social, situado em um determinado tempo e espaço, pois reflete sua identidade e dá voz aos seus pensamentos. Esse conhecimento não é apenas curricular, uma vez que é por meio da linguagem que se expressa a criticidade e se registram para a posteridade, por meio da escrita, as experiências vivenciadas. Desse modo, a tríade falar, ler e escrever é indissociável e importante para o pleno exercício da cidadania.

O Enem exige do candidato, na prova de linguagens, a habilidade de leitura, compreensão textual e uso da língua, não voltado para a sintaxe, mas o uso pertinente e adequado dentro das mais distintas realidades sociais; por isso, é tão importante ensinar a gramática da LP para além da vida escolar.

Assim, metodologias de ensino-aprendizagem significativas, que prezam por práticas pedagógicas socioculturais, mostram-se também como uma proposta que alia teoria e prática, que valoriza as relações sociais construídas no bojo da sala de aula e que enaltece a importância de formas alternativas de ensinar.

Uma sugestão de conclusão

Professores e alunos, quando refletem juntos sobre a gramática e suas possibilidades no discurso, sistematizam seus conhecimentos e compreendem que a linguagem é um instrumento que pode ser utilizado para dominar ou para libertar os indivíduos.

A relação entre produção textual e letramento gramatical é indissociável – falar, ler e escrever –, assim como a teoria e a prática. Logo, é importante propor alterações na forma de ensinar, refletir acerca do processo de ensino aprendizagem, das práticas implementadas em sala de aula, do fazer pedagógico com vistas à formação de indivíduos conscientes e críticos que possam contribuir efetivamente para o desenvolvimento da nação.

Referências

ANTUNES, I. *Avaliação da produção textual no ensino médio*: português no ensino médio e formação do professor. São Paulo: Parábola, 2006.

ARAÚJO, J. C. S. Da metodologia ativa à metodologia participativa. *In*: VEIGA, I. P. A. (org.). *Metodologia participativa e as técnicas de ensino-aprendizagem*. Curitiba: CRV, 2017.

AUSUBEL, D. P. *The psychology of meaningful verbal learning*. Nova York: Grune & Stratton, 1963.

AUSUBEL, D. P. *Aquisição e retenção de conhecimentos*. Lisboa: Plátano, 2003.

BRASIL. Decreto-Lei n. 91.542, de 18 de agosto de 1985. Institui o Programa Nacional do Livro Didático, dispõe sobre sua execução e dá outras providências. *Diário Oficial da União*, 20 ago. 1985.

BRASIL. *Exame Nacional do Ensino Médio (Enem)*: fundamentação teórico-metodológica. Brasília: Ministério da Educação, 2005.

BRASIL. Ministério da Educação. *Base Nacional Comum Curricular*. Brasília: Ministério da Educação, 2018.

BRASIL. Ministério da Educação. *Parâmetros Curriculares Nacionais*: Ensino Médio. Brasília: Ministério da Educação, 2020.

BRASIL. *A redação no Enem 2022*: cartilha do participante. Brasília: Instituto Nacional de Estudos e Pesquisas Educacionais Anísio Teixeira (Inep), 2022.

CALLOU, D. Gramática, variação e normas. *In*: VIEIRA, S. R.; BRANDÃO, S. F. (org.). *Ensino de gramática*: descrição e uso. São Paulo: Contexto, 2007.

COSTA, M. P. F. *Sistematização coletiva do conhecimento no ensino de redação Enem*: contribuições da/para a prática pedagógica. 2022. Tese (Doutorado em Educação) – Pontifícia Universidade Católica do Paraná, Curitiba, 2022.

CUNHA, A. F. da; COSTA, M. A.; MARTELOTTA, M. E. Linguística. *In*: MARTELOTTA, M. E. (org.). *Manual de linguística*. São Paulo: Contexto, 2012.

FREIRE, P. *Pedagogia da autonomia*: saberes necessários à prática educativa. Rio de Janeiro/São Paulo: Paz e Terra, 2018.

GATTI, B. A.; NUNES, M. M. R. (org.). *Formação de professores para o ensino fundamental*: estudo de currículos das licenciaturas em pedagogia, língua portuguesa, matemática e ciências biológicas. São Paulo: Fundação Carlos Chagas, 2009. (Textos FCC, v. 29)

GERALDI, J. W. *et al*. *O texto na sala de aula*. São Paulo: Ática, 2011.

MARCUSCHI, L. A. *Produção textual, análise de gêneros e compreensão*. São Paulo: Parábola, 2008.

MARTINS, P. L. O. *A didática e as contradições da prática*. 3. ed. Campinas: Papirus, 2009.

MARTINS, P. L. O. *Didática*. Curitiba: InterSaberes, 2012.

MOREIRA, M. A. O que é afinal aprendizagem significativa?. *Revista Cultural La Laguna*, Espanha, 2012. Disponível em: http://moreira.if.ufrgs.br/oqueeafinal.pdf. Acesso em: 10 jun. 2023.

NEVES, M. H. de M. *Que gramática ensinar na escola?*. São Paulo: Contexto, 2004.

ROCHA LIMA, C. H. *Gramática normativa da língua portuguesa*. 51. ed. Rio de Janeiro: José Olympio, 2013.

SAUTCHUK, I. *Prática de morfossintaxe*: como e por que aprender análise morfossintática. São Paulo: Manole, 2010.

SOARES, M. B.; CAMPOS, E. N. *Técnica de redação*: as articulações linguísticas como técnica de pensamento. Rio de Janeiro: Ao Livro Técnico, 1978.

TRAVAGLIA, L. C. *Na trilha da gramática*: conhecimento linguístico na alfabetização e letramento. São Paulo: Cortez, 2013.

VIEIRA, D. C. O.; MARTINS, P. L. O. As disciplinas de didática nos cursos de licenciaturas. *In*: CONGRESSO NACIONAL DE EDUCAÇÃO – EDUCERE, 9., 2009, Curitiba. *Anais* [...]. Curitiba: PUCPR, 2009.

MATEMÁTICA E SUAS TECNOLOGIAS

4
O ESTUDO DE AULA E SUA CONTRIBUIÇÃO
PARA UMA DIDÁTICA ESPECÍFICA DA PRÁTICA

Dario Fiorentini

Introdução

O Estudo de Aula (EA) surgiu no Japão há mais de século como parte integrante do trabalho docente nas escolas, visando dar suporte ao trabalho dos professores tanto em sua atividade letiva quanto no desenvolvimento profissional do professor e do currículo em ação. O EA é, portanto, um processo didático-pedagógico e investigativo que envolve trabalho colaborativo de uma equipe de professores interessados em melhorar sua prática pedagógica por meio da realização de um ciclo investigativo que compreende: estudo didático-pedagógico do conteúdo a ser ensinado e explorado em aula; planejamento de aulas, incluindo elaboração de tarefas exploratórias e antecipação do que pode ocorrer em classe; observação e reflexão coletivas das aulas; e a subsequente análise e sistematização, perspectivando sua utilização em outras aulas e também o desenvolvimento do currículo escolar (Fiorentini *et al.*, 2018; Losano; Fiorentini, 2024).

Trata-se, portanto, de uma didática que se alinha, no Brasil, à perspectiva de Martins (2003, p. 2), que a denominou de didática prática, tendo por base um "processo coletivo de pesquisa-ensino que problematiza a prática pedagógica desenvolvida nas instituições educacionais, analisa-a criticamente e propõe novas práticas". Essa didática contribui tanto para a melhoria da "prática dos professores envolvidos no processo" (*ibid.*) e a sua aprendizagem profissional quanto para o desenvolvimento do próprio "campo de conhecimento da área da didática" (*ibid.*) e do currículo escolar.

Neste capítulo, pretendemos apresentar e discutir essas possibilidades e contribuições do EA para uma didática específica em ação que interliga, de um lado, as opções e ações didático-pedagógicas à especificidade dos conteúdos a serem ensinados e, de outro, o desenvolvimento do currículo escolar atrelado à formação e ao desenvolvimento profissional docente.

Para descrever e compreender essa didática específica em ação, trazemos nossa experiência nesse contexto, envolvendo a formação inicial de professores e a formação continuada de professores do ensino fundamental e médio. Entretanto, cabe esclarecer, de partida, que o EA não é uma metodologia convencional ou ativa que possa ser aplicada em qualquer lugar. Embora possa utilizar metodologias ativas, estas dependem do contexto e da intencionalidade da ação pedagógica, ou seja, o EA global é um processo que precisa ser adaptado e reajustado às diferentes culturas locais, podendo gerar um modelo *glocal* ou até *híbrido*, como mostraremos ao longo deste capítulo.

O ponto comum desses processos é que ambos têm a aula como foco de estudo e pressupõem um processo dialógico e colaborativo de construção conjunta de conhecimentos didático-pedagógicos e curriculares, podendo envolver não apenas professores da escola como também pesquisadores e formadores de professores interessados em investigar como e o que os professores aprendem nesse contexto.

Breve histórico do estudo de aula (ou lesson study*)*

O EA surgiu no Japão, no final do século XIX, tendo como denominação local *Jugyou Kenkyuu*, quando esse país resolveu adotar o processo de escolarização pública e gratuita que já vinha acontecendo no Ocidente em larga escala em decorrência da Revolução Francesa e da defesa dos direitos humanos. Em virtude da tradição de ensino individualizado ou em pequenos grupos, os educadores japoneses optaram, inspirados e assessorados pelo pedagogo suíço Johann Heinrich Pestalozzi (1746-1827), por desenvolver um processo colaborativo de EA, visando preparar didático-pedagogicamente os professores para introduzir o ensino em classes com mais de 15 alunos, mantendo o princípio da significância e relevância cultural da aprendizagem, valorizado tanto pela cultura educativa japonesa quanto pela pedagogia pestalozziana. Os educadores japoneses se perguntavam: como organizar e desenvolver um ensino em que o professor se posiciona à frente, tendo como apoio uma lousa onde expõe os conteúdos, e os alunos são organizados em carteiras enfileiradas?

Para atender a essa demanda e preparar os professores para aprender a planejar e a ministrar aulas, os docentes eram organizados em equipes na escola, a fim de definir um tema ou problema do currículo e preparar coletivamente a aula, fazendo antecipações do que poderia acontecer em classe. Em seguida, um dos professores implementava a aula, observado pelos demais. Por fim, a equipe concluía com a análise e discussão dos resultados da aula. Esse processo de trabalho e de aprendizagem docente visava também construir um currículo relevante para a cultura e o modo de pensar dos japoneses. Diante dos resultados positivos desse processo de EA, o governo japonês instituiu essa prática profissional em suas escolas, sendo ela parte da carga didática de trabalho dos professores. Em contraste com as reformas educacionais de tipo *top-down*, tão comuns em muitos países ocidentais, o EA se diferencia por priorizar uma prática cultural orientada para a melhoria do ensino que aposta na produção de mudanças pequenas e incrementais que se estendem ao longo do tempo (Stigler; Hiebert, 1999). Assim, historicamente, esse processo colaborativo e investigativo de EA, que era para ser provisório, foi tão bem-sucedido que se tornou parte do trabalho docente nas escolas, envolvendo um processo colaborativo que compreende, em seu modelo globalizado, um ciclo investigativo de cinco fases: (1) estudo didático-pedagógico do conteúdo a ser ensinado e explorado em aula; (2) planejamento coletivo de aulas por equipes afins, incluindo elaboração de tarefas abertas, exploratórias ou investigativas, e antecipação de dificuldades e ações de mediação que podem ocorrer em classe; (3) implementação da aula por um membro da equipe, mediante observação dos demais colegas; (4) reflexão conjunta da aula; (5) posterior análise e sistematização, visando a sua utilização em outras aulas ou contribuições para o currículo local ou nacional.

O contexto mais popular, no qual o EA se desenvolve no Japão, acontece dentro da escola, sendo parte de uma atividade denominada *konaikenshu*, que envolve a participação de todo o corpo docente da escola, com objetivos definidos pela própria escola. Esses objetivos são estabelecidos com base na missão da escola e na percepção de lacunas entre as perspectivas educativas almejadas e aquelas que efetivamente são atingidas pelos estudantes (Fernandez; Yoshida, 2004). Outro aspecto relevante a ser destacado nesse processo é a valorização da *colaboração* entre os professores, com a docência concebida como uma atividade de responsabilidade coletiva e não individual.

Nesse contexto, as aulas investigativas que resultam do processo de EA são de autoria coletiva dos professores, embora cada aula seja ministrada por apenas um dos colegas. Além disso, cada escola não se constitui em uma esfera isolada. O trabalho desenvolvido na instituição é também divulgado para fora dela, e as escolas também costumam receber visitas e avaliação de outros docentes, especialistas ou formadores da universidade. Esses intercâmbios contribuem para desenvolver um repertório de saberes que eles utilizam para narrar, interpretar e problematizar sua própria prática, identificando aspectos bem-sucedidos e outros que necessitam ser melhorados, o que motiva todos a evoluir continuamente como profissionais e produtores de conhecimentos da prática escolar (Stigler; Hiebert, 1999).

Esse processo evoluiu com o tempo e foi sistematizado por Makoto Yoshida durante seu doutoramento nos Estados Unidos (Yoshida, 1999), quando cunhou o termo *lesson study* (LS; em português estudo de aula, EA), globalizando, assim, o processo metodológico de EA. Ou seja, embora o EA já existisse no Japão há mais de um século, o Ocidente só tomou conhecimento desse processo de estudo de aula no final dos anos 1990, dando início a um movimento de tentar utilizar esse processo colaborativo de investigação da aula, mediante adaptações do modelo global de EA, tendo em vista as diferentes realidades culturais (Isoda, 2020).

A ocidentalização do EA provocou, também, mudanças no foco de estudo/análise do EA japonês (Chan; Pang, 2006). Anteriormente, a investigação nesse domínio se centrava majoritariamente no desenvolvimento curricular e na aprendizagem dos alunos. A partir do ano 2000, investigadores ocidentais têm optado pelo EA como oportunidade e alternativa para promover o desenvolvimento profissional contínuo dos professores que dele participam. Esse processo de apropriação e recontextualização do EA, conforme Fiorentini e Losano (2024), evidencia que ele representa um modelo dinâmico e suscetível de adaptação e modificação, variando conforme as condições socioculturais de cada lugar ou comunidade que o queira experimentar. Cabe, entretanto, esclarecer que, nesse processo de apropriação e recontextualização, as características essenciais do EA são reproduzidas, envolvendo, porém, "a ressignificação e, em alguns casos, a transformação de atividades próprias do LS considerando as práticas e a cultura local" (Losano; Fiorentini, 2024).

Desse modo, após o ano 2000, pesquisadores de diversas partes do mundo têm realizado experiências de EA em seus países, de maneira que o EA se transformou num modelo de desenvolvimento profissional global (Grimsæth; Hallås, 2015). Contudo, essas experiências internacionais também apontaram que o EA não é um processo formativo que possa ser aplicado em qualquer lugar, seguindo os passos do modelo original japonês. Ele precisa ser adaptado às culturas locais, podendo gerar um modelo "glocal" (Acevedo Rincón; Fiorentini, 2017) ou até um modelo híbrido (Fiorentini *et al.*, 2018; Gonçalves; Fiorentini, 2023). No entanto, nesses processos de apropriação, é imprescindível "preservar a natureza e as características essenciais do LS, de modo a não correr o risco de descaracterizar o processo formativo que lhe é inerente" (Losano; Fiorentini, 2024, p. 2).

O Chile foi o primeiro país da América do Sul a desenvolver, em 2006, pesquisas sobre EA. No Brasil, apenas em 2009 foram iniciados, sob a liderança de Yuriko Baldin, da Universidade Federal de São Carlos (UFSCar), os primeiros estudos de EA, que o denominaram *pesquisa de aula*. Foram desenvolvidos no âmbito do Programa de Mestrado Profissional em Ensino de Matemática da UFSCar e vinculados a projetos de formação continuada de professores (Baldin; Silva; Felix, 2023). Em relação às tentativas iniciais de introduzir o EA no Brasil, Baldin e Felix (2011, p. 1) destacam "as dificuldades culturais e conjunturais que dificultam a implantação dessa metodologia no Brasil". Entre outras dificuldades, mencionam a postura individualista que prepondera na escola e na prática de sala de aula do professor que resiste em aceitar "a presença de outros profissionais ou as interferências na aula" (*ibid.*, p. 6).

Nossas primeiras experiências investigativas em EA, na Universidade Estadual de Campinas (Unicamp), tiveram início em 2016, envolvendo tanto a formação continuada como a formação inicial de professores de matemática. Entretanto, no contexto da formação continuada, tivemos uma experiência diferente da de Baldin e Felix, pois aproveitamos para implementar um EA adaptado a uma comunidade com tradição de colaboração entre a universidade e a escola. Os resultados foram muito positivos. A seguir, passarei a descrever e discutir essas experiências de EA e outros desafios e possibilidades no contexto brasileiro.

O estudo de aula na formação continuada de professores

A minha aproximação ao *lesson study* se deve ao fato de que havia muita semelhança entre o modelo global de LS e o modelo de desenvolvimento profissional construído ao longo dos anos pelo Grupo de Sábado (MDP-GdS). O GdS é uma comunidade colaborativa de educadores da região de Campinas, São Paulo, que, em 2024, completou 25 anos de existência. Trata-se de uma comunidade fronteiriça entre a universidade e a escola, composta, de um lado, por professores da escola básica que ensinam matemática interessados em se desenvolver profissionalmente e melhorar suas práticas pedagógicas e, de outro, por acadêmicos da universidade (formadores de professores, mestrandos, doutorandos e futuros professores) que assumem o papel de colaboradores e investigadores interessados em compreender como os participantes dessa comunidade aprendem, desenvolvem-se profissionalmente e moldam sua identidade e agência profissional nessa comunidade (Fiorentini; Carvalho, 2015; Losano; Fiorentini, 2024).

O GdS, entretanto, optou por fazer uma hibridização entre seu modelo de desenvolvimento profissional (MDP-GdS),[1] baseado na investigação da própria prática, e o modelo global de LS (Yoshida, 1999; Fujii, 2016), resultando em um *lesson study* híbrido (LSH-GdS), que passamos a utilizar na formação contínua de professores em um

---

1. O MDP-GdS contém um ciclo investigativo com as seguintes fases: (1) o ponto de partida é, geralmente, formado por problemas ou desafios dos professores na prática escolar; (2) esses problemas são discutidos coletivamente, tendo como mediação uma literatura pertinente ao caso e geralmente indicada pelos acadêmicos; (3) tendo por base essa compreensão do fenômeno, obtida com base na literatura, são planejadas, com a colaboração do grupo, algumas tarefas exploratórias ou ações a serem desenvolvidas em sala de aula na(s) escola(s); (4) os professores que desenvolvem experiências em sala de aula, baseados nessas tarefas, procuram registrar (em diário de campo ou por meio de gravação em áudio ou vídeo) informações e impressões acerca das atividades realizadas em classe, recolhendo também as anotações e os registros escritos pelos alunos; (5) valendo-se desses registros, o professor produz, por escrito, um primeiro ensaio narrativo, no qual relata e reflete sobre o que aconteceu em classe; (6) esses registros e ensaios são levados para discussão e análise da experiência, obtendo outras interpretações e compreensões; (7) com base nessas discussões e contribuições do grupo, o professor conclui o estudo e o texto narrativo, que retorna ao GdS para ser novamente discutido e revisado pelo grupo. O processo só termina quando o grupo considera o texto pronto para publicação (Fiorentini; Jiménez, 2003, p. 8).

contexto colaborativo e investigativo entre universidade e escola. Essa hibridização também favorecia a interação entre os diferentes (sub)grupos de estudo e trabalho (GETs) do GdS: Getai – educação infantil/anos iniciais do ensino fundamental; Getaf – anos finais; e Getem – ensino médio. Cada participante do ensino superior (acadêmicos de graduação e pós-graduação e formadores que atuam nas licenciaturas) deveria se integrar a um desses grupos.

O ciclo completo de LSH concebido pelo GdS para seu primeiro projeto continha seis fases que eram desenvolvidas ao longo de um período de quatro meses letivos, cabendo a cada GET passar por essas fases, como mostra a Figura 1, a seguir.

Figura 1: Seis fases do ciclo investigativo do EA (LSH-GdS)

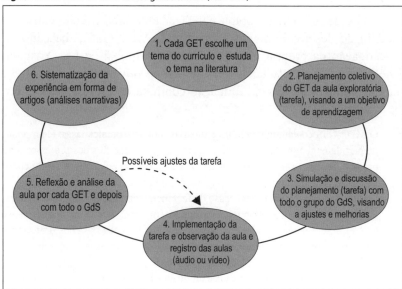

Fonte: Fiorentini *et al.* (2018).

Esse ciclo de LSH vigorou de 2016 a 2022, quando desenvolvemos um projeto de pesquisa de parceria entre universidade e escolas públicas[2] da região de Campinas, intitulado "*Lesson study*: conhecimento e desenvolvimento profissional do professor que ensina matemática", financiado pela Fundação de Amparo à Pesquisa do Estado de São Paulo (Fapesp). O projeto teve um duplo objetivo, um de natureza formativa dos professores participantes e outro de natureza investigativa, focado na aprendizagem discente (sob responsabilidade dos professores escolares) e docente (sob responsabilidade dos acadêmicos).

Nesse processo de hibridização, mantivemos, como diferencial, em relação ao modelo japonês, a interlocução colaborativa entre os GETs (etapa 3), os registros escritos ou as narrativas de aula da *práxis gdsiana* (etapa 6). Entretanto, esses registros escritos poderiam ser tanto dos alunos quanto dos professores. Nos registros dos professores, optamos pelo uso de narrativas reflexivas sobre suas aulas e sobre os sentidos expressos pelos alunos em seus registros escritos. Essas narrativas são recursos de mediação, da perspectiva vygotskiana (Vygotsky, 1998), para os professores, mediante análise narrativa, descreverem, problematizarem e investigarem suas práticas letivas, evidenciando suas possibilidades e limitações na formação intelectual dos alunos, bem como as lições que os professores podiam obter dessa experiência. Essas narrativas dos professores são também constitutivas de suas profissionalidades docentes, no sentido bakhtiniano, pois os professores, pela linguagem, constituem-se identitariamente sujeitos pesquisadores, autores e produtores das práticas pedagógicas e curriculares (Fiorentini; Losano, 2024).

Na hibridização, cabe também destacar que o LSH-GdS, por se realizar na interlocução entre universidade e escola, oportuniza e valoriza os *excedentes de visão* (Bakhtin, 2003) advindos dos diferentes mundos da escola e da academia. Por isso, abrimos espaço, nas fases 3 e 4, para

---

2. Trata-se da parceria colaborativa entre a Unicamp e oito escolas públicas, sendo cinco pertencentes à rede municipal de ensino, duas à rede estadual e uma instituição federal (IFSP).

que cada GET, de uma perspectiva decolonial ou colaborativa, negociasse significados e compreensões com professores de outros níveis de ensino.

A partir de 2023, houve alguns ajustes no LSH, visando à realização de um novo projeto, que buscava uma maior interlocução dos professores participantes de cada escola com o corpo docente e gestor da respectiva escola vinculada ao projeto. A Figura 2, a seguir, representa graficamente o LSH desenvolvido pelo GdS nesse segundo projeto – enumerando as atividades dentro do grupo e das escolas: (1) delimitação da problemática e constituição dos GETs; (2) problematização e planejamento; (3) implementação e observação; (4) reflexão e sistematização. Ademais, a Figura 2 estabelece comparação com o ciclo de LS japonês, tal como descrito por Fujii (2016), destacado na parte central da figura. Os GETs, nesse novo projeto, não são fixos, pois são subgrupos de estudo e trabalho organizados em cada semestre em razão das problemáticas emergentes.

Figura 2: Fases do ciclo LSH do novo projeto em comparação com o LS global (no centro)

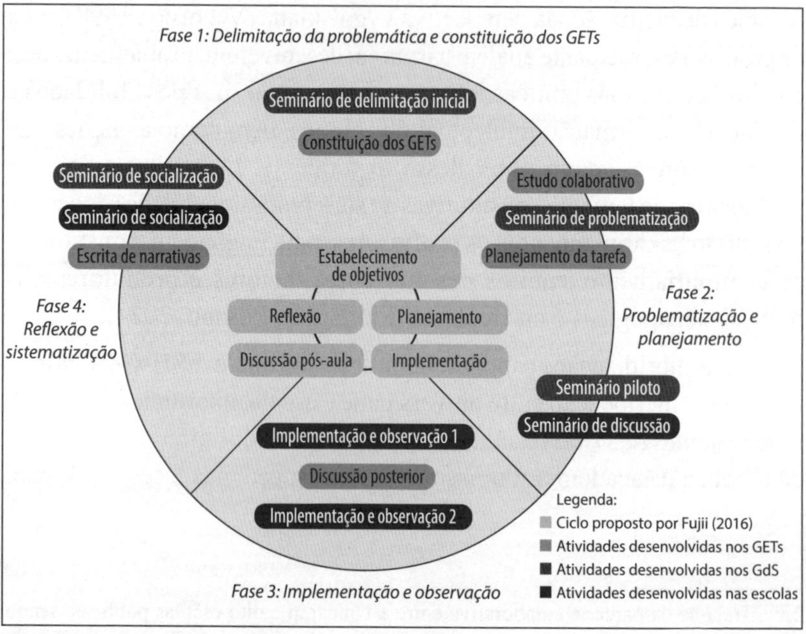

Fonte: Losano e Fiorentini (2024).

É possível perceber, nesse novo projeto, que a *problematização* da prática pedagógica está fortemente presente no ciclo investigativo do estudo colaborativo da aula (Figura 2). Na primeira fase, a problematização incide sobre as práticas vigentes nas escolas participantes do projeto, visando delimitar um problema ou tema de estudo de interesse dos professores. Na segunda, a problematização acontece mediante estudo do tema ou problema na literatura e nos materiais curriculares, instrumentalizando teoricamente os professores a planejarem uma tarefa cognitiva e culturalmente relevante para seus alunos. Na terceira fase, a problematização incide sobre a prática letiva desenvolvida, tendo os professores e formadores do respectivo GET como leitores críticos. Na quarta fase, a problematização se realiza mediante análise narrativa da experiência vivida ao longo do ciclo investigativo, tendo como material de análise os diários narrativos dos professores, as resoluções dos alunos, as interações áudio e videogravadas e as memórias das reuniões do GET, podendo analisar e discutir alguns episódios relevantes, sendo essa uma forma de teorização e de sistematização da práxis pedagógica. Entretanto, cabe destacar que, nesse processo de problematização teórica, os acadêmicos da universidade desempenham um papel proeminente. Não no sentido de orientar ou direcionar (colonizar) o que os professores das escolas devem fazer, mas de proporcionar um ambiente de reflexão, análise e discussão da experiência educativa vivenciada, transformando essa prática em *práxis pedagógica*, em que teoria e prática se fundem dialeticamente.

Para ilustrar um ciclo investigativo, apresento o caso de um EA para o segundo ano do ensino fundamental, cujo tema de estudo – o sentido do número zero – surgiu da curiosidade de um dos alunos de uma das professoras do subgrupo dos anos iniciais. Essa escolha não foi motivada pelo currículo proposto pela Secretaria de Educação de São Paulo (Seduc-SP) nem pela Base Nacional Comum Curricular (BNCC). Ela surgiu da pergunta de um aluno que queria saber por que "zero à esquerda não valia nada", conforme expressou sua avó ao desqualificar uma pessoa conhecida da família. Essa pergunta foi levada ao subgrupo Getai, que, após discussões, considerou a questão altamente relevante para o currículo dos anos iniciais, embora pouco destacada pela BNCC e pela Seduc-SP, e decidiu tomá-la como objeto de estudo do novo ciclo de LSH-GdS. A leitura de artigos e propostas curriculares permitiu ao subgrupo ressignificar o sentido e o significado de zero e sua importância, apropriando-se de um conhecimento especializado para ensiná-lo nos anos iniciais (primeira fase).

Isso habilitou o Getai a fazer planejamento coletivo de uma tarefa exploratória, tendo definido o seguinte objetivo pedagógico da aula a ser planejada: "explorar o papel e o sentido do zero na composição de um número" (De Paula; Fiorentini, 2023). O subgrupo construiu um jogo exploratório, denominado de "Caça ao zero" (Figura 3),[3] que consistia no lançamento de um dado de 12 faces, contendo os números de 1 a 9 e 0 em três faces, aumentando a probabilidade de obter o algarismo "0" no lançamento do dado. Após cada aluno lançar três vezes o dado, deve formar, com os três algarismos, o menor número possível (o que induz a colocar o zero à esquerda). Vence o jogo quem consegue formar o menor número (segunda fase do LSH-GdS).

---

3. Esta versão final da tarefa exploratória pode parecer, à primeira vista, simples. Entretanto, ela demandou muitas horas e reuniões de estudo e discussão tanto no Getai como na comunidade ampliada do GdS. Embora cada um do Getai tenha esboçado uma proposta inicial, a tarefa resultante foi construída conjuntamente, sendo o maior desafio torná-la realmente exploratória e relevante à produção de significados ao zero e ao desenvolvimento do pensamento matemático. Inicialmente o grupo pensou em trabalhar com dois dados de seis faces, depois com um de dez faces, contendo todos os algarismos de 0 a 9 e por fim o Getai chegou a um dado de 12 faces, tendo três faces com o algarismo zero, para aumentar a probabilidade de obter, nos lançamentos, o algarismo zero. A exploração acontece no final de três rodadas, quando cada aluno, de posse de três algarismos, tenta organizá-los de forma a obter o menor número possível.

Figura 3: Materiais e regras do jogo "Caça ao zero"

Materiais		Regras do jogo
(Dado dodecaedro)	1 dado com 12 faces (dodecaedro): com algarismos de 1 a 9, tendo em 3 faces o algarismo 0.	√ Cada jogador, na sua vez, lança do dado. √ O algarismo que cair no dado será aquele que o jogador terá de pegar, dentre as fichas brancas, e mantê-lo oculto até o final da rodada, quando conseguir reunir três algarismos e tentar montar, com eles, um número em seu QVL. √ São três rodadas para cada jogador, dependendo das casas do QVL. √ Ao final das três rodadas, cada jogador deve montar o menor número possível com os três algarismos sorteados. √ Feito isso, os jogadores mostram aos outros os números formados. Vence o jogo quem conseguir formar o menor número.
(QVL)	1 Quadro Valor de Lugar (QVL) pequeno, com lugar para colocar as unidades, as dezenas e as centenas) para cada jogador (sendo possível esconder, durante o jogo, os números construídos).	
(Fichas brancas)	Fichas brancas com algarismos de 0 a 9, sendo as fichas com "0" mais repetidas.	

Fonte: Elaborada pelo Getai e adaptada por De Paula e Fiorentini (2023).

Ainda na segunda fase, relativa ao planejamento da aula, há um seminário-piloto e de discussão, momento em que os demais GETs simulam a resolução da tarefa, imaginando possíveis dificuldades e respostas dos alunos e, a seguir, discutem a pertinência da tarefa, sugerindo possíveis ajustes em sua redação e aspectos relativos à gestão da aprendizagem dos alunos durante a aula. Em relação à tarefa da exploração do sentido do zero na composição de um número, os demais GETs reconheceram a potencialidade do jogo para explorar os sentidos do zero; entretanto, questionaram o modo como essa exploração seria realizada em sala de aula. Sugeriram utilizar o ábaco para explorar os diferentes valores posicionais, pois historicamente o zero surgiu tardiamente como forma de representar a coluna vazia do ábaco. Por exemplo, se um aluno obtiver, no lançamento do dado, os algarismos 1, 0 e 4, ele teria seis possibilidades para compor o número, sendo dois números com o zero à esquerda (041 e 014), dois com o zero no meio (401 e 104) e dois com o zero à direita (410 e 140). Os participantes do seminário de discussão conjecturaram que certamente alguns alunos do segundo ano teriam dificuldades de compreender qual desses números representa o maior ou o menor número.

A implementação em sala de aula e a análise pós-aula (terceira fase do LSH-GdS) evidenciou essa e outras dificuldades. A dificuldade de ler os números – por exemplo, 014 e 401 – evidenciou a dificuldade de compreender a real quantidade expressa por cada uma dessas representações numéricas. O emprego do ábaco, de fato, ajudou a entender essas representações, principalmente os valores posicionais relativos às unidades, às dezenas e às centenas.

Uma das professoras que ministrou as aulas disse que, inicialmente, imaginava que "seria fácil o sentido do zero e sua representação" numérica, mas percebeu que foi "uma prática complexa", pois "as crianças mostraram que o zero não é algo natural para elas". Elas precisam "falar e discutir o que o zero significa para elas", e reconheceu que a tarefa exploratória do jogo ajudou nesse sentido. Pôde, assim, "conhecer mais de perto os alunos, em especial suas dificuldades na composição de um número menor, quando um dos algarismos é zero". Outra professora destacou o momento de socialização e discussão das resoluções dos alunos, algo que não costumava fazer e que permitiu conhecer melhor as dificuldades e as formas de pensar e significar de seus alunos e suas dúvidas de que posição do zero podia fazer diferença no número (Fiorentini; Honorato; De Paula, 2023, p. 24-25) (terceira e quarta fases).

As sistematizações dessa experiência de EA sobre o sentido do número zero (quarta fase) destacaram múltiplos aprendizados dos docentes participantes. Na fase de estudo do tema e do planejamento, as professoras compreenderam que o número zero é complexo e requer atenção especial do professor, de modo a explorar, nos anos iniciais, alguns dos múltiplos sentidos de zero discutidos no Getai: "O zero como origem; zero como valor absoluto (abaixo do qual nada existe); ou zero relativo como o nível do mar ou ponto de congelamento da água, separando as temperaturas negativas das positivas; zero como representação da coluna vazia no ábaco ou como valor posicional nulo; zero como elemento neutro da adição" (Fiorentini; Honorato; De Paula; 2023, p. 25).

Em suas sistematizações, mediante análise narrativa escrita de sua experiência com o EA, as professoras revelaram aprendizagens didático-pedagógicas tais como: selecionar ou elaborar uma tarefa mais aberta e exploratória; planejar com detalhes a gestão da aprendizagem discente, tendo por base uma tarefa exploratória; promover, durante a aula, a produção e a negociação de sentidos e significados com os alunos; socializar e discutir as diversas resoluções e significados dos alunos; investigar a própria prática, mediante análise narrativa da experiência de EA. Não são apenas as professoras que aprendem num processo de EA. Os formadores também aprendem, como foi o caso de um dos acadêmicos que participou como colaborador do Getai enquanto fazia seu doutorado na Unicamp. Ao sistematizar essa experiência, assim expressou sua aprendizagem como formador:

> Hoje consigo perceber o que é mais importante para a formação do futuro professor que ensina matemática e procuro trazer para a formação inicial em Pedagogia discussões importantes, sobre a matemática e seu ensino, tais como: proporcionar aos estudantes uma discussão mais ampla sobre os diferentes sentidos do número e especialmente do zero, conhecimentos estes potencializados por minha participação no LSH e no GETAI. Passei também a propor discussões formativas sobre diferentes conteúdos presentes nas orientações curriculares nacionais como o pensamento algébrico, o letramento estatístico e o pensamento geométrico, buscando e tentando potencializar seu ensino a partir de tarefas exploratórias (De Paula; Fiorentini, 2023, p. 399-400).

Entretanto, cabe destacar que o sucesso dessa experiência investigativa com LSH se deve, em grande parte, à cultura colaborativa já existente no GdS e ao trabalho com tarefas e atividades exploratórias e investigativas no ensino da matemática. Para contrastar com essa realidade, apresentamos uma experiência investigativa desenvolvida por Madeline Maia em uma escola pública de Sobral, no Ceará, controlada fortemente por agentes externos ligados à Secretaria Municipal de Educação (SME) e alinhada a uma pedagogia de resultados nos testes de avaliação em larga escala, fornecendo materiais curriculares prontos para os professores aplicarem em suas escolas.

Para atender ao desejo da escola e da SME de incrementar o desempenho dos alunos dos anos iniciais do ensino fundamental nos testes de avaliação, sobretudo em relação às quatro operações, a formadora Madeline Maia propôs constituir um grupo colaborativo com três professoras do terceiro ano, a fim de poderem desenvolver uma experiência de EA com seus alunos, planejando aulas exploratórias que envolvessem o sentido de número. No entanto, foram necessários mais de três meses de estudos e problematizações sobre suas práticas de ensinar e aprender números para que as professoras entendessem e percebessem onde estava o problema do ensino e da aprendizagem de seus alunos e, então, aventurarem-se a experienciar um ciclo de EA sobre o sentido de número. Problema que não apenas diz respeito ao conhecimento didático-pedagógico relativo ao ensino de número como também decorre da ênfase da escola e dos materiais curriculares elaborados pela empresa contratada, que ainda continuava alinhada ao paradigma do exercício. Embora, de um lado, isso ajudasse a treinar os alunos para irem bem nos testes, de outro, dificultava o acesso deles ao real sentido de número. Essa percepção foi possível graças ao estudo colaborativo analítico das professoras e da formadora sobre os materiais curriculares que elas recebiam e tinham de aplicar em sala de aula, sem que tivessem a prática de discutir esse material e como elas poderiam adaptá-los ou melhorá-los, visando atender à realidade e às necessidades de seus alunos (Maia; Fiorentini, 2023a, 2023b; Gonçalves; Fiorentini, 2023).

Estas são as reflexões e percepções de uma das professoras, gravadas em áudio, após participar do EA (Maia; Fiorentini, 2023b, p. 201):

A gente acredita ou acreditava que matemática são técnicas, procedimentos que eles usam para resolver problemas. E eu passei a acreditar que a gente tem que estar todo tempo desafiando, aceitando sempre novas possibilidades que podem não vir da gente, mas deles [alunos], se eu der espaço. E a gente ainda achava que tinha que usar o lúdico, material que auxilia no ensino e que é aquilo que vai despertar o interesse dele. Eu acreditava que isso resolvia, mas o que eu achei mais interessante de tudo é que o diferente é estar perguntando sempre, instigando, deixar fazer, dar autonomia! Isso foi realmente o que mais me despertou de tudo. Eu senti o aprendizado dos meus alunos. Eu acho que vi um crescimento em uma aula que eu nunca tinha visto. Desenvolver a aula de modo a dar um tempo para cada um, não atropelar o tempo da criança. Não sou eu quem ensino. Aquela menina lá me ensinou e ensinou aos colegas quando eu chamei na lousa e ela fez mais do que eu ensinei.

Essa fala da professora revela os indícios e o potencial pedagógico de uma didática situada na prática e que é construída e desenvolvida mediante o estudo e a investigação colaborativa da própria aula. Revela, também, aprendizagem docente e mudança de crença e postura em relação ao papel do aluno e da professora, que passa a dar voz e autoria aos alunos, a ponto de estes assumirem papéis anteriormente atribuídos somente aos professores.

Estudo de aula na formação inicial de professores

Os resultados obtidos nos EA de professores em contextos de formação continuada ou de formação em serviço motivaram-nos a também realizar experiências investigativas na formação inicial de professores. Nas disciplinas de licenciatura, a aula geralmente não tem sido tomada como objeto intencional de estudo e problematização de futuros professores. Nos cursos de didática, principalmente a didática específica, a aula é discutida e projetada em suas fases, que vão desde o planejamento e a implementação até a avaliação. Entretanto, raramente o futuro professor é mobilizado a experienciar essas fases de maneira colaborativa com seus colegas e, mais raro ainda, ter oportunidade para observar, registrar e analisar aulas vigentes (ou inovadoras) nas escolas. O estágio curricular supervisionado, por outro lado, tem sido uma oportunidade mais frequente, no Brasil, de experienciar EA de uma maneira colaborativa, constituindo uma pequena comunidade formada por estagiários e por formadores da universidade e supervisores da escola. Esse é o caso, por exemplo, das experiências investigativas realizadas por Regina Pina Neves e colaboradores, que tenho acompanhado e discutido (Pina Neves; Fiorentini, 2021; Pina Neves; Fiorentini; Silva, 2022). A seguir, descrevo uma experiência formativo-investigativa desenvolvida por mim em parceria com uma doutoranda numa disciplina denominada "Prática Pedagógica em Matemática" equivalente à "Didática da Matemática". Essa disciplina contou com 23 estudantes da licenciatura em matemática e tinha como ementa promover estudos e investigações da atividade pedagógica em matemática na escola, contemplando três perspectivas de estudo: (1) *acadêmica*, relativa a estudos teóricos e epistemológicos produzidos com base em pesquisas de/em sala de aula de matemáticas; (2) *profissional*, que compreendia leitura e análise de estudos narrativos escritos por professores escolares, sendo a maioria produzidos por participantes do GdS ou por mestrandos e mestres profissionais; (3) *prática escolar*, mediante a participação, o planejamento, a implementação, a observação, o registro e a análise de aulas de ensino-aprendizagem da matemática no ensino básico. A principal atividade da disciplina foi a terceira perspectiva (60% da carga didática), e optamos por desenvolver essa parte por meio de EA. É sobre essa parte que escrevo a seguir.

A maioria dos licenciandos matriculados na disciplina estava em fase de estágio em escolas da região ou fazia trabalho voluntário de docência em cursinhos populares. Para desenvolver o EA, todos precisavam participar de um grupo pelo qual pudessem ter acesso à sala de aula na escola, a fim de observar experiências de ensino e fazer a aplicação das tarefas planejadas durante a disciplina, bem como analisar a sua implementação na prática escolar. Diante desse desafio, decidimos organizar um *lesson study glocal* (LSG), isto é, adaptar o EA às condições locais de uma disciplina da licenciatura e à realidade da cultura escolar brasileira.

Na *primeira etapa* do LSG, foram formados grupos de três ou quatro licenciandos com alguma afinidade de interesse de estudo, devendo pelo menos um de seus membros estar em atividade de docência na escola básica. Nessa etapa, foram feitas observações de aulas na escola, registradas em diários, as quais foram discutidas e problematizadas com toda a classe, visando identificar e delimitar um problema ou tópico do currículo a ser desenvolvido no ensino.

Na *segunda etapa*, cada grupo estudou o tópico ou tema do currículo escolar relativo ao problema identificado, definindo um objetivo de aprendizagem e uma tarefa exploratório-investigativa para ser implementada em sala de aula, fazendo antecipação de possíveis dificuldades ou reações dos alunos e previsão de mediação do professor. A opção por esse tipo de tarefa foi influenciada pela leitura de artigos, narrativas e experiências sobre aulas exploratório-investigativas e após os licenciandos perceberem ser esse um ambiente rico de significação e negociação de sentidos, portanto, de aprendizagem matemática.

Na *terceira etapa*, cada grupo apresentou sua tarefa de ensino e aprendizagem selecionada ou elaborada para que os demais colegas a resolvessem, simulando serem alunos da escola, tendo outro grupo como observador e avaliador da proposta escrita e em ação na simulação, destacando o raciocínio, as resoluções e aprendizagens dos estudantes. Após o grupo observador fazer seus comentários, a discussão foi aberta a todos os participantes, que questionaram e sugeriram ajustes e aprimoramento da tarefa e do plano da interação em aula. Essas discussões *pré-aula* contribuíram para que as aulas fossem pensadas de maneira colaborativa, um momento rico de problematização e negociação de significados sobre o planejamento de aulas de matemática e de como seriam feitas a observação e a participação dos colegas do grupo nessas aulas.

Na *quarta etapa*, cada grupo implementou a aula na escola, cabendo a um dos integrantes ministrar a aula. Os demais integrantes fizeram observações, gravação de áudio e registros escritos sobre o desenvolvimento da aula, destacando o pensamento, o engajamento, o comportamento e as aprendizagens dos alunos (Lewis, 2002), ressaltando os três momentos principais da aula: (1) formação de pequenos grupos de alunos e breve introdução e orientação do professor sobre a dinâmica da aula; (2) desenvolvimento da atividade decorrente da aplicação da tarefa, momento em que os alunos liam a tarefa, faziam explorações e negociavam suas interpretações e resoluções, registrando-as em um pôster para posterior apresentação aos demais colegas – a mediação do professor não consistia em dar respostas prontas (técnica do funil), ao contrário, ele deveria oferecer questionamento ou apoio para que os alunos obtivessem seus próprios resultados (técnica do andaime); (3) socialização e discussão das resoluções com toda a classe, momento em que o professor assume o papel de organizar algumas resoluções, colocando-as em uma determinada ordem ou sequência (começando geralmente pelas mais simples ou incorretas e finalizando com as mais elaboradas ou corretas), e orquestra a negociação de significados, a fim de validar ou refutar as resoluções produzidas pelos alunos. O professor podia fechar a aula com uma síntese sua ou, se tivesse tempo, tentar construir com os alunos uma síntese dos aprendizados obtidos na aula.

Na *quinta etapa*, cada grupo analisou e discutiu a atividade desenvolvida em aula. Se fosse logo após a aula, o professor que ministrou a aula iniciava fazendo uma autoavaliação, destacando os aspectos positivos e negativos, justificando determinadas ações e explicitando suas dificuldades e principalmente as situações não previstas. A seguir, os demais colegas de grupo faziam suas considerações e avaliações, com base em seus registros, destacando detalhes ou episódios que consideraram relevantes. Se a reflexão sobre a aula não fosse imediata, foi sugerido que o professor que ministrou a aula e os colegas que a observaram fizessem uma narrativa reflexiva sobre ela. Assim, quando se reunissem alguns dias após a aula, poderiam ler as narrativas e fazer uma discussão final.

Na *sexta etapa*, cada grupo desenvolveu um processo de sistematização do processo investigativo de aula experienciado, momento em que puderam analisar e discutir aspectos relevantes da experiência com o EA, destacando os sucessos e aprendizagens e também os fracassos e as dificuldades. Os futuros professores tiveram dificuldades para decidir o que deveriam colocar em um texto entre oito e dez páginas, em espaço simples, que incluía: uma breve introdução (na qual apresentavam o contexto do estudo e delimitavam uma questão investigativa ou um objetivo investigativo); a revisão bibliográfica e o referencial teórico; o contexto da experiência; a metodologia de ensino e de investigação; a análise narrativa da experiência; e os principais resultados. Encerravam o texto com uma discussão dos resultados e conclusões, fechando com as referências bibliográficas. A modalidade de análise sugerida pelos formadores foi a análise narrativa dialógica ou performática (Riessman, 2008), que consiste em narrar os eventos ou fenômenos mais relevantes em termos de aprendizagem discente e docente que ocorrem ao longo da experiência de um ciclo investigativo de EA. O material de análise podia ser composto pelas resoluções escritas dos alunos ou por episódios marcantes, isto é, interações verbais (gravadas e transcritas) durante a atividade e/ou, também, depoimentos dos participantes, obtidos por entrevista. A análise narrativa desses materiais possibilitou extrair lições e aprendizados. Nessa sexta etapa, estava incluído também um *seminário final* de apresentação e discussão dos resultados obtidos por cada grupo, tendo outro grupo como principal responsável pela leitura e avaliação crítica da sistematização escrita e do seminário apresentado.

As sistematizações realizadas pelos grupos que realizaram o EA destacam que aquela foi uma experiência diferencial e altamente relevante para a formação profissional do professor de matemática. Apresentamos, a seguir, as considerações de cinco dos seis grupos que participaram do estudo de aula experimental desenvolvido na licenciatura em matemática da Unicamp:

> √ Para nós, futuros professores, a atividade foi muito importante. Mostrou a importância de um bom preparo de aula e a relevância de aulas exploratório-investigativas na motivação, na participação e no desempenho dos alunos. (G 1)

√ Aprendemos quando colocamos a mão na massa. Ficar só escutando teoria, teoria... até pode, mas não resolve. Tem que ter teoria e prática juntas. (G 2)

√ Não basta saber fazer e resolver exercícios e problemas. Para saber ensinar, o professor precisa muito mais que isso. (G 3)

√ O *lesson study* nos dá grandes contribuições ao propor construção colaborativa das tarefas e análise das atividades durante a aula, promovendo uma prática investigativa sobre as próprias práticas, sobretudo durante o desenvolvimento do planejamento e da problematização pós-aula. (G 4)

√ Sobre nossas aprendizagens, a atividade foi extremamente importante, pois, como futuros professores de matemática, pudemos confirmar o valor de um bom planejamento para as aulas. Além disso, o quanto atividades de natureza exploratório-investigativas são enriquecedoras, a ponto que podermos aplicar uma aula e ver nossos pontos fortes durante a atividade e melhorá-los, organizar um cronograma e ter contato com os alunos, a fim de observar suas dúvidas, seus comportamentos e ter apoio de um professor que pode passar sua experiência em sala de aula. (G 5) (Acevedo Rincón; Fiorentini, 2017, p. 39).

Como podemos perceber, os futuros professores, em geral, reconheceram as contribuições dessa experiência de EA para sua formação e aprendizagem docente. Destacaram como altamente relevantes, sobretudo, o planejamento colaborativo das aulas e as discussões pré-aula e pós-aula. Além disso, enfatizaram a necessidade de incluir mais atividades educativas desse tipo no programa da licenciatura em matemática, mesmo em disciplinas não pedagógicas. Por outro lado, questionaram a falta de condições da escola atual brasileira em abrir espaço para esse tipo de prática, pois o EA requer tempo e horários compatíveis para um trabalho realmente colaborativo entre os professores (Acevedo Rincón; Fiorentini, 2017).

Conclusões e considerações finais

O EA foi descrito, neste capítulo, como um processo colaborativo e investigativo que oportuniza aprendizagem conjunta dos professores sobre suas práticas. Nesse processo, ocorrem aprendizagens e produção de conhecimentos situados na prática e também baseados na prática escolar e destinados a ela, como caracterizam Cochran-Smith e Lytle (1999). No entanto, esse é um processo longo e moroso de ensino, aprendizagem e desenvolvimento profissional, que pode ser exclusivo dos professores em uma escola, como acontece no Japão há mais de um século. Porém, também pode ser realizado, como mostramos neste capítulo, em contexto de formação inicial e continuada de professores, formando grupos mistos ou comunidades fronteiriças entre universidade e escola, constituídos por formadores de professores e professores em serviço e/ou futuros professores (Fiorentini, 2013).

Podemos, portanto, considerar o processo de EA como uma didática prática, da perspectiva de Martins (2003), e decolonial, tendo em vista sua natureza colaborativa, em que o ponto de partida são as demandas curriculares dos professores ou da escola e o ponto de chegada são a aprendizagem dos alunos e o desenvolvimento profissional dos professores. O papel dos formadores, nesse processo, é de mediação, pois assumem a função de colaborar e dar suporte teórico e metodológico (buscando uma literatura pertinente) e de problematizar as propostas e práticas dos professores, a fim de que possam elaborar tarefas culturalmente relevantes e realizar a gestão da aprendizagem dos alunos. Em síntese, podemos afirmar que o EA contribui também para o desenvolvimento de uma didática especializada para *ensinaraprender* situada na prática escolar.

Do ponto de vista da formação docente, o EA contribui principalmente para o desenvolvimento profissional contínuo do professor, bem como para a transformação de sua identidade profissional docente e o desenvolvimento de sua agência profissional à medida que se empodera para liderar mudanças das práticas pedagógicas da escola onde atua, em um movimento que vai na contramão das políticas públicas neoliberais e colonizadoras do trabalho docente nas escolas.

O EA contribui também para o desenvolvimento do currículo escolar (local, regional e nacional) baseado na prática e nos professores, já que os docentes produzem e publicam tarefas e atividades exploratório-investigativas culturalmente relevantes para a realidade dos jovens e das crianças que frequentam a escola pública no Brasil em seus diferentes contextos. Esse é o caso, por exemplo, dos oito livros publicados por professores do GdS: *Por trás da porta, que matemática acontece?* (Fiorentini; Miorim, 2001); *Histórias de aulas de matemática* (GPAAE, 2001); *Histórias de aulas de matemática: compartilhando saberes profissionais* (Fiorentini; Jiménez, 2003); *Histórias e investigações de/ em aulas de matemática* (Fiorentini; Cristóvão, 2006); *Histórias de colaboração e investigação na prática pedagógica em matemática: ultrapassando os limites da sala de aula* (Carvalho; Conti, 2009); *Análises narrativas de aulas e matemática* (Carvalho; Martins; Fiorentini, 2013); *Narrativas de práticas de aprendizagem docente em matemática* (Fiorentini; Fernandes; Carvalho, 2015); *Narrativas de aulas de matemática no ensino médio: aprendizagens docentes no contexto de* lesson study *híbrido* (Losano; Ferrasso; Meyer, 2021).

Por fim, o EA contribui para a melhoria da qualidade da aprendizagem do aluno, por promover o desenvolvimento de seu pensamento matemático, gerando o empoderamento matemático dos estudantes em comunidades de aprendizes.

Referências

ACEVEDO RINCÓN, J.; FIORENTINI, D. A "glocal" lesson study: the case of pedagogical practices in mathematics. *International Journal for Research in Mathematics Education – RIPEM*, v. 7, n. 2, p. 24-44, 2017.

BAKHTIN, M. *Estética da criação verbal*. São Paulo: Martins Fontes, 2003.

BALDIN, Y. Y.; FELIX, T. F. A pesquisa de aula (*lesson study*) como ferramenta de melhoria da prática na sala de aula. *In*: CONFERÊNCIA INTERAMERICANA DE EDUCAÇÃO MATEMÁTICA, 13., Recife. *Anais* [...]. Recife: Ciaem, 2011, p. 1-12.

BALDIN, Y. Y.; SILVA, A. F.; FELIX, T. F. Introdução dos princípios da lesson study no Brasil: primeiros passos e grupos de estudo. *Revista Paradigma*, v. 44, p. 131-158, 2023.

CARVALHO, D. L.; CONTI, K. C. (org.). *Histórias de colaboração e investigação na prática pedagógica em matemática*: ultrapassando os limites da sala de aula. Campinas: Alínea, 2009.

CARVALHO, D. L.; MARTINS, C. L.; FIORENTINI, D. (org.). *Análises narrativas de aulas e matemática*. São Carlos: Pedro & João, 2013.

CHAN, C. K. K.; PANG, M. F. Teacher collaboration in learning communities. *Teaching Education*, v. 17, n. 1, 2006, p. 1-5.

COCHRAN-SMITH, M.; LYTLE, S. L. Relationships of knowledge and practice: teacher learning in communities. *Review of Research in Education*, Washington, v. 24, p. 249-305, 1999.

DE PAULA, A. P. M.; FIORENTINI, D. Aprendizagens e aprendizados de um professor-pesquisador ao participar de uma experiência de *lesson study* sobre o sentido de zero. *Revista Paranaense de Educação Matemática*, v. 12, p. 386-405, 2023.

FERNANDEZ, C.; YOSHIDA, M. *Lesson study*: a Japanese approach to improving mathematics teaching and learning. New Jersey: Lawrence Erlbaum, 2004.

FIORENTINI, D. Learning and professional development of the mathematics teacher in research communities. *Sisyphus – Journal of Education*, v. 1, p. 152-181, 2013.

FIORENTINI, D.; CARVALHO, D. L. O GdS como lócus de experiências de formação e aprendizagem docente. *In*: FIORENTINI, D.; FERNANDES, F. L. P.; CARVALHO, D. L. (org.). *Narrativas de práticas e de aprendizagem docente em matemática*. São Carlos: Pedro & João, 2015, p. 15-37.

FIORENTINI, D.; CRISTOVÃO, E. M. (org.). *Histórias e investigações de/em aulas de matemática*. Campinas: Alínea, 2006.

FIORENTINI, D. *et al*. Estudo de uma experiência de *lesson study* híbrido na formação docente em matemática: contribuições de/para uma didática em ação. *In*:

ENCONTRO NACIONAL DE DIDÁTICA E PRÁTICA DE ENSINO, 19., 2018, Salvador-BA. *Anais*. [...]. Salvador: UFBA, 2018, p. 1-38.

FIORENTINI, D.; FERNANDES, F. L. P.; CARVALHO, D. L. (org.). *Narrativas de práticas de aprendizagem docente em matemática*. São Carlos: Pedro & João Editores, 2015. 204 p.

FIORENTINI, D.; HONORATO, A. H. A.; DE PAULA, A. P. M. Experiências de aprendizagem docente na gestão colaborativa do ensino-aprendizagem de matemática baseado em tarefas exploratórias. *Perspectivas da Educação Matemática*, v. 16, n. 42, p. 1-30, 2023.

FIORENTINI, D.; JIMÉNEZ, D. (org.). *Histórias de aulas de matemática*: compartilhando saberes profissionais. Campinas: FE/Unicamp, 2003.

FIORENTINI, D.; LOSANO, A. L. Advances and challenges of collaboration as a learning and research field for mathematics teachers. *In*: BORKO, H.; POTARI, D. (ed.). *Teachers of mathematics working and learning in collaborative groups*. Nova York: Springer, 2024. p. 413-429.

FIORENTINI, D.; MIORIM, M. A. (org.). *Por trás da porta, que matemática acontece?*. Campinas: FE/Unicamp, 2001.

FUJII, T. Designing and adapting tasks in lesson planning: a critical process of lesson study. *ZDM*, v. 48, p. 411-423, 2016.

GONÇALVES, K. V.; FIORENTINI, D. Origens e apropriação cultural do *lesson study*: contribuições à aprendizagem do professor que ensina matemática. *Revista Paranaense de Educação Matemática*, v. 12, n. 29, p. 226-249, 2023.

GPAAE – Grupo de Pesquisa-Ação em Álgebra Elementar. *Histórias de aulas de matemática*. Campinas: FE/Unicamp, 2001.

GRIMSÆTH, G.; HALLÅS, B. O. Lesson study model: the challenge of transforming a global idea into local practice. *Policy Futures in Education*, v. 14, n. 1, p. 109-122, 2015.

ISODA, M. Producing theories for mathematics education through collaboration: a historical development of Japanese lesson study. *In*: BORKO, H.; POTARI, D. (ed.). *Teachers of Mathematics Teaching and Learning in Collaborative Groups*. ICMI Study 25 Conference. Lisboa: Universidade de Lisboa, 2020. p. 15-22.

LEWIS, C. *Lesson study*: a handbook of teacher-led instructional change. Filadélfia: Research for Better Schools, 2002.

LOSANO, A. L.; FERRASSO, T. O.; MEYER, C. *Narrativas de aulas de matemática no ensino médio*: aprendizagens docentes no contexto de *lesson study* híbrido. Brasília: Sbem, 2021.

LOSANO, A. L.; FIORENTINI, D. Apropriação cultural do *lesson study*: percepções e aprendizagens de uma comunidade fronteiriça universidade-escola. *Zetetiké*, v. 32, p. e024008, 2024.

MAIA, M. G. B.; FIORENTINI, D. Aprendizagem conceitual e didática acerca do sentido de número: resultados de um *lesson study* em uma escola pública sobralense. *Revista Paradigma*, v. 44, p. 241-267, maio 2023a.

MAIA, M. G. B.; FIORENTINI, D. Experiência formativa de uma comunidade colaborativa com professoras que ensinam matemática nos anos iniciais. *Revista Interinstitucional Artes de Educar*, v. 9, n. 1, p. 185-204, 2023b.

MARTINS, P. L. O. A relação teoria e prática na formação do professor universitário: princípios e metodologia. *Revista Diálogo Educacional*, v. 4, n. 10, p. 131-142, 2003.

PINA NEVES, R. da S.; FIORENTINI, D. Aprendizagens de futuros professores de matemática em um estágio curricular supervisionado em processo de *lesson study*. *Perspectivas da Educação Matemática*, v. 14, n. 34, p. 1-30, 2021.

PINA NEVES, R. da S.; FIORENTINI, D.; SILVA, J. M. P. *Lesson study* presencial y la pasantía curricular supervisada en matemáticas: contribuciones al aprendizaje docente. *Revista Paradigma*, v. LXIII, ed. temática n. 1, p. 409-442, jan. 2022.

RIESSMAN, C. K. *Narrative methods for the human sciences*. Thousand Oaks: Sage, 2008.

STIGLER, J. W.; HIEBERT, J. *The teaching gap*: best ideas from the world's teachers for improving education in the classroom. Nova York: Simon and Schuster, 1999.

VYGOTSKY, L. *Pensamento e linguagem*. Rio de Janeiro: Martins Fontes, 1998.

YOSHIDA, M. *Lesson study*: an ethnographic investigation of school-based teacher development in Japan. 1999. Tese (Doutorado em Psicologia Educacional) – Universidade de Chicago, Chicago, Estados Unidos, 1999.

DIDÁTICA DAS CIÊNCIAS HUMANAS E SOCIAIS APLICADAS E SUAS TECNOLOGIAS

5
REINVENTAR A HISTÓRIA NO ENSINO MÉDIO: DESAFIOS À DIDÁTICA, À FORMAÇÃO E À PRÁTICA DOCENTE DE UMA PERSPECTIVA CRÍTICA E TRANSFORMADORA[1]

Selva Guimarães

Introdução

Em 1987, no final da ditadura civil-militar, Sérgio Paulo Rouanet publicou *As razões do Iluminismo*, um conjunto de ensaios em que aborda, por diferentes aspectos, a interação entre cultura e sociedade. Entre os ensaios, está "Reinventando as humanidades", no qual o pensador defende, no contexto da democratização, uma nova política educacional e cultural, por meio da revalorização de disciplinas estratégicas para um país que estava reaprendendo a pensar: as humanidades. O autor criticava que, "com o fim das humanidades acabou, também, em grande parte, o

---
1. Este capítulo é produto do projeto de pesquisa "Observatório do ensino de história e geografia", financiado pela Fapemig e pelo CNPq. Agradeço aos apoiadores.

pensamento crítico" (*ibid.*, p. 307). Rouanet apresentou quatro argumentos a favor da restauração das disciplinas das áreas de humanidades: 1) porque constituem um contrapeso necessário à cultura tecnocrática; 2) porque o manejo das humanidades torna o espírito infinitamente mais versátil; 3) porque podem contribuir para o hábito do pensamento crítico, sem o qual nossa jovem democracia não poderia se sustentar; 4) porque as humanidades são fonte de prazer (*ibid.*, p. 324-325).

Passados 40 anos dessa publicação e 60 do golpe de estado de 1964, enfrentamos o mesmo desafio em um contexto de avanço da extrema direita, tecnocrata e neoliberal no Brasil: revalorizar o ensino das humanidades no ensino médio (EM), etapa da educação básica que atende jovens de 14 a 18 anos. Nós, educadores, lutamos contra a ditadura, em prol dos direitos de cidadania, da democracia e da liberdade de expressão; obtivemos avanços e assistimos a retrocessos. O mundo passou por crises econômico-financeiras, políticas, sociais, ambientais e pela crise sanitária global, que provocou isolamento social e mortes, em decorrência da pandemia de Covid-19, que assolou o mundo de 2020 a 2022. A sociedade globalizada, de cunho neoliberal, vivencia o crescimento da concentração de renda, o aprofundamento das desigualdades sociais e a crise humanitária, especialmente em virtude da fome e das guerras em diferentes partes do planeta. Nas últimas três décadas, houve um crescimento acelerado das novas tecnologias de comunicação e informação. A cultura digital impregnou diversos setores da vida social, num processo cada vez mais intenso de digitalização do cotidiano, da educação e das ciências. Por conseguinte, é progressiva a concentração de riquezas e de poder pelas empresas conhecidas como *big techs*. Portanto, o século XXI é um tempo de incertezas, vivido por uma sociedade globalizada, digital, plural e humanamente desigual. As democracias estão fragilizadas, ameaçadas ou em pleno colapso em muitos países.

Nesse cenário, o foco deste capítulo é a análise dos desafios da didática e da didática da história, especificamente no EM, no contexto sociopolítico do Brasil nas últimas décadas. A história é uma disciplina formativa, necessária e estratégica, pois tem como objeto a compreensão da experiência humana em diversos tempos e lugares. Contribui para a formação do pensamento crítico, portanto, basilar para a existência de uma sociedade democrática. A didática e as didáticas específicas e as metodologias de ensino constituem campos do saber essenciais para a compreensão da docência, do ensinar e aprender. Questiona-se como as mudanças no ensino médio operadas pelo governo federal após o golpe parlamentar, que culminou com o *impeachment* da presidenta eleita Dilma Rousseff em 31 de agosto de 2016, impactaram o ensino das humanidades, em particular da história no ensino médio. Como construir saberes históricos e práticas educativas de uma perspectiva didática e historiográfica crítica e transformadora? Como a didática e as didáticas específicas podem contribuir para a formação e a prática docente nesse enfoque? Postula-se a articulação dos saberes didático-pedagógicos e históricos desde os primeiros anos da formação profissional docente na licenciatura em história e na formação contínua nos diversos espaços educativos, bem como a revalorização efetiva da disciplina nos currículos das escolas de EM.

Didática e didática da história: Virada crítica interdependente

A didática no Brasil, desde as últimas décadas no século XX, caracteriza-se como um campo de estudos e reflexões pedagógicas que muito contribui para as formulações do pensamento educacional, a formação docente e o ensino nas diferentes áreas do saber. Os estudos e os eventos nacionais realizados periodicamente, a reunião da Associação Nacional de Pesquisa Educacional (Anped) e o Encontro Nacional de Didática e Prática de Ensino (Endipe) evidenciam uma pluralidade de concepções e ênfases que têm em comum, segundo Oliveira (2000), a defesa da legitimidade do saber didático-pedagógico na formação docente, da especificidade da área da educação e do ensino e a luta pela democratização da escola pública como vetor de transformação da escola crítica. Segundo a autora, afirmou-se, nos anos 1980 e 1990, uma perspectiva "crítica transformadora" no seio de diferentes perspectivas de análise. No contexto de democratização, ocorreu uma virada crítica na didática. Para exemplificar, escolhi citar duas obras/coletâneas que expressam a busca da construção de uma didática crítica em nosso país. Em 1988, ano da promulgação da Constituição Democrática da República Federativa do Brasil, foi publicada a obra *Repensando a didática*, pela editora Papirus, de Campinas, São Paulo, organizada pela professora doutora Ilma Passos Alencastro Veiga, com reflexões de vários estudiosos. O objetivo explícito era o de contribuir para o repensar do papel da didática na formação de professores do então ensino de primeiro e segundo graus (hoje fundamental e médio) e estimular a investigação de propostas didáticas voltadas para a efetivação da prática pedagógica crítica. No Rio de Janeiro, no mesmo ano, a professora doutora Vera Maria Candau organizou e publicou, pela editora Vozes, a coletânea *Rumo a uma nova didática*, que reuniu trabalhos de vários autores em defesa da superação da didática instrumental e da proposição de uma didática fundamental em três dimensões: técnica, humana e política.

As pesquisas subsequentes e consequentes desse percurso, segundo Veiga (2012), demonstraram o rompimento epistêmico com a concepção meramente técnica da didática, com a defesa social e política da escola como espaço da formação de professores, a fim de superar a visão da escola imaginária. O professor passou a ser concebido como agente social e o planejamento como meio do enfoque integrador e coletivo, e não mais uma "peça" do sistema educacional. Ou seja, a educação como prática social e de emancipação humana e os professores, sujeitos compromissados com a democratização e a qualidade social da escola pública. Ademais, advoga-se a imbricação do ensino e da pesquisa e do processo didático como uma ação reflexiva, questionadora, investigativa, interventiva e interdisciplinar. Para tanto, há que se repensar o desenvolvimento profissional docente, tendo por base a formação contínua e as condições objetivas do trabalho docente.

Em trabalhos recentes, Veiga (2024) tem reafirmado o papel da didática como prática social concreta, complexa e laboriosa, espaço de diálogo entre a formação, a docência e a pesquisa. Candau e Koff (2015) analisam caminhos possíveis para reinventar a escola e a didática por meio do diálogo entre a perspectiva intercultural crítica e a metodologia de projetos. Reconhecem a precarização do trabalho nas escolas, a insegurança e o estresse no cotidiano escolar e os questionamentos quanto à preparação e à autoridade profissional dos docentes. Nesse panorama, são necessárias novas estratégias pedagógicas, considerando o impacto das tecnologias da informação e da comunicação sobre os processos de ensino-aprendizagem pedagógicos e as configurações identitárias e subjetividades fluidas de crianças e adolescentes. Candau (2022) compreende que o mundo pós-pandemia é um tempo privilegiado para reinventar a didática e a escola e, nesse sentido, considera capital para "a reinvenção da didática, na atualidade, articular a perspectiva crítica com a interculturalidade" (*ibid.*, p. 12).

Por sua vez, a área de didática da história, especificamente, foi ampliada e reconfigurada após o início da redemocratização no final dos anos 1970, impulsionada por trabalhos e revisões críticas do campo educacional e historiográfico, pelos movimentos sociais e acadêmicos, com relevo especial para a atuação da Associação Nacional de História (Anpuh) e, mais, recentemente, da Associação Brasileira de Ensino de História (Abeh). Em 1993, destaquei, nesse contexto, as seguintes características da história ensinada: ocorriam uma ampliação e uma democratização dos temas estudados na escola, a incorporação de novas temáticas, novos materiais, fontes e problemas que penetraram as aulas, num processo de rompimento, tão lento quanto necessário, com a exclusão de sujeitos e eventos históricos até então operada pelos currículos e materiais didáticos de base eurocêntrica (Guimarães, 1993). A multiplicidade de leituras e concepções historiográficas críticas passaram a ser incorporadas à formação docente, aos materiais e ao trabalho docente.

Em processo similar ao ocorrido na didática geral, as transformações na didática específica da história, mesmo trilhando abordagens diversas, apresentam um objetivo comum: ultrapassar a visão tradicional, que privilegia(va) o método da memorização de fatos, os estereótipos da história do Brasil e da Europa, e construir uma perspectiva crítica e transformadora do ensino e da aprendizagem. Há que se ressaltar, nos anos 2000, como decorrência das lutas sociais, em particular dos negros e indígenas, a implantação das leis n. 10.639/2003 e n. 11.645/2008, que tornaram obrigatório o estudo da história e da cultura africana e indígena. Essa conquista teve como protagonistas, além das lideranças dos movimentos sociais, os profissionais da história, nas lutas sindicais, acadêmicas e escolares, ocupando espaços nos fóruns de representações políticas e nos espaços educacionais.

O debate historiográfico e pedagógico na área de pesquisa acerca do ensino de história nos cursos superiores (graduação e pós-graduação) em história e educação se inspirou fortemente nas contribuições da nova historiografia francesa. Como exemplo, cito autores da nova história francesa (Le Goff, 1990), da historiografia social inglesa (Hobsbawm, 1998) e dos estudos acerca da didática, do ensino e da formação docente de autores franceses (Moniot, 1993; Audigier, 2016; Lautier, 1997, 2011) e alemães (Bergmann, 1989; Rüsen, 2010). No Brasil, merece registro a obra *Repensando a história*, organizada pelo professor doutor Marcos Silva, em 1984, publicada pelo núcleo de São Paulo da Anpuh. A coletânea se tornou um referencial da produção dos anos 1980 acerca dos temas "ensino, ideologia e conhecimento", "livro didático", "ensino por temas", "trabalhos de campo", "método retrospectivo", "trabalho com textos" e "experiências didáticas". Em 1988, foi organizado na Faculdade de Educação da Universidade de São Paulo, liderado pela professora Elza Nadai, o seminário nacional "Perspectivas do ensino de história". Os objetivos eram promover um amplo debate a respeito das condições do ensino de história naquele momento, os desafios, as prioridades, as lacunas, a formação de professores e os projetos e práticas de ensino realizados nas escolas. Para Nadai (1988, p. 2),

> [...] o saber histórico tem cada vez mais possibilidade de se afastar de um ensino dogmático, sustentado por mitos, heróis e estereótipos que tem composto parte do conteúdo tradicional do ensino de 1º grau e que precisa ser revisto pelo campo da História e da educação.

Nessa senda de debates e proposições, foi realizado em 1993 o "I Encontro nacional de pesquisadores na área de ensino de história", liderado por mim, reunindo professores e pesquisadores da educação e da história. Os dois eventos prosperaram e, graças aos esforços dos profissionais da área, continuam sendo realizados periodicamente no Brasil, liderados pela Abeh, associação gestada nesse movimento acadêmico.

Essa mobilização nacional contribuiu para o aprofundamento teórico-pedagógico sobre as relações entre a didática, a didática geral e as práticas de ensino na formação dos docentes. Para Bergmann (1989, p. 36), a didática da história (desde os anos 1970) já não é apenas metodologia e prática de ensino; antes de tudo, "preocupa-se com a necessidade, os objetivos e as funções do ensino de História". Como disciplina científica, tem como tarefas investigar, empiricamente, de modo sistemático, os processos de ensino e aprendizagem, de formação dos indivíduos, de recepção e transmissão do conhecimento histórico. A segunda tarefa é reflexiva, pois a didática da história "analisa e explicita os fatores imanentes da própria ciência histórica e investiga o significado geral desta para a vida cultural e a práxis social do seu tempo" (*ibid.*, p. 31). O autor conclui a análise explicitando as tarefas normativas da didática da história em estreita relação com a ciência histórica e com a pedagogia, a psicologia e as ciências sociais. Trata-se, nessa tarefa, da definição dos pressupostos, dos conteúdos, dos objetivos de aprendizagem, das técnicas e materiais de ensino e da análise das várias possibilidades de representação da história no ambiente escolar e em outros ambientes educativos. Sintetizando, Bergmann defende que a didática da história assuma a tarefa primordial de indagar sobre o significado da história na formação geral dos indivíduos e na práxis social, considerando as relações entre passado presente e futuro: "assim, [a Didática] tem de lembrar sempre à História suas tarefas de elucidação do mundo vivido" (*ibid.*, p. 38).

Dessa perspectiva, a didática da história é tributária de disciplinas pedagógico-didáticas como didática geral e da história, assim como psicologia. A didática e a didática da história possuem estatutos próprios, mas trazem em comum o foco no ensino e na aprendizagem. São interdependentes, mas ambas cooperam para a reflexão didática, para a prática docente em história. De tal modo, a didática da história, bem como a pesquisa em ensino, forma um campo de saber multirreferencial e multidimensional, sendo o eixo integrador os saberes e as práticas constitutivas da formação histórica. Relembrando Freire,

> [...] ensinar exige pesquisa. Não há ensino sem pesquisa e pesquisa sem ensino. Faz parte da natureza da prática docente a indagação, a busca, a pesquisa. [...] na formação permanente é preciso que o professor se perceba e se assuma, porque professor, como pesquisador (Freire, 2016, p. 30).

A investigação didática, de uma perspectiva crítica e transformadora, potencializa a formação docente e a qualidade pedagógica das práticas de ensino em sala de aula. Portanto, os contextos epistêmico e pedagógico são indissociáveis.

A história no ensino médio: Entre persistências e resistências propositivas

A reinvenção das humanidades, das práticas de ensino e da reflexão didática no EM pressupõe reconhecer o valor da formação geral humanística dos jovens, da história como disciplina formativa, estratégica para a formação dos estudantes que cursam essa etapa da educação básica. Franco (1994) publicou um texto instigante em uma coletânea sobre o EM, intitulado "Democratização, profissionalização, ou nem uma coisa, nem outra". Atualizo algumas das questões discutidas pela autora acerca da identidade do EM: a indefinição histórica do EM na trajetória da educação brasileira, como continuidade do ensino fundamental (EF) e porta de entrada para a educação superior; a dicotomia e segmentação, de um lado, que enfatizam o caráter de terminalidade e a formação profissional (especialmente para os estudantes mais pobres) e, de outro, a formação geral e propedêutica, base para a educação superior (especialmente para os estudantes de classes de média e alta renda); a distorção da aplicação dos recursos públicos, no caso brasileiro, na atualidade, a nosso ver, a priorização de investimentos nos Institutos Federais de Educação, Ciência e Tecnologia (Ifets), que atendem a uma parcela reduzida de jovens. Por último, apesar dos lentos avanços, menciono a exígua produção científica nacional de estudos e pesquisas acerca das problemáticas do EM.

Durante a ditadura civil-militar, o EM (ensino de 2º grau) sofreu uma mudança, segundo Franco (1994, p. 23), de "180 graus", quando se implantou de forma compulsória e universal a profissionalização em nível médio, no bojo do ideário "segurança nacional e desenvolvimento econômico". O elitismo persistia na educação brasileira de maneira escancarada. Essa medida ocorreu no governo Médici, no auge da ditadura, quando se completou a configuração do projeto educacional arquitetado desde 1964, implantado por meio da Reforma Universitária (Lei n. 5.540/1968) e da Reforma do Ensino de 1º e 2º Graus (Lei n. 5.692/1971). A reforma propugnada, entre outras modificações, estabeleceu o período de escolaridade obrigatória dos 7 aos 14 anos (1ª a 8ª série), denominado 1º grau, e o ensino de 2º grau se equiparou à habilitação profissional dos jovens, conforme previsto no artigo 5º da Lei n. 5.692/1971:

> Art. 5º [...]
>
> 1º Observadas as normas de cada sistema de ensino, o currículo pleno terá uma parte de educação geral e outra de formação especial, sendo organizado de modo que:
>
> a) no ensino de primeiro grau, a parte de educação geral seja exclusiva nas séries iniciais e predominantes nas finais;
>
> b) no ensino de segundo grau, predomine a parte de formação especial.
>
> 2º A parte de formação especial de currículo:
>
> a) terá o objetivo de sondagem de aptidões e iniciação para o trabalho, no ensino de 1º grau, e de habilitação profissional, no ensino de 2º grau.

Como se lê, essa medida representou a prioridade da formação técnica profissional, em detrimento da formação geral, humanística, propedêutica do EM. Tornou-se obrigatória e compulsória a profissionalização precoce dos jovens para atender ao mercado de trabalho e aliviar a demanda por vagas no ensino superior. Houve resistências de várias classes e setores da sociedade, até mesmo de setores empresariais, como demonstram estudos (Guimarães, 1993) sobre a implantação da lei. Soma-se a isso a precariedade das escolas para ofertar cursos profissionalizantes de qualidade. Os jovens da classe trabalhadora, uma vez mais, foram prejudicados pelo desmantelamento e pela precarização do EM. Os jovens de classe média e alta passaram a frequentar os cursinhos pré-vestibulares privados, que pululuram pelo país e se tornaram, com o passar dos anos, grandes empresas do ramo da educação, ligadas ao capital internacional.

Nesse período, o ensino das humanidades foi, praticamente, banido do EM. A história e a geografia foram transformadas em estudos sociais, ao lado de educação moral e cívica e organização social e política do Brasil nos currículos de 1º grau. Há que se lembrar também da disciplina obrigatória estudos dos problemas brasileiros no ensino superior. Após dez anos de resistências, em 1981, no contexto de pressão social e política, o Conselho Federal de Educação alterou os dispositivos da Lei n. 5.692/1971 e, por meio da Lei n. 7.044/1982, artigo 4, parágrafo 2º, flexibilizou a organização do EM: "a preparação para o trabalho no ensino de 2º grau poderá ensejar habilitação profissional, *a critério do estabelecimento de ensino*" (grifos meus).

As lutas pela valorização ou mesmo o "resgate" das ciências humanas e sociais no currículo do EM foi um processo lento e progressivo. A persistência, como demonstrado em várias pesquisas (Franco, 1994; Guimarães, 1993), da estrutura curricular, das concepções dos professores, da desqualificação da formação nos cursos superiores de licenciaturas curtas, da precarização das condições de trabalho, do aviltamento dos salários dos professores nas redes pública e privada retardou a efetivação das mudanças curriculares nas escolas. As humanidades permaneceram em um lugar restrito ou inexistente no EM, mesmo no período democrático. A Lei de Diretrizes e Bases da Educação Nacional (LDB), em seu artigo 36, estabeleceu no parágrafo 2º que "o ensino médio, atendida a *formação geral* do educando, poderá prepará-lo para o exercício de profissões técnicas". E complementa no parágrafo 4º que "a preparação geral para o trabalho e, facultativamente, a habilitação profissional poderão ser desenvolvidas nos próprios estabelecimentos de ensino médio ou em cooperação com instituições especializadas em educação profissional". A história, a geografia, a filosofia e a sociologia retornam, paulatinamente, ao EM nos anos 1990, no bojo das ciências humanas, vencendo as resistências dos conteudistas das chamadas "ciências duras" e áreas técnicas.

  A política educacional do período de consolidação democrática, definida na LDB, regulamentada em 1998 pelas Diretrizes do Conselho Nacional de Educação (CNE) e pelos Parâmetros Curriculares Nacionais (PCNs), estabeleceu a organização curricular do EM em três áreas do conhecimento: ciências da natureza e da matemática, linguagens e códigos e ciências humanas. A área de ciências humanas, composta pelas disciplinas de história, geografia, sociologia e filosofia, por sua vez, constituía-se de conceitos estruturadores, competências e habilidades descritas nos PCNs e na matriz do Exame Nacional do Ensino Médio (Enem), criado em 1998. Os PCNs apresentavam como finalidade educativa a formação dos cidadãos e as possibilidades de organização programática, com base em eixos temáticos, sendo o primeiro "Cidadania: diferenças e desigualdades". Nesse cenário, ocorreu o retorno das humanidades às escolas, com dificuldades, limitações e muito esforço dos professores da rede pública.

  Uma dificuldade didática era o fato de os estudantes de EM das escolas públicas não fazerem parte do programa de livro didático do governo federal, nem do programa de alimentação escolar. O Programa Nacional do Livro Didático para o Ensino Médio (PNLEM) somente foi implantado em 2004, de modo experimental, na primeira gestão do presidente Lula, pela Resolução n. 38 do Fundo Nacional de Desenvolvimento da Educação (FNDE), quando se iniciou uma progressiva distribuição de livros didáticos para os alunos do EM público de todo o país, consolidado e de fato, universalizado, com a criação do Fundo Nacional de Desenvolvimento da Educação Básica (Fundeb). O Fundeb foi criado pela Emenda Constitucional n. 53/2006, em substituição ao Fundo Nacional de Desenvolvimento do Ensino Fundamental (Fundef), e regulamentado pela Lei n. 11.494, de 20 de junho de 2007. Desde 2020, tornou-se um fundo permanente, nos termos da Lei n. 14.113, de 25 de dezembro de 2020.

O Fundeb impactou de maneira substantiva a educação pública, pois contempla as etapas da educação infantil, o EM e a educação de jovens e adultos; as modalidades de ensino regular, educação especial e ensino profissional integrado; as escolas localizadas nas zonas urbana e rural; e os turnos com regime de atendimento em tempo integral ou parcial (matutino e vespertino ou noturno).[2] O principal efeito positivo do Fundeb, para o ensino e a aprendizagem de história, foi a distribuição dos livros didáticos avaliados pelas comissões de especialistas contratadas pelo Ministério da Educação e escolhidos pelos professores. O livro didático ampliou as possibilidades do trabalho docente, uma vez que constitui a principal fonte e ferramenta de circulação, adaptação e transformação (Lautier, 2011) dos saberes históricos nas escolas. Em muitos lares brasileiros, o livro didático é a única fonte de saber sistematizado. Sabemos que o uso restrito pode levar à simplificação e assumir a forma do currículo como única do conhecimento. Não obstante, o docente pode complementar o livro, diversificar e explorar de forma crítica e transformadora, portanto, a principal ferramenta didática da área. Assim, em tempos de globalização e de homogeneização curricular, via avaliação nacional e depois Base Nacional Comum Curricular (BNCC),[3] em 2016-2017, consolidou-se, entre nós, nos anos 1990 e 2000, uma pluralidade de concepções teóricas e metodológicas no ensino tanto no EF quanto no EM, como demonstram os relatos de experiências em eventos, periódicos e meios digitais.

---

2. Informações disponíveis em: https://www.gov.br/fnde/pt-br/acesso-a-informacao/acoes-e-programas/financiamento/fundeb. Acesso em: 20 fev. 2025.

3. Disponível em: http://basenacionalcomum.mec.gov.br/. Acesso em: 20 fev. 2025.

No período de 2014-2015, após três mandatos de governos petistas, dois do presidente Lula e um de Dilma Rousseff, o país enfrentou uma crise política, decorrente da ofensiva do campo conservador e neoliberal ortodoxo, que culminou no golpe parlamentar de 2016. Bastos (2017) argumenta que o desfecho da crise, o "ataque político-jurídico", que culminou na deposição da presidenta eleita e na posse do vice Michel Temer, é resultante de fatores econômicos, sociais, políticos e midiáticos. O autor enfatiza o poder estrutural do capital financeiro e as contradições inerentes aos modelos de crescimento econômico e coalizão política, observados desde o primeiro governo Lula; a incapacidade do governo Dilma de realizar as reformas institucionais e as repactuações políticas necessárias para o sucesso de seu projeto, em um contexto de desaceleração cíclica da economia, de aguçamento da concorrência internacional, dos conflitos sociais no Brasil (*ibid.*, p. 3), em particular, complemento: a insatisfação das camadas sociais médias conservadoras.

Em 2016, a despeito das resistências e das lutas sociais pelo "Fora Temer", o então presidente da república empossado editou a Medida Provisória n. 746/2016, reforma chamada de Novo Ensino Médio (NEM). Foi mais um duro golpe nas humanidades no currículo do EM, materializado posteriormente na Lei n. 13.415/2017, que alterou os artigos 35 e 36 da Lei n. 9.394/1996. Foi um retrocesso político e educacional. A carga horária curricular destinada à formação geral básica, de 2.400 horas, passou para o máximo de 1.800 horas. O restante da exígua carga horária foi destinado aos inusitados "itinerários formativos" que, pela lei, estavam relacionados às quatro áreas do conhecimento ou a uma formação técnica profissional. Exclusivamente, as disciplinas de língua portuguesa e matemática permaneceram obrigatórias em todos os anos do EM. A história e a geografia foram subsumidas à área de ciências humanas e sociais aplicadas. Por outro lado, foi criado um componente obrigatório, intitulado "Projeto de Vida". Segundo Lopes (2024, p. 1), trata-se de "um projeto moral para gerenciar o futuro dos jovens", na tentativa de "instituir a impossível harmonia social, associada à racionalidade neoliberal articulada a demandas ultraconservadoras". Uma versão radical neoliberal conservadora da educação moral e cívica.

As resistências ao NEM foram intensas e articuladas em todo o Brasil. O Movimento Nacional em Defesa do Ensino Médio, criado em 2013, composto por dez entidades do campo educacional, entre elas a Abeh e a Anpuh, desenvolveu ações no Congresso Nacional e no Ministério da Educação, a fim de revogar a medida provisória. A primeira nota pública da Anpuh afirma:

> A Medida Provisória n. 746/16 referente à Reforma do Ensino Médio Brasileiro, recentemente aprovada sem consulta prévia à sociedade, exclui a obrigatoriedade da disciplina História neste nível de ensino. Tal exclusão representa um prejuízo inestimável para a formação de nossos estudantes, não só no que se refere ao conhecimento do passado, mas, sobretudo, pela sua importância na orientação de valores básicos relacionados à cidadania numa sociedade democrática. Reavivando a memória do Regime Militar, vale lembrar que essa disciplina foi alvo de repressão durante a ditadura e acabou sendo diluída na disciplina denominada Estudos Sociais. Só voltou a integrar o currículo do Ensino Básico a partir de uma forte resistência da comunidade de historiadores, com apoio de amplos setores da sociedade que lutavam pela redemocratização do país. Na vigência do regime democrático, a exclusão da disciplina História do rol das disciplinas obrigatórias é inaceitável.[4]

O inaceitável tornou-se "viável" para as "autoridades" educacionais nas novas circunstâncias históricas. O NEM, pactuado entre os setores políticos e financeiros, influentes na definição das políticas educacionais, e os governadores, passou a ser implantado, a despeito das especificidades regionais, da precarização das escolas, das vozes dos profissionais da educação, dos jovens e de suas famílias. Aos professores de história, geografia, sociologia e filosofia coube assumir o trabalho com "Projetos de Vida" e "Itinerários Formativos", para não perder os cargos e os salários. O trabalho docente nas escolas foi desorganizado e muito mais precarizado. As desigualdades educacionais foram potencializadas, pois

---

4. Disponível em: https://www.anpuh.org.br/index.php/2015-01-20-00-01-55/ noticias2/noticias-destaque/item/4032-contra-a-exclusao-da-historia-como-disciplina-obrigatoria-no-ensino-medio. Acesso em: 20 fev. 2025.

os estudantes de renda média e alta que frequentam as escolas privadas de EM, com vistas à entrada nas universidades, passam a frequentar o contraturno, para compor e recompor as aprendizagens da estrutura curricular anterior, vigente no Enem. Aos pobres, nas escolas públicas, era ensinado "O que rola por aí", "RPG", "Brigadeiro caseiro", "Mundo Pets S.A." e "Arte de morar", em vez de história, geografia, sociologia e outras disciplinas.[5]

No bojo da campanha para presidente da república em 2021 e 2022, as associações científicas ecoaram fortemente a palavra de ordem "Revoga NEM". Desde 2022, foi lançada a Campanha Nacional em Defesa das Ciências Humanas na Educação Básica por um coletivo de professores e professoras da educação básica e do ensino superior, que se reuniu durante o primeiro semestre de 2022 para debater as consequências da atual reforma do ensino médio e da BNCC para o ensino das ciências humanas. O comitê diretivo foi composto pela Abeh, coordenadora da campanha, pela Associação Brasileira de Ensino de Ciências Sociais (Abecs), pela Associação Nacional de Pós-Graduação em Filosofia (Anpof) e pela Anpuh, com o compromisso de defender o retorno da obrigatoriedade das disciplinas de geografia, filosofia, história e sociologia ao currículo do EM, além de se engajar para fortalecer as lutas pela revogação da reforma do EM (#revogaNEM) e da BNCC (#revogaBNCC).[6] As resistências ao projeto do NEM foram amplamente difundidas no meio acadêmico e nas mídias e atingiram educadores e estudantes.

Com a posse do presidente Lula para o terceiro mandato, em março de 2023, o MEC lançou uma consulta pública para a avaliação e a reestruturação da política nacional de EM, que incluiu audiências públicas,

---

5. Reportagem publicada na revista *Exame*, Agência O Globo, em 13 de fevereiro de 2023, às 10h51. Título: "Após a reforma do Ensino Médio, alunos têm aulas de 'O que rola por aí', 'RPG' e 'Brigadeiro caseiro'". Disponível em: https://exame.com/brasil/apos-reforma-do-ensino-medio-alunos-tem-aulas-de-o-que-rola-por-ai-rpg-e-brigadeiro-caseiro/. Acesso em: 20 fev. 2025.

6. Disponível em: https://www.abeh.org.br/conteudo/view?ID_CONTEUDO=442. Acesso em: 20 fev. 2025.

webinários, oficinas de trabalho, seminários, pesquisas nacionais com estudantes, professores e gestores escolares, além de um ciclo de reuniões com entidades educacionais. Com base nos resultados da consulta pública e nos intensos debates entre os atores envolvidos, o MEC enviou ao Congresso um projeto de lei conhecido como "reforma da reforma". A escolha política não foi pela revogação, mas pela reforma. Após mais de um ano de embates, o Congresso aprovou a reforma e o presidente da república sancionou, em 31 de julho, a Lei n. 14.945/2024, que estabelece a política nacional de EM. Essa lei, que entrará em vigor em 2025, altera a Lei n. 9.394/1996, de Diretrizes e Bases da Educação Nacional, e revoga parcialmente a Lei n. 13.415/2017, que dispõe sobre a reforma do EM. Um dos pontos cruciais era o retorno da carga horária e das disciplinas da formação geral básica. Em relação à carga horária, considero uma conquista a revogação das 1.800 horas para os componentes curriculares (formação geral básica), previstos na BNCC, e das 1.200 horas para os itinerários formativos, que passam a ter, respectivamente, 2.400 horas e 600 horas. Em relação à obrigatoriedade, foi revogada a determinação de obrigatoriedade apenas para língua portuguesa e matemática em todos os anos. Recupera-se o conjunto obrigatório formado por português, inglês, artes, educação física, matemática, ciências da natureza (biologia, física, química) e ciências humanas (filosofia, geografia, história e sociologia) em todos os anos do EM. As mudanças não afetarão o Enem.

  Nesse recente movimento pela valorização das humanidades no EM, ficaram explícitos dois projetos de formação. De um lado, o projeto conservador e neoliberal e, de outro, as forças políticas democráticas em defesa da educação cidadã para todos/as e da formação crítica dos jovens. Dessa perspectiva, relembro os argumentos do professor Audigier (2016, p. 44-45) acerca das contribuições do ensino e aprendizagem de história para a formação dos cidadãos: o desenvolvimento da capacidade de historicizar as experiências humanas e compreendê-las numa dimensão temporal; o desenvolvimento da capacidade de contextualizar os fenômenos humanos num tempo e lugar e colocá-los em relação a outros fenômenos, outras experiências; a potencialidade de construção de conceitos ligados à história e a seu modo de construção da realidade; a formação crítica, a capacidade de interpretação da pluralidade de pontos de vista e narrativas. Portanto, corroborando a afirmação de Audigier, todo currículo, todo projeto de ensino em humanidades é uma questão política, cognitiva e ética.

A didática crítica e transformadora na formação dos docentes de história

A docência em história constitui uma atividade multidimensional, complexa. Não basta saber história para ensinar história. A docência como trabalho humano materializa distintos saberes e práticas culturais, socioeconômicas e simbólicas. É atravessada por um conjunto de significados, representações, relações de poder, interações complexas, coletivas e contextualizadas. Envolve questões científicas, técnicas, pedagógicas, afetivas, éticas e estéticas. Portanto, pressupõe investimento relacional e experiencial, exige enfrentar desafios, tensões, dilemas e construir aprendizados, permanentemente. Parafraseando Caetano Veloso, "a vida [a história, a educação] é real, e de viés". Pressupõe contradição, diferenças, mudanças, rupturas e permanências, persistências, resistências e reinvenções.

Na democracia insurgente, desde os anos 1980, foi possível apreender no debate historiográfico e didático, como analisado, a busca de uma nova configuração, não só do ensino, mas da formação do docente. Outros contextos epistêmicos e pedagógicos são construídos. A didática da história, a metodologia e a prática de ensino de história constituem áreas de fronteira que dialogam com territórios disciplinares instituídos como a psicologia e a didática geral. Velhas dicotomias arraigadas na obsessão disciplinar foram abaladas, para não dizer superadas, como "licenciatura curta *versus* licenciatura plena", "bacharelado *versus* licenciatura", "pesquisa *versus* ensino". No entanto, há que se registrar as persistências e, por conseguinte, as dificuldades de rompimento com a "cisão abissal entre cultura humanística e técnico-científica" (Pombo, 2004, p. 10), que complemento com a separação entre a teoria e a prática.

A reforma da formação de professores nos cursos superiores de licenciatura no Brasil, materializadas na resolução n. 2, de 2002, do CNE, apesar dos limites e problemas – criticados em diversos trabalhos, como Guimarães e Couto (2008) –, representou uma ruptura com o chamado modelo de curso 3+1, ou seja, três anos de curso, dedicados ao aprendizado de conhecimentos teóricos, mais um ano, dedicado ao aspecto pedagógico, à prática de ensino. O processo de implementação promoveu, paulatinamente, o deslocamento de um modelo de formação "conteudista" para um projeto de formação alicerçado na integração dos saberes específicos e pedagógicos no percurso formativo docente. Segundo Coimbra (2020, p. 15),

> [...] a Resolução CNE/CP n. 2/02 [que] institui a duração e a carga horária dos cursos destinados à formação de professores/as da Educação Básica, rompendo com o modelo conteudista de formação em vigor desde 1939, configura-se como o segundo modelo de formação no Brasil. Um modelo que se considera de transição, pois muda o perfil da formação de professores/as no Brasil, instaura um novo modelo de formação, fundamentado em quatro ideias centrais: a necessidade de integralidade da formação, a integração entre conhecimentos específicos e conhecimentos pedagógicos, a prática como componente da formação e, por fim, o reconhecimento de uma visão mais ampla de formação, considerando também outros espaços e possibilidades formativas.

Destaco alguns pontos: o alargamento do campo das dimensões e estratégias formativas; a ideia do *continuum* temporal e a noção de integralidade, de globalidade do saber docente; o reconhecimento da multiplicidade que compõe o aprendizado, o saber e o fazer. O "uno e o diverso" se comunicam e se integram desde o início do processo formativo, desde que o futuro professor ingressa, durante o itinerário e até a conclusão. A formação do pesquisador e do professor são interligadas. Essa é a concepção. Houve resistências. O modelo conteudista especializado persiste em muitas universidades.

Em 2014, no governo da presidenta Dilma Rousseff, foi aprovado o novo Plano Nacional de Educação (PNE), Lei n. 13.005, de 25 de junho de 2014, com 20 metas e estratégias para cumprimento no decênio 2014-2024. As metas 15 e 16 tratam da formação de professores:

> Meta 15 – Garantir, em regime de colaboração entre a União, os Estados, o Distrito Federal e os Municípios, no prazo de 1 (um) ano de vigência deste PNE, política nacional de formação dos profissionais da educação de que tratam os incisos I, II e III do *caput* do art. 61 da Lei n. 9.394, de 20 de dezembro de 1996, assegurado que todos os professores e as professoras da educação básica possuam formação específica de nível superior, obtida em curso de licenciatura na área de conhecimento em que atuam.
>
> Meta 16 – Formar, em nível de pós-graduação, 50% (cinquenta por cento) dos professores da educação básica, até o último ano de vigência deste PNE, e garantir a todos(as) os(as) profissionais da educação básica formação continuada em sua área de atuação, considerando as necessidades, demandas e contextualizações dos sistemas de ensino.

As estratégias para o cumprimento da meta 16 previam realizar, em regime de colaboração, o planejamento estratégico para dimensionamento da demanda por formação continuada e fomentar a respectiva oferta por parte das instituições públicas de educação superior, de forma orgânica e articulada às políticas de formação dos estados, do Distrito Federal e dos municípios. A segunda estratégia tinha como objetivo consolidar a "*política nacional de formação de professores e professoras da educação básica, definindo diretrizes nacionais*, áreas prioritárias, instituições formadoras e processos de certificação das atividades formativas" (estratégia 16.2 *in* Brasil, 2024, grifos meus).

Registra-se, de acordo com os dados do quinto monitoramento do PNE, realizado pelo Inep em 2023 e divulgado em 2024, que o percentual de professores com formação superior adequada à área de conhecimento que lecionam aumentou no período, chegando a 63,3% para a educação infantil, a 74,9% para os anos iniciais do EF, a 60,4% para os anos finais do EF e a 68,2% para o EM. Porém, o documento conclui que, não obstante esse crescimento, os percentuais de adequação da formação docente apresentados em 2023 se encontram distantes da meta de 100% de docentes atuantes na área de conhecimento de formação, conforme previsto na meta 15 (Brasil, 2024, p. 352). Em relação à meta 16, o percentual de professores com titulação em nível de pós-graduação aumentou, no período de 2013 a 2023, de 30,2% para 48,1%, sem ter alcançado a meta de 50%. Em 2023, 43,7% dos docentes da educação básica tinham nível de especialização, 3,3% mestrado, e 1% doutorado. O percentual de professores da educação básica que realizou cursos de formação continuada aumentou, de 2013 a 2023, de 30,6% para 41,7%, sendo que as redes públicas foram as que mais promoveram cursos de formação continuada para professores (Brasil, 2024, p. 369).

Assim, no período de "vertigem" do governo democrático, como no título do documentário *Democracia em vertigem*,[7] o CNE aprovou a Resolução n. 2/2015, "Diretrizes Curriculares Nacionais para a formação inicial em nível superior (cursos de licenciatura, cursos de formação pedagógica para graduados e cursos de segunda licenciatura) e para a formação continuada". Segundo Coimbra (2020, p. 11-12), um "modelo de resistência", pois resiste ao retorno do conteudismo em detrimento do pedagógico, reitera conquistas da reforma de 2002 e avança em alguns pontos, pois incorpora a formação continuada ao texto normativo regulatório. A ideia de *continuum* formativo foi contemplada; amplia-se a carga horária mínima dos cursos de licenciatura, que passam a ter 3.200 horas, aproximando-os de outros cursos universitários. O documento explicita com maior aprofundamento a articulação teoria e prática e, por último, o tópico mais controverso e não menos significativo: incorpora ao texto "a valorização e a profissionalização do magistério".

---

7. Documentário *Democracia em vertigem* (2019), dirigido por Petra Costa, indicado ao Oscar de melhor documentário. Disponível em: https://www.netflix.com/br/title/80190535. Acesso em: 20 fev. 2025.

A formação de professores, como um dos pilares do desenvolvimento profissional docente, vai muito além do proposto nas diretrizes e nos currículos prescritos nas diretrizes e mesmo nos projetos pedagógicos de curso. Trata-se de um processo complexo e multidimensional, daí a necessidade do diálogo crítico permanente entre os sujeitos e os espaços educativos e culturais.

Os saberes dos professores de história são (re)construídos e consolidados no tempo universitário, nos campos de trabalho de formação prática, nas escolas e nos demais lugares de ação e formação. Os saberes históricos, os valores culturais e políticos são transmitidos e reconstruídos na escola por sujeitos históricos (docentes e estudantes), que trazem consigo um conjunto de crenças, significados, valores, atitudes e comportamentos. Isso implica a necessidade de nós, formadores, incorporarmos à didática especial diferentes estratégias e fontes, em particular as múltiplas vozes. O formador, ao diversificar as fontes e dinamizar a prática de ensino, democratiza o acesso ao saber, possibilita o confronto e o debate de diferentes visões, estimula a incorporação e o estudo da complexidade da cultura e da experiência histórica.

Dessa perspectiva, as propostas formativas continuadas, para serem desenvolvidas de fato, devem vir acompanhadas de uma melhoria significativa nas condições de trabalho e de uma profunda alteração pedagógica nos currículos e nas práticas de formação. Como sabemos, a formação se dá ao longo da vida escolar e profissional dos docentes, nos diversos tempos e espaços e na experiência do trabalho docente. No contexto pedagógico do ensinar e aprender, os saberes são mobilizados, reconstruídos e assumem diferentes significados. Isso requer sensibilidade, postura crítica, reflexão sobre nossas ações, sobre o cotidiano escolar.

A nosso ver, isso requer retomar sempre, lembrar sempre, o papel educativo da didática e da história. Necessitamos pensar sobre suas possibilidades educativas, ou seja, como saberes disciplinares que desempenham um papel fundamental na formação das pessoas, em uma sociedade marcada por diferenças e contradições múltiplas. Para tanto, formar professores é uma forma de luta política e cultural. A relação entre o ensino e a aprendizagem deve ser um convite e um desafio para formadores e estudantes cruzarem, ou mesmo subverterem, as fronteiras entre os diferentes campos do conhecimento, a teoria e a prática, a política e o cotidiano, a história, a arte e a vida. Como? Certamente, um dos caminhos é reinventando nossas práticas cotidianamente. É procurando agir como cidadãos, sujeitos da história e do conhecimento. É criando possibilidades de mudanças.

O desafio é superar a força da tradicional concepção de didática e prática de ensino de história em muitos espaços de formação. Essa concepção tradicional inibe o processo de compreensão do conhecimento como uma possibilidade de permanente reconstrução. O professor, formado em uma perspectiva de didática instrumental, acaba por cristalizar fatos, ideias e valores como verdades absolutas, inquestionáveis, o que dificulta o desenvolvimento da criatividade e da criticidade do aluno.

Atualmente, é dominante a compreensão de que a escola constitui um espaço complexo de debates, de diferentes propostas de saber. Logo, a escola é um espaço onde diversas possibilidades de ensinar e aprender estão presentes. Nesse sentido, uma nova concepção de história, de ensino e de aprendizagem indica a construção de novas práticas educativas, mesmo no contexto de perseguição e de ataques conservadores, como de políticos e famílias ligadas ao movimento "Escola Sem Partido".

Acreditamos que as propostas pedagógicas de didática e prática de ensino nos cursos de graduação devem ter como referência básica o contexto epistêmico, pedagógico e social, as diretrizes curriculares, bem como o perfil do profissional delineado na proposta curricular do curso, norteada pelas questões: quem formamos; que profissional queremos formar para atuar como docente no mundo complexo, global, digital e desigual em que vivemos. A perspectiva crítica desafia a didática e a formação docente na totalidade.

As políticas de formação de professores desenvolvidas nos últimos anos, apesar das tentativas de retrocessos no governo neoliberal, em 2019 (Brasil, 2019), têm como pressuposto a redefinição das concepções de educação, escola, prática pedagógica, conhecimento escolar, currículo, avaliação, relação teoria/prática e interdisciplinaridade, dentre outras. Em 2024, após o movimento nacional de resistência à implantação da "base" BNC-Formação, o CNE aprovou a Resolução CNE/CP n. 4, de 29 de maio de 2024, que dispõe sobre as Diretrizes Curriculares Nacionais para a Formação Inicial em Nível Superior de Profissionais do Magistério da Educação Escolar Básica (cursos de licenciatura, cursos de formação pedagógica para graduados não licenciados e cursos de segunda licenciatura).[8] Que implicações essas concepções têm para a formação teórico-prática dos professores das humanidades, em particular de história?

A constituição do docente como profissional, pensador crítico e cidadão pressupõe a concepção de educação como um processo construtivo, aberto e permanente, que articula saberes e práticas produzidos nos diferentes espaços socioculturais. A educação como construção histórica e cultural promove o desenvolvimento individual e coletivo. Nesse sentido, é atribuição e responsabilidade de múltiplas agências e instituições, tais como a família, a Igreja, as empresas, os sindicatos, as associações e, fundamentalmente, a escola.

Dessa perspectiva, a escola é concebida como instituição social que concretiza as relações entre educação, sociedade e cidadania, sendo uma das principais agências responsáveis pela formação das novas gerações. Essa centralidade da escola ficou evidente durante a pandemia de Covid-19 em 2020 e 2021. Trata-se de uma organização necessária, um espaço acolhedor, socializador, produtor de uma cultura, com objetivos, funções e estrutura definidos. Realiza a mediação entre as demandas da sociedade, do mercado e as necessidades de autorrealização das pessoas. É parte integrante da sociedade, interage, participa, intervém, transforma-se junto com a sociedade, colabora para as mudanças sociais e delas participa.

---

8. O texto integral dessa resolução está disponível em: http://portal.mec.gov.br/index.php?option=com_docman&view=download&alias=258171-rcp004-24&category_slug=junho-2024&Itemid=30192. Acesso em: 20 fev. 2025.

A concepção de prática pedagógica é outro pressuposto da formação de professores, tendo em vista que acontece na dinâmica dos espaços educativos. A prática pedagógica crítica é uma prática social, histórica e culturalmente produzida. Abrange os diferentes aspectos da ação escolar, desde a ação docente, as atividades de sala de aula, como o trabalho coletivo, e a gestão da escola até as relações com a comunidade. Enfim, abrange diferentes aspectos do projeto pedagógico da escola. A reflexão *na* e *sobre a* prática dos sujeitos da dinâmica escolar potencializa as transformações das práticas de determinada cultura escolar. Trata-se, portanto, de uma concepção de prática pedagógica crítica, que pressupõe uma formação teórico-prática diferenciada, mais ampla e diversificada.

Nesse sentido, a didática e a prática de ensino não constituem meros campos de aplicação de teorias pedagógicas. Não se trata de reduzir tudo à prática nem tampouco de desvalorizar a teoria. Trata-se de um espaço e um tempo que devem assegurar e possibilitar as condições necessárias para o exercício da relação entre os aspectos teóricos e práticos da formação ao longo do curso e não apenas no último ano. Tal concepção se opõe ao esquema fundamentado no paradigma da racionalidade técnico-científica, no chamado esquema 3+1, três anos de disciplinas teóricas e um ano de prática, que perdurou nos cursos de licenciatura até a implantação, em 2002, das diretrizes curriculares nacionais de formação de professores.

Uma proposta pedagógica articulada no decorrer do processo de formação deve ter como eixo uma reflexão que conduza às transformações necessárias, à produção de novos saberes e de novas práticas pedagógicas, possibilitando as incorporações/superações de forma dinâmica e dialética. Desse modo, a dimensão técnico-instrumental da formação se processará de forma articulada à fundamentação humanística, científica, pedagógica e política, assegurando a formação de um docente, de um educador plural, crítico e reflexivo, configurada numa compreensão de totalidade da ação educativa.

Assim, reiteramos alguns argumentos defendidos ao longo da carreira como pesquisadora e formadora de professores: articular teoria e prática nos contextos epistêmico e pedagógico; criar condições para que os futuros profissionais da educação possam vivenciar diversas situações educativas em diferentes realidades e contextos socioeducacionais; propor situações que ampliem as oportunidades do campo de trabalho, por meio da compreensão das relações entre a prática e o contexto social; compreender as questões da pluralidade cultural e da diversidade social e suas implicações no contexto escolar; promover situações interativas que possibilitem a ressignificação das experiências culturais; utilizar diferentes metodologias e tecnologias digitais, de modo a propiciar ao futuro profissional os suportes necessários para o exercício da prática docente no mundo digital; organizar a prática orientada, baseada no princípio ação-reflexão-ação, articulando teoria e prática em todos os momentos do desenvolvimento do trabalho; compreender a avaliação como momento de ensino e aprendizagem, subsídio para o replanejamento das atividades; valorizar todas as dimensões do trabalho pedagógico do professor no contexto escolar; valorizar os aspectos éticos, políticos e estéticos a serem observados na elaboração e no desenvolvimento das propostas pedagógicas; enfatizar o processo de construção e reconstrução da identidade profissional no processo teórico-prático de formação; participar dos processos de elaboração, desenvolvimento e avaliação dos projetos de ensino.

A sistemática de desenvolvimento das atividades pode ser concebida de forma equilibrada ao longo do curso, da carga horária estabelecida, prevendo ações como: elaboração coletiva do projeto de prática pelo professor formador e a turma; formação de grupos; escolha e visitas aos campos de estágio; observação da realidade escolar; elaboração do diagnóstico da realidade escolar; acompanhamento, participação e colaboração no trabalho dos professores em salas de aula; realização de seminários de discussão das vivências; elaboração de um projeto de ação docente; realização de oficinas de elaboração de materiais didáticos, de seminários de apresentação e discussão dos projetos de ensino; implementação dos projetos no campo; realização de seminários, mostras e debates sobre as ações desenvolvidas; sistematização dos relatórios e dos textos com os resultados dos trabalhos realizados; avaliação das atividades.

Essas são algumas ideias e proposições em debate. Fazem parte de uma caminhada pela construção e reconstrução de uma proposta pedagógica capaz de estabelecer uma relação crítica com as concepções de didática, história, ensino e realidade social. Segundo Lautier (2011, p. 51), "a sala de aula é o lugar legítimo para elaborar conhecimentos mais formalizados, escolher, classificar, reorganizar as informações propostas por todos os outros canais de vulgarização". É papel do docente mobilizar os saberes, fazer a "gestão das finalidades da história ensinada", nas palavras da autora, transformar os saberes em diálogo com as experiências dos estudantes e, assim, criar condições para passar da simples narrativa à narrativa histórica.

Considerações finais

O papel e os desafios da didática e da didática da história são, fundamentalmente, de uma maneira interdependente, transgredir o tradicional lugar em que foram colocadas, qual seja, o lugar do "instrumental", do "ensinar a fazer". Transgredir o poder de regulação e homogeneização dos currículos e avaliações em larga escala, que formatam para que e o que aprender, o que e como ensinar, o que avaliar, solapando a autonomia docente. Alerto para o poder excepcional da BNCC no país, dos planos de curso da Secretaria de Estado de Educação de Minas Gerais, que são enviados às escolas para serem aplicados pelos docentes,[9] das plataformas educacionais da Secretaria de Estado de Educação de São Paulo,[10] que engessam o trabalho pedagógico, para citar alguns exemplos. A didática e as didáticas específicas e as metodologias de ensino constituem campos do saber essenciais para a compreensão da docência. Nesse sentido, funcionam como âncoras do processo de ensinar e aprender história, portanto, da formação dos professores

---

9. Disponível em: https://curriculoreferencia.educacao.mg.gov.br/index.php/component/finder/search?q=2023. Acesso em: 20 fev. 2025.
10. Disponível em: https://midiasstoragesec.blob.core.windows.net/001/2023/08/informativo_de_san_01_2023-santos-02082023.pdf. Acesso em: 20 fev. 2025.

dessa disciplina. Construir saberes históricos e práticas educativas de uma perspectiva didática e historiográfica crítica e transformadora contribui para a autonomia docente, para a formação do pensamento crítico de docentes e estudantes. Assim, em um contexto de crise dos regimes democráticos, de ataques a eles e de dificuldades da nossa jovem democracia, são campos de saber fundamentais para a revalorização efetiva das humanidades, especificamente da história nos currículos das escolas de EM.

Apesar dos retrocessos e das estratégias de controle do trabalho docente tanto sofisticadas (meios digitais) quanto grosseiras (vigilância pessoal, gravações), reafirmo a crença no papel educativo, social e político dos professores de história como sujeitos do saber. Somos corresponsáveis pela transformação da sociedade, seja pela relevância e pelas implicações dos saberes produzidos na prática docente, seja pelas ações formativas, seja pela participação e intervenção direta nas demandas de grupos sociais que, historicamente, não tiveram satisfeitas suas condições humanas básicas para viver e exercer plenamente, com dignidade, os direitos de cidadania, a formação do pensamento crítico, basilar para a existência de uma sociedade democrática. Para Rouanet (1989, p. 330), "As humanidades ao mesmo tempo ordem e transgressão. [...] A busca da ordem passa pela transgressão, o que significa que as humanidades só podem se realizar na democracia, a mais frágil das construções humanas e a mais valiosa". No Brasil democrático, em construção, estamos à espreita, na defesa da reinvenção da história, das didáticas e da democracia.

Referências

AUDIGIER, F. História escolar, formação da cidadania e pesquisas didáticas. *In*: GUIMARÃES, S. (org.). *Ensino de história e cidadania*. Campinas: Papirus, 2016.

BASTOS, P. P. Z. Ascensão e crise do governo Dilma Rousseff e o golpe de 2016: poder estrutural, contradição e ideologia. *Revista de Economia Contemporânea*, v. 21, n. 2, maio-ago. 2017. Disponível em: www.ie.ufrj.br/revista. Acesso em: 2 dez. 2024.

BERGMANN, K. A história na reflexão didática. Trad. Augustin Wernet. *Revista Brasileira de História*, São Paulo, v. 9, n. 19, p. 29-42, set. 1989-fev. 1990.

BRASIL. Ministério da Educação. *PCN+ Ensino Médio*. Ciências Humanas e suas tecnologias. Orientações Educacionais Complementares aos Parâmetros Curriculares Nacionais. [2002] Disponível em: http://portal.mec.gov.br/seb/arquivos/pdf/ CienciasHumanas.pdf. Acesso em: 2 dez. 2024.

BRASIL. *Lei n. 13.005, de 25 de junho de 2014*. Aprova o PNE – Plano Nacional de Educação e dá outras providências. Disponível em: https://www.planalto.gov.br/ ccivil_03/ato2011-2014/2014/lei/l13005.htm. Acesso em: 2 dez. 2024.

BRASIL. *Resolução CNE/CP n. 2, de 20 de dezembro de 2019*. Define as Diretrizes Curriculares Nacionais para a Formação Inicial de Professores para a Educação Básica e institui a Base Nacional Comum para a Formação Inicial de Professores da Educação Básica (BNC-Formação). Brasília: Dário Oficial da União, 2019.

BRASIL. Inep – Instituto Nacional de Estudos e Pesquisas Educacionais Anísio Teixeira. *Relatório do 5º ciclo de monitoramento das metas do Plano Nacional de Educação, 2024*. Brasília: Inep, 2024.

CANDAU, V. M. F. Didática hoje: entre o "normal", o híbrido e a reinvenção. *Perspectiva*, Florianópolis, v. 40, n. 3, p. 1-14, jul.-set. 2022.

CANDAU, V. M. F.; KOFF, A. M. N. S. A didática hoje: reinventando caminhos. *Educação & Realidade*, Porto Alegre, v. 40, n. 2, p. 329-348, abr.-jun. 2015.

COIMBRA, C. L. Os modelos de formação de professores/as da educação básica: quem formamos?. *Educação & Realidade*, Porto Alegre, v. 45, n. 1, e91731, 2020.

FERRO, M. *Cómo se cuenta la história a los ninõs en el mundo entero*. México, DF: Fondo de Cultura Económica, 1990.

FRANCO, M. L. P. B. *Ensino médio*: desafios e reflexões. Campinas: Papirus, 1994.

FREIRE, P. *Pedagogia da autonomia*. 53. ed. Rio de janeiro: Paz e Terra, 2016.

GUIMARÃES, S. *Caminhos da história ensinada*. Campinas: Papirus, 1993.

GUIMARÃES, S.; COUTO, R. C. A formação de professores de História no Brasil: perspectivas desafiadoras do nosso tempo. *In*: ZAMBONI, E.; GUIMARÃES, S. (org.). *Espaços de formação do professor de história*. Campinas: Papirus, 2008. p. 101-130.

HOBSBAWN, E. *Sobre história*. São Paulo: Cia. das Letras, 1998.

LAUTIER, N. *Ensino de história no ensino médio*. Paris: Armand Colin, 1997.

LAUTIER, N. Os saberes históricos em situação escolar: circulação, transformação e adaptação. *Educ. Real.*, Porto Alegre, v. 36, n. 1, p. 39-58, jan.-abr. 2011.

LE GOFF, J. (org.). *A história nova*. São Paulo: Martins Fontes, 1990.

LOPES, A. C. Ensino médio: criando um projeto moral para gerenciar o futuro dos jovens. *Cadernos de Pesquisa*, v. 54, e11191, 2024.

MONIOT, H. *Didática da história*. Paris: Nathan, 1993.

NADAI, E. (org.). *Perspectivas do ensino de história*. São Paulo: Faculdade de Educação/USP, 1988.

OLIVEIRA, M. R. 20 anos de Endipe. *In*: CANDAU, V. (org.). *Didática, currículo e saberes escolares*. Rio de Janeiro: DP&A, 2000. p. 161-176.

POMBO, O. Epistemologia da interdisciplinaridade. *Ideação*, Revista do Centro de Educação e Letras da Unioeste, v. 10, n. 1, p. 9-40, 1º semestre, 2008.

ROUANET, S. P. *As razões do Iluminismo*. São Paulo: Cia. das Letras, 1989.

RÜSEN, J. *Jörn Rüsen e o ensino de história*. Curitiba: UFPR, 2010.

SILVA, M. A. *Repensando a história*. São Paulo: Anpuh/Marco Zero, 1984.

VEIGA, I. P. A. *Repensando a didática*. Campinas: Papirus, 1988.

VEIGA, I. P. A. (org.). *Didática*: entre o pensar, o dizer e o vivenciar. Ponta Grossa: UEPG, 2012.

VEIGA, I. P. A. Formação inicial e continuada, desenvolvimento profissional docente e práticas pedagógicas. *In*: VILAS BOAS, S. G.; GUIMARÃES, S. *Docência na educação básica*: pesquisas, metodologias e projetos de ensino. Uberaba: Mário Palmério/Uniube, 2024.

DIDÁTICA DAS CIÊNCIAS HUMANAS E SOCIAIS APLICADAS E SUAS TECNOLOGIAS

6
DIDÁTICA ESPECÍFICA DA GEOGRAFIA: SENTIDOS E SIGNIFICADOS DE ENSINAR E APRENDER NO ENSINO MÉDIO

Lana de Souza Cavalcanti

Introdução

O lugar da escola e do conhecimento no desenvolvimento dos jovens estudantes é um tema de debate necessário, o qual pode se pautar por seus limites, uma vez que na sociedade atual são muitos os veículos de circulação de informações e fontes de conhecimento, relativizando, portanto, o papel da instituição de ensino como um deles. Por outro lado, esse debate pode ser conduzido por suas potencialidades, argumentando-se que a escola continua sendo um lugar privilegiado de produção e divulgação de conhecimento sistematizado. Nela, pode-se refletir sobre o próprio processo de conhecimento, a metacognição, e é possível acontecer aprendizagem significativa e contextualizada, desde que haja uma condução cuidadosa do trabalho pedagógico. Situo-me nesse "lado" do debate, compreendendo as demarcações da educação escolar, mas enfatizando sua potência como instância de promoção do desenvolvimento integral dos estudantes, em especial de crianças e jovens, indiscriminadamente, o que a coloca ativamente em direção à justiça social.

A discussão deste capítulo, nesse sentido, pretende discriminar aspectos relevantes do tema para reafirmar o que entendo como pauta política a favor da escolarização de jovens, especialmente em escolas públicas de nível médio, em prol de sua inclusão social. Para essa escolarização, a luta é por condições efetivas de acesso a conhecimentos incontornáveis para uma participação cidadã plena, democrática e justa, sem prejuízo de uma formação profissional. Defendo, assim, uma formação humana integral no ensino médio, incluindo elementos de formação profissional técnica, para os jovens dessa etapa de ensino, o que certamente demanda recursos e investimento adequados. Para desenvolver o texto, partiu-se de uma primeira abordagem sobre as mudanças de estrutura, de funcionamento e de currículo recentes no ensino médio brasileiro, com referência à Base Nacional Comum Curricular (BNCC) (Brasil, 2018) e à reforma do ensino médio (Brasil, 2017), para apontar seus principais entraves a uma formação humana integral para os jovens que frequentam as escolas públicas do país, especificando restrições na geografia escolar. O texto segue reafirmando convicções sobre a necessidade de fazer resistência a essas restrições pela convicção de que os conhecimentos geográficos são necessários à formação integral que se defende, mas a sua efetivação nesse sentido depende em parte de levar em conta os jovens escolares como sujeitos de aprendizagem no nível médio. Desenvolvendo um pouco mais a defesa da geografia na escola, a terceira parte do texto reúne premissas e componentes de uma didática crítica da geografia, voltada para essa formação dos jovens, por meio de seus conteúdos. Para finalizar, acentua a atuação consciente, autoral e intencional dos professores como condição para, fazendo a resistência necessária, efetivar uma proposta de ensino de geografia que resulte em aprendizagem significativa e potencialmente transformadora das condições dos alunos.

Geografia no ensino médio:
Entre reformas, diretrizes e as demandas dos jovens

A defesa de condições necessárias para a formação integral de jovens, em nível médio, perpassa pela análise da realidade de escolas públicas nos diferentes lugares do país, tendo em vista o financiamento público a elas destinado, sua estrutura, sua organização, a qualificação dos profissionais que nelas atuam e suas condições de trabalho. Esse conjunto de aspectos resultaria em um retrato do funcionamento das escolas brasileiras, sendo objeto de inúmeras investigações que, junto com dados estatísticos e depoimentos diversos, dão conta da situação de precariedade de grande parte delas. No geral, todas apresentam fragilidades e demandas para que possam cumprir seu relevante papel formativo. Em razão de diferentes entendimentos dessas demandas, as ações públicas frequentemente recorrem a reformas em sua estrutura, no modo de organização, nos seus objetivos, nos seus conteúdos.

A esse respeito, pode-se dizer que as reformas educacionais das últimas décadas se apresentam com o intuito de atender a demandas da realidade e têm impactado a rotina das escolas e a qualidade do ensino nelas realizado. Em relação ao ensino médio, há de se apontar como referências a BNCC, que propõe orientações curriculares para toda a educação básica, incidindo nessa etapa da escolarização, e a reforma do ensino médio, que reestrutura seu caráter, suas disciplinas, suas atividades e sua carga horária. Ambas alteram a lógica formativa até então vigente, comprometendo a meta de formação teórico-conceitual por meio de conteúdos escolares. Essas normativas oficiais gerais, viabilizadas e articuladas com o respaldo de organismos internacionais e organizações nacionais, grupos privados e (empresariais) privatistas, abrem caminhos facilitadores para setores privados atuarem na produção de materiais didáticos e na implantação da modalidade de educação a distância (EAD) em diferentes níveis do ensino. O fato é que a reforma se compromete com a finalidade desse nível de ensino, acentuando sua relação com a preparação dos jovens para o trabalho precarizado e flexível, ampliando a dualidade entre ensino médio propedêutico e profissional.

Problemas diversos foram evidenciados em contextos anteriores a essa reforma quanto ao cumprimento de metas de escolarização nesse nível, identificados em discursos de diferentes matizes políticos, como "crise do ensino médio". Tais discursos são fundamentados em índices que revelam elevada evasão e reprovação escolares. Para enfrentar os problemas, sem levar suficientemente em conta suas raízes e suas razões, as políticas educacionais oficiais têm buscado focar no que se ensina, ou seja, na estrutura curricular da escola e de seus conteúdos, com uma política de reformas sucessivas, sem o investimento necessário nas condições em que se realiza esse ensino. Há, assim, nesse caso específico do ensino médio, que teve seu início com uma medida provisória (MP n. 746, de 2016), a defesa de resolver os problemas pelo caminho da política de reformas, articulando uma nova estrutura de ensino com um rol de conteúdos a serem inseridos, conforme prescrição da BNCC, e adaptados para as escolas das diferentes unidades federativas no território brasileiro. Tal articulação acabou, na prática, por se configurar em imposição de um currículo escolar nacional para as diferentes escolas, agravando a situação de desigualdade entre as escolas públicas, limitadas em matéria de orçamentos e estrutura, e as privadas, que mantêm as condições de formação nesse projeto. Trata-se, assim, de um projeto educativo vinculado a demandas do sistema produtivo, de padronização do que se ensina na escola e de busca por resultados aferidos por meio de avaliação externa. No conjunto dessas políticas, portanto, há uma referência geral da BNCC quanto à formação básica, ao fornecimento de material didático e à avaliação externa. Essa referência incide também na formação inicial e continuada de professores e em políticas de carreira profissional, com um aparato de controle do trabalho, comprometendo em demasia sua autonomia e autoria na prática de ensinar, sobretudo no ensino médio, cuja implementação ainda se encontra bastante confusa.

É verdade que, extrapolando esses contextos de reformas, o ensino médio no Brasil tem recebido há várias décadas a atenção tanto de especialistas da área da educação (Kuenzer, 2020; Motta; Frigotto, 2017, entre outros) como de conselhos e políticos que lidam com temas que o abrangem. Há um investimento teórico-prático no sentido de qualificar essa formação, pelo entendimento de sua relevância como etapa da escolarização, mas há divergências quanto aos significados dessa etapa. Os diferentes grupos se nutrem pelo debate de sua natureza propedêutica ou profissional, de sua atratividade e significação para os jovens escolares, pelo questionamento de sua disciplinarização excessiva e engessada, entre outros aspectos.

Porém, no contexto da referida reforma, com os argumentos alimentados no debate, impôs-se uma articulação entre tendências neoliberais e neoconservadoras para a educação, o que implicou, entre outras medidas, secundarizar conteúdos das ciências humanas e priorizar as disciplinas de língua portuguesa e matemática. Esse fato ocorreu por meio de uma flexibilização curricular formalmente estabelecida, da introdução impositiva de itinerários formativos eletivos, sem as condições efetivas de real escolha dos estudantes, pois a maioria das escolas não tem condições de ofertar os diferentes itinerários. Como resultado, preconiza-se que, entre outras consequências, sua total implantação agravará a fragmentação e precarização da formação e ampliará a dualidade entre a profissionalização e a formação propedêutica. Esses e outros limites referentes à reforma já estão sendo objeto de críticas e ponderações, gerando movimentos e moções de entidades representativas do setor educacional por sua revogação. Entre os pontos de crítica em comum, que justificam a defesa da revogação, estão a centralidade das áreas de conhecimento no currículo, o foco no sujeito individual no processo formativo e a ideia de empreendedorismo individual, temas já bastante debatidos nos meios acadêmicos como limitantes de uma formação integral, humana e de qualidade.

Sobre esse contexto, ainda é salutar ponderar que as reformas vêm e vão. A preocupação com os currículos e as propostas de alterá-los são objeto de disputa e têm sido apresentadas de modo recorrente ao longo da história. Sem querer minimizar os impactos que elas provocam, cabe perguntar: o que muda de fato com as reformas curriculares? Pode-se estabelecer uma relação estreita entre as reformas já realizadas e a melhoria das escolas e do ensino nelas realizado? As práticas docentes com as diferentes disciplinas, para além de cargas horárias e restrição imposta de conteúdos, são alteradas quando se instituem novas orientações? Os professores compreendem de fato o que está sendo proposto e o que está em disputa com as reformas e concordam com seus pressupostos? Em outras experiências de implantação de reformas do ensino médio, elas foram bem-sucedidas? Quais foram as mais exitosas? Por quê? São questões que merecem estudos mais aprofundados, mas relatos em diferentes instâncias e pesquisas mais pontuais do recente contexto atestam que o núcleo das disciplinas permanece inalterado, pois as condições de realização do trabalho se mantêm, e a formação docente continuada não tem recebido o investimento necessário sequer para implementar a reforma oficial. Observa-se, na verdade, uma precarização maior dos conteúdos veiculados, excessivamente alinhados a um padrão estabelecido pela legislação, e uma reação dúbia dos professores entre aceitar por comodidade ou resistir por desacordo com o material didático estruturado disponível e os pacotes de formação continuada articulada às orientações oficiais.

Diante desse contexto abordado em poucas linhas, é preciso buscar reflexões, estudos e depoimentos que estejam focados nos problemas que de fato têm impacto significativo na abordagem dos conteúdos e na aprendizagem dos alunos, entre eles o investimento no funcionamento das escolas e nas condições de trabalho e de formação dos professores, sujeitos que efetivam e viabilizam na prática as propostas impostas ou não. Portanto, um aspecto a ser acentuado é a aprendizagem dos alunos pela geografia, o que será explorado no próximo item.

Sentidos e significados de ensinar e aprender conhecimentos geográficos: Os jovens como sujeitos no encaminhamento didático do processo formativo

Um dos pontos destacados na crítica à estruturação curricular proposta pela reforma diz respeito à composição da área de ciências humanas e sociais aplicadas, com a junção das disciplinas geografia, história, sociologia e filosofia. Como resultado dessa junção, para abrigar outras atividades – como os itinerários formativos – na carga horária total, a quantidade de aulas de cada uma dessas disciplinas foi reduzida. Além disso, a configuração por área apresenta dificuldades de efetivação, pois tem ocorrido sem a devida compreensão de como fazê-la. O estudo de Gonçalves (2023) sobre as matrizes curriculares dos diferentes estados brasileiros em sua adequação à reforma demonstra a diminuição da importância da geografia, em particular, e das humanidades, em geral, nos sistemas escolares estaduais. Essa demonstração está ancorada em dados sobre a permanência ou não da geografia como disciplina autônoma, sua carga horária e sua presença ou ausência em todas as séries do ensino médio. A implementação dessa reforma não está totalmente realizada, e sobre ela incidem propostas de alterações. Contudo, há de se ponderar que o intento com essa normativa, com um projeto de educação mais tecnicista e pragmático, segue sendo potencializar a dimensão formativa de preparação para o trabalho simples, com pouca qualificação, secundarizando a formação humana integral e integrada (formação humana e profissional). Na prática, conteúdos veiculados pela geografia sofreram intervenção, acarretando sua pulverização e secundarização, como avaliam Coppatti e Sobrinho (2022, p. 37):

> Atualmente, vem sendo observada a redução da carga horária de disciplinas, dentre elas a Geografia, o que resulta em menor tempo para os conteúdos desta área no ensino médio, limitando tempos e espaços para as reflexões e a construção de um modo de pensar criticamente os processos socioespaciais. Ainda, a ênfase nas habilidades e nas competências retira a centralidade da construção de conhecimentos a partir dos conceitos científico-geográficos.

Os autores analisam a BNCC e a reforma como currículo que dita o que e como deve ser ensinado. Porém, advertem, há o contexto da prática curricular, que é onde se tem espaço para a resistência, para alternativas, em busca de formação básica integral.

Com efeito, a formação humana integral é a que possibilita a emancipação dos jovens escolares para a vida, para o mundo do trabalho, e não se restringe ao atendimento de demandas imediatas do mercado de trabalho. Nesse projeto, a geografia tem lugar relevante e específico: seus conhecimentos e sua forma de análise contribuem para que esses jovens compreendam o mundo em que vivem, em diferentes escalas, e percebam o significado específico que eles têm nesse mundo. Essa concepção é de resistência ao projeto de educação atualmente vigente, conforme se buscou argumentar até esta altura. E, por ser assim, entende-se a urgência de explicitar um entendimento do papel da geografia para a formação humana e integral dos jovens do ensino médio.

Cabem, então, os questionamentos: para que serve a geografia na escola? Que geografia ensinar? Como ensiná-la, tendo em vista o cumprimento de seu relevante papel? Como os alunos aprendem geografia? São questões próprias da reflexão sobre a didática da geografia, que fundamenta escolhas sobre caminhos a seguir na prática docente. Essas questões são parte da análise crítica da realidade educacional, razão por que decorrem das considerações anteriores sobre o contexto em que a prática acontece.

As respostas a essas questões podem ser elaboradas com base em algumas premissas. Uma delas é o entendimento de que o papel social da escola é propiciar, por meio dos conteúdos, a formação ampla dos estudantes, com o desenvolvimento de modos teóricos de pensamento, para que possam atuar na sociedade como cidadãos conscientes e críticos. Esse é um sentido do "para que" ensinar geografia na educação básica.

A respeito de qual geografia ensinar, pode-se partir do entendimento de suas características como ciência cujo objeto de estudo é o espaço geográfico – conjunto articulado de sistema de objetos e sistema de ações, com a pretensão de compreender de modo simultâneo o mundo da matéria e o mundo do significado humano (Santos, 1996). Ela contribui para a compreensão da realidade pela via da espacialidade (dinâmica) dos objetos, fatos, fenômenos, resultado e condição da relação entre sociedade e natureza. A geografia é forma original de pensar e de produzir conhecimento, direcionada por buscas peculiares de compreensão da realidade. Ela explica as razões da disposição dos objetos em um arranjo espacial (Gomes, 2017). Trata-se de conhecimento produzido com base em categorias, conceitos, métodos, teorias, linguagens, com questões típicas: onde? Por que nesse lugar? Por que as coisas estão onde estão?

Essa maneira peculiar de pensar pela geografia pode/deve ser ensinada na escola? Para o ensino, é necessário que se tenha em conta a meta de, pela geografia, ajudar os estudantes a desenvolver essa capacidade geral de produzir conhecimento valendo-se de um ponto de vista, ou seja, de realizar a análise geográfica de objetos, fatos e fenômenos, o que significa compreender a espacialidade inerente ao fenômeno estudado. Isso é o que o geógrafo, por princípio, faz em suas análises. No ensino, a intenção não é a formação de um especialista, mas de um cidadão que tenha formação ampla que o capacite a pensar por conceitos, generalizações, realizando operações mentais com aportes de diferentes dimensões da realidade, entre eles os da geografia científica. Nesse entendimento, a meta dessa disciplina é ensinar a pensar pela geografia, por elementos da análise geográfica, o que implica trabalhar com modos específicos de encaminhar a relação dos sujeitos com a realidade (objetos) estudada, levando-os a ampliar sua capacidade de compreensão do mundo em que vivem para nele atuar ativa e conscientemente.

Defende-se que os conteúdos geográficos e seus significados produzidos cientificamente são necessários à formação geral de estudantes do ensino médio, pois os ajudam a participar da vida social com mais qualidade. Porém, é igualmente relevante perguntar aos jovens que estão sendo formados o sentido que atribuem ao que se ensina em geografia. Para tanto, são questionamentos pertinentes: a geografia que se ensina faz sentido para os jovens escolares de nível médio? Que sentido faz? Se a referência da geografia escolar for conteúdos fechados, já produzidos e a serem transmitidos via padronização curricular, essas questões perdem relevância, pois nesse caso há pouco espaço para o novo, para a criatividade, para a produção de saberes, para a consideração dos saberes locais, vivenciados por diferentes jovens em sua localidade. Em uma proposta alternativa a essa padronização, a relação dos estudantes com os conhecimentos a serem aprendidos tem muita relevância no processo de aprendizagem. Como compreende Charlot (2020, p. 291), a educação é um processo de humanização, de entrada em um mundo humano com muitas mediações já construídas, a serem aprendidas pelos sujeitos, em uma relação de sentido com o mundo. Em outras palavras, entre o sujeito e o mundo, há um conjunto de mediações materiais e simbólicas, como os conhecimentos da geografia, que interferem em seu processo de conhecimento e em seu modo de compreender e atuar no mundo. Para o autor "aprender é estar engajado em um projeto de humanização, socialização, subjetivação. Toda relação com o saber é também, portanto, uma relação com o mundo, com os outros e consigo mesmo".

Nessa linha de raciocínio, cabe refletir sobre os sujeitos – jovens escolares – e sua relação com a geografia. Quem são esses sujeitos? Como vivem cotidianamente? Quais são seus interesses? Como se relacionam com os espaços de sua vivência e com os espaços estudados pela geografia? Que relações estabelecem entre o que estudam em geografia e os espaços de sua vivência? Esses questionamentos são basilares em propostas didáticas para ensinar geografia, pois a meta de contribuir para o desenvolvimento dos estudantes depende de um real envolvimento dos sujeitos alunos com os objetos de aprendizagem. É necessário, portanto, conhecer os jovens escolares.

É importante marcar de início o entendimento de que a faixa etária é somente um dos marcadores dessa categoria social, pois entender juventudes (no plural, porque os jovens são diversos, diferentes e desiguais) implica entender um modo de vida de um segmento social importante no conjunto dos sujeitos. É um segmento que experimenta, em contextos diferentes e condições desiguais, uma fase da existência em que se transita de uma vida tutelada por adultos para uma experiência mais autônoma, em que se passa a responder por suas escolhas, seus caminhos, suas identificações. Em um texto recente (Cavalcanti, 2024), abordei algumas características dos jovens escolares, acentuando o escolar como uma das especificações dos jovens, pois nem todos estão na escola, no ensino médio. No texto, abordei nove características dos jovens escolares, com base em ponderações de especialistas e em minhas pesquisas, buscando salientar sua diversidade, e também elementos comuns que os aproximam. Entre elas, destaco as que têm interesse mais direto para a escola e para a geografia:

- São sujeitos ativos e produtivos, que em sua vida produzem espacialidade: produzem sua vida e a produzem na espacialidade. Ao realizarem suas práticas no cotidiano da cidade, eles marcam sua presença, vivenciam situações de acolhimento e de violência/insegurança nos lugares da cidade, periféricos ou valorizados. [...] trabalhar com a espacialidade vivida como referência para os estudos geográficos (*ibid.*, p. 70).

- Têm relação específica com a escola: as pesquisas indicam que para boa parte dos jovens ocorre uma dissociação entre o mundo da sua vida cotidiana, o mundo do trabalho e o mundo da escola. É necessário dialogar sobre as diferenças e conexões entre esses "mundos" [...] considerar a presença marcante nesse processo das redes sociais (*ibid.* p. 71).

- São sujeitos ativos de aprendizagem: em suas atividades, próprias de seu ingresso e participação plena no mundo, a relação subjetiva, intermediada por simbolização, é ressaltada. No entanto, é essencial que sintam que o que estudam na escola (nas aulas) tem significado para eles (*ibid.* p. 71).

- Têm uma relação específica com a geografia na escola: embora os alunos digam que acham a geografia importante para eles, na prática, parece haver uma relação muito formal com essa disciplina e com as atividades que são demandadas [...] costumam ter pouco interesse pela geografia. É fundamental, nesse sentido, que o professor se esforce para demonstrar a relevância da geografia (*ibid.* p. 71).

Essas considerações indicam que ações, pensamentos, desejos e motivações dos jovens escolares são componentes a serem integrados no processo de ensino dos conteúdos. A geografia que estudam também precisa ter sentido para eles, em sua vida. Essa disciplina é parte de sua escolarização, e o sentido da escola para grande parte deles é a possibilidade de socialização e de promoção social. Charlot (2020) chama atenção para a necessidade de mobilizar o aluno para as atividades na/ da escola, articulando sentido, atividade e prazer, envolvendo-os com os estudos, ajudando-os a perceber que são importantes para sua vida. Por um lado, a espacialidade experienciada pelos alunos participa desse encaminhamento, por outro lado, há de se ter em conta que o papel da escola é ampliar essa experiência geográfica, pelo desenvolvimento da capacidade de pensamento, pela apropriação de elementos teóricos e científicos. Com a geografia, o aluno poderá aprender a se relacionar com seu mundo de um modo diferente do cotidiano empírico, ao se apropriar de seus conceitos, de seus princípios, raciocínios e linguagem. A conclusão é que conhecer as diferenças e semelhanças entre os jovens e suas expectativas quanto à experiência escolar, quanto à geografia e seus propósitos de vida, qualifica o trabalho docente com eles. Esse conhecimento assegura ao professor o encaminhamento do trabalho envolvendo os estudantes na reflexão sobre as relações entre sua vida e os fenômenos estudados pela geografia em diferentes escalas, entre a dinâmica da produção dos espaços no mundo e sua participação nesse processo. Na sequência, serão formulados argumentos referentes ao trabalho docente com a geografia, na expectativa de demonstrar que a reflexão sobre seus fundamentos contribui para produzir caminhos didáticos mais seguros e potencializadores da qualificação da formação de jovens em nível médio, para eventualmente superar limites impostos por reformas estruturais desse ensino.

Elementos de uma didática crítica para ensinar geografia para jovens escolares

A abordagem do item anterior sobre a relevância da atribuição de sentidos e significados da geografia para os jovens escolares direciona as formulações para a discussão de uma didática para ensinar essa disciplina.

Na concepção crítica de didática, os jovens alunos são parte ativa em todo o processo, junto com os professores e a disciplina escolar. Em Cavalcanti (2024), está formulado um entendimento sobre a didática crítica geral e específica para a geografia, com base em seu objeto de preocupação, com uma dinâmica articulada de elementos e componentes básicos. Com a contribuição de especialistas na área (Candau, 2014; Libâneo, 2022; Pimenta, 2019; Veiga, 2003), foi possível elaborar um entendimento próprio de didática como

> [...] campo investigativo e disciplinar que participa da formação docente, formulando teorias sobre o ensino e a aprendizagem, proporcionando instrumentos teóricos e práticos sobre a atividade cotidiana do professor. Trata-se de teoria crítica de ensino e aprendizagem enquanto totalidade concreta, histórica, contraditória, mediada e relativa (Cavalcanti, 2024, p. 21).

Nessa linha, o objeto de estudo da didática é o processo de ensino e aprendizagem em situação específica. Sua concepção crítica defende a superação da tradição instrumental por uma articulação entre seus componentes – objetivos, conteúdos e método – e dimensões – técnica, política, social, cultural. Entende-se, assim, que o objeto de estudo da didática da geografia é o processo de ensino e aprendizagem, em situações determinadas, ligado à apropriação específica de conhecimentos geográficos e ancorado em convicções sobre sua relevância social, conforme apresentado no item anterior.

Nessa compreensão, os princípios da didática crítica se articulam com os objetivos de ensinar certos conteúdos e de encaminhar esse ensino com os métodos de pensar e de construir os conhecimentos de cada uma das disciplinas escolares, formando, dessa maneira, as metodologias específicas, como no caso da geografia. Ou seja, se se entende o processo de ensino e aprendizagem como uma totalidade dialética aberta, na qual seus componentes são articulados, conclui-se que os conteúdos – um desses componentes – intervêm nos demais, incluindo objetivos e métodos. A articulação referida contribui para configurar toda a organização do processo e de seus resultados.

Conforme abordado anteriormente, a finalidade de ensinar geografia é de que os alunos aprendam a realizar a análise geográfica, que aprendam a encaminhar seu pensamento para produzir conhecimentos que expliquem as localizações e suas configurações, dimensão essencial da realidade. Sendo assim, são corretas as indagações: é adequado e pertinente estruturar os conteúdos escolares a serem ensinados com o direcionamento metodológico da ciência geográfica? Como trabalhar com a orientação de ensinar para formar o pensamento com a geografia?

Com base na teoria histórico-cultural sobre o pensamento e desenvolvimento humanos, pode-se afirmar que é fundamental que, pelo ensino de geografia, sejam asseguradas aos estudantes condições para formarem conceitos genéricos sobre a espacialidade dos fenômenos, fatos e objetos com os quais lidam no seu cotidiano. Esse processo é complexo e exige encaminhamentos metodológicos conscientes se se quiser superar a assimilação passiva de conhecimentos geográficos e privilegiar o foco na formação de conceitos, como atos mentais complexos de abstração e generalização.

A aprendizagem significativa em geografia contribui para (re) posicionar o sujeito no mundo, porque, ao se apropriar dos sentidos e significados estudados, ele passa por processos de apropriação de conhecimentos e de recriação de seu modo de lidar com o mundo, com os outros e consigo mesmo (Charlot, 2020). Aprender, dessa forma, supera a visão de assimilação de conteúdos para alcançar a de desenvolver modos de conceber os processos próprios da dinâmica do mundo, em diferentes escalas, contando para isso com os conhecimentos científicos, como os conceitos geográficos, como ferramentas intelectuais para operar o pensamento. Nessa direção, Stefenon (2019, p. 13) afirma:

> Os conceitos relacionados ao corpo de conhecimentos disciplinares especializados da Geografia passam a ser vistos, portanto, como ferramentas para a compreensão do mundo e para a atuação consciente e crítica dos estudantes. Tanto os chamados conceitos estruturantes da ciência – espaço, lugar, território, região, paisagem –, como também outros conceitos e noções que compõem os diferentes campos da

análise geográfica [...], possuem potencial de trazer novos aportes e alternativas para ampliar as formas e a profundidade dos modos de se ver o mundo do entorno do estudante, em suas diferentes escalas.

Essa compreensão permite, segundo o autor, compreender o papel de textos curriculares oficiais e a necessidade de que eles não limitem as escolhas do professor no contexto escolar, valorizando, assim, os saberes de âmbitos local e global, pois "as questões e situações geográficas que emergem dos diferentes lugares onde esses currículos se realizam, em tese, são a base para pensar conceitualmente e a fonte de significados dos quais todo currículo é dependente" (*ibid*., p.13).

A capacidade de pensar por conceitos e princípios da ciência de referência para operar a análise dos fenômenos é parte de uma relação cognitiva de sujeitos diante dos objetos de conhecimento, gerando um modo peculiar de pensar sobre a realidade e seus fenômenos. O trabalho com essa meta requer, portanto, encaminhamentos que envolvam de fato os jovens escolares nas atividades propostas, sendo fundamental a reflexão sobre o método. Nesse ponto da reflexão didática, a linha teórica defendida contribui muito para orientar esses encaminhamentos, por acentuar nesse processo o papel do contexto social e cultural, da atividade dos sujeitos envolvidos, individual e coletivamente, dos procedimentos da produção da geografia. Conforme apresentei (Cavalcanti, 2024), essa capacidade pode ser conquistada pelo exercício da análise geográfica, encaminhada da forma como se vê na figura a seguir.

Figura 1: Princípios e raciocínios para a análise geográfica do ensino

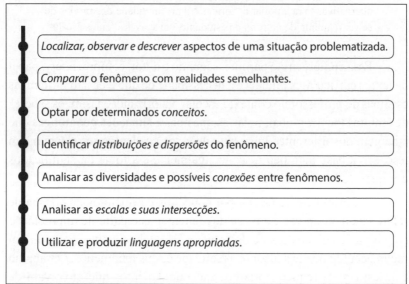

Fonte: Cavalcanti (2024, p. 147).

Essa figura apresenta uma forma de encaminhar a análise geográfica de um objeto, uma situação ou fenômeno, buscando abordá-lo de modo que seja propiciada ao aluno a tarefa de construir a análise mais que assimilar seus resultados. A intenção com a figura foi colocar as ações em um caminho que expressasse a lógica dialética de partir do empírico, passando a operar pelo abstrato, a fim de elevar o conhecimento ao concreto. Assim, as primeiras ações são mais próprias da experiência sensorial com o objeto estudado, identificando a localização do objeto, descrevendo suas características mais visíveis de imediato e comparando essas características com as de outros objetos similares. Em seguida, as ações se voltam para o trabalho intelectual de buscar conceitos genéricos, já produzidos pela ciência geográfica e a serem apropriados por estudantes, que contribuam para o processo de sua compreensão, identificando nexos, conexões e escalas entre elementos essenciais para que, ao final da análise, seja possível produzir sínteses próprias sobre a centralidade do objeto estudado.

Esse encaminhamento da abordagem dos conteúdos geográficos pelos alunos deve ter como premissa a mediação didática do professor, que, em coerência com os fundamentos teóricos aqui apresentados, poderá seguir num percurso que se inicia com a problematização do conteúdo a ser estudado, segue com sua sistematização (observando-se as ações da análise geográfica), para terminar com o desenvolvimento de sínteses pelos estudantes (para mais detalhes da proposta, conferir Cavalcanti, 2019, 2024). Para construir propostas de mediação didática para ensinar geografia, é necessário que o professor se oriente por essa preocupação ao longo de sua formação, inicial e continuada, articulando formação e atuação docentes. A esse respeito, algumas considerações serão feitas na conclusão deste capítulo, a seguir.

Para finalizar: O que pode o professor fazer para efetivar uma geografia escolar da perspectiva crítica no ensino médio brasileiro atual?

Seguindo a linha de proposições do texto, a defesa que se faz é a de uma formação consistente para os professores de geografia, que propicie condições para que eles façam articulações conscientes e coerentes, considerando situações específicas, entre o que ensinar em geografia, para que ensinar essa disciplina e os caminhos a percorrer com esses propósitos. A formação que se requer é a que permite refletir sobre a contribuição que a geografia tem para a formação básica dos cidadãos, valendo-se de uma base epistemológica dessa ciência, de seus métodos investigativos e das condições históricas e sociais da produção e aplicação dos seus conhecimentos. Essa base, por sua vez, está articulada às outras dimensões da formação docente, políticas, psicológicas, sociais e econômicas, que estão atentas às demandas da educação e da dinâmica dos processos de ensino e aprendizagem a serem realizados em diferentes escolas públicas no território brasileiro, tendo em vista seus contextos diversos.

A proposição de um ensino que desenvolva o pensamento geográfico dos alunos do ensino médio, entendido como a capacidade de mobilização dos instrumentos teóricos da geografia – com seus conceitos, raciocínios e linguagens – para a compreensão dos fenômenos, tem como meta contribuir para o processo de emancipação dos sujeitos e a transformação social mediante o exercício pleno da cidadania. A realização dessa proposição requer, por sua vez, a formação dos professores nessa direção, ou seja, requer a formação do pensamento geográfico e pedagógico pelos professores. O professor, pensando geograficamente, encaminha suas atividades com os alunos para que eles também percorram caminhos correlatos na reflexão que se busca realizar. É, assim, um ensino transformador, que almeja propiciar mudanças nas formas de pensar dos alunos, com informações e, principalmente, com instrumentos simbólicos (teóricos) da geografia.

Trata-se, conforme se desenvolveu neste texto, de um caminho para ensinar um modo de pensar com a geografia. Propõe-se, com ela, a observar o mundo, os lugares que se vivencia, questionando-se sobre as razões de eles serem como são, de estarem onde estão. Ensinar com a geografia é demonstrar para o aluno que é possível conhecer melhor o mundo quando se sabe onde as coisas estão, quando se percebem suas contradições, seus nexos, sua diversidade, quando se compreendem os significados e os sentidos dessa diversidade e das localizações. Para isso, há um esforço metodológico a ser feito pelo professor para demonstrar essa relevância da geografia.

Nessa linha, entende-se a didática como dimensão imprescindível da formação e atuação do professor, conforme argumentos apresentados ao longo do capítulo, como um conhecimento basilar, porque integra diferentes dimensões do conhecimento – epistemológico, pedagógico, didático, político, filosófico –, resultando na formação do pensamento geográfico dos alunos. O trabalho didático do professor é o de fazer o delineamento e a abordagem dos conteúdos trabalhados na disciplina, em situações concretas, para resultar em aprendizagens significativas dos seus alunos, por meio da apropriação de conhecimentos relevantes. Esse trabalho intelectual requer autonomia e autoria do professor.

A relevância de sistematizar uma proposta de didática da geografia para o ensino médio, em uma visão crítica, tem o objetivo de orientar a prática de ensino dessa disciplina nesse nível. Nesse sentido, compreender os jovens em sua complexidade interfere no trabalho docente e pode contribuir para melhor relação professor-aluno, maior envolvimento dos alunos e, com isso, melhor resultado do ponto de vista da sua aprendizagem. É importante que o professor considere os jovens em seus dilemas, que são comuns em sua fase de vida e, em alguma medida, universais, e os que são próprios do contexto específico, como o caso de jovens pobres estudantes de escolas públicas brasileiras, grupo que tem demandas particulares. Portanto, é imperativo questionar sobre as condições reais de realizar a prática com esses pressupostos. Muitos professores, ao discutir elementos de uma proposta como a desenvolvida neste capítulo, questionam sobre as possibilidades de colocá-la em prática, levando em conta as condições reais de sua atuação profissional. No contexto brasileiro atual, premido por normativas impositivas de um ensino padronizado e visando aos resultados, como as que foram antes abordadas, as possibilidades de atuação com autoria e autonomia são limitadas. Contudo, essa limitação não pode significar ausência de contradições e movimentos que historicamente permitirão a instalação e reinstalação de práticas insurgentes na escola, nas salas de aula, com as distintas disciplinas, como a geografia. Para participar desse movimento contraditório, lutando pela superação de limites impostos pela realidade situada, é importante a formação de um corpo docente que exerça seu trabalho orientado por concepções teóricas consistentes e por valores políticos, éticos e sensíveis ao papel social e político de sua profissão.

Referências

BRASIL. Reforma do Ensino Médio. *Lei n. 13.415, de 16 de fevereiro de 2017*. Brasília: Presidência da República, 2017.

BRASIL. Ministério da Educação. *Base Nacional Comum Curricular*. Brasília: MEC, 2018.

CANDAU, V. M. F. Didática: entre saberes, sujeitos e práticas. *In*: CRUZ, G. B. da; OLIVEIRA, A. T. de C. C. de; NASCIMENTO, M. das G. C. de A. (org.). *Ensino de didática*: entre recorrentes e urgentes questões. Rio de Janeiro: Quarter, 2014.

CAVALCANTI, L. de S. *Pensar pela geografia*: ensino e relevância social. Goiânia: C&A Comunicações, 2019.

CAVALCANTI, L. de S. *Ensinar e aprender geografia*: elementos para uma didática crítica. Goiânia: C&A Alfa Comunicações, 2024.

CHARLOT, B. *Educação ou barbárie?* Uma escolha para a sociedade contemporânea. São Paulo: Cortez, 2020.

COPATTI, C.; SOBRINHO, H. de C. Reformas curriculares atuais e as implicações das prescrições curriculares para o/no ensino de geografia. *Revista Geoaraguaia*, v. 12, n. especial, Dossiê Educação em Geografia, out. 2022.

GOMES, P. C. da C. *Quadros geográficos*: uma forma de ver, uma forma de pensar. Rio de Janeiro: Bertrand Brasil, 2017.

GONÇALVES, J. R. A geografia escolar e a reorganização curricular provocada pela reforma do ensino médio. *Revista Brasileira de Educação em Geografia*, Campinas, v. 13, n. 23, p. 5-20, jan.-dez. 2023.

KUENZER, A. Z. Sistema educacional e a formação de trabalhadores: a desqualificação do Ensino Médio Flexível. *Ciência & Saúde Coletiva*, Rio de Janeiro, v. 25, n. 1, p. 57-66, jan. 2020.

LIBÂNEO, J. C. Finalidades educativas escolares, escola socialmente justa e a didática voltada para o desenvolvimento humano. *In*: RICHTER *et al.* (org.). *Percursos teórico-metodológicos práticos da geografia escolar*. Goiânia: C&A Alfa Comunicação, 2022.

MOTTA, V. C. da; FRIGOTTO, G. Por que a urgência da reforma do ensino médio? Medida provisória n. 746/2016 (Lei n. 13.415/2017). *Educação e Sociedade*, Campinas, v. 38, n. 139, p. 355-372, abr.-jun. 2017.

PIMENTA, S. G. As ondas críticas da didática em movimento: resistência ao tecnicismo/neotecnicismo neoliberal. *In:* SILVA, M.; NASCIMENTO, C. O. C. do; ZEN, G. (org.). *Didática*: abordagens teóricas contemporâneas. Salvador: Edusba, 2019.

SANTOS, M. *A natureza do espaço*: técnica e tempo, razão e emoção. São Paulo: Hucitec, 1996.

STEFENON, D. L. Recontextualização didática e controle simbólico: subsídios para continuar pensando sobre o conhecimento geográfico na escola. *Signos Geográficos*, Goiânia, v. 1, 2019.

VEIGA, I. P. A. Inovações e projeto político-pedagógico: uma relação regulatória ou emancipatória?. *Caderno Cedes*, Campinas, v. 23, n. 61, p. 267-281, dez. 2003. Disponível em: https://www.scielo.br/j/ccedes/a/cH67BM9yWB8tPfXjVz6cKSH/#. Acesso em: 12 jul. 2016.

DIDÁTICA DAS CIÊNCIAS HUMANAS E SOCIAIS
APLICADAS E SUAS TECNOLOGIAS

7
DESAFIOS E PERSPECTIVAS DO ENSINO DE FILOSOFIA NO
ENSINO MÉDIO BRASILEIRO: UMA ANÁLISE DA DIDÁTICA
E DAS PRÁTICAS COMUNICATIVAS

Alexandre Ribeiro Martins

Introdução

Ao estabelecermos uma reflexão crítica acerca da didática específica do ensino de filosofia nas três séries do ensino médio introduzida no sistema de educação brasileiro, faz-se necessária uma discussão anterior, a do contexto em que o componente se insere, das políticas públicas e da forma como seus discursos e as práticas de ensino que se iniciam em sala de aula alcançam projeções cujos efeitos impactam instâncias para fora dos muros das escolas.

Para tanto, começaremos com uma incursão pelos movimentos de aderência e de exclusão no currículo nacional do ensino de filosofia, perpassando os chamados "anos de chumbo" da ditadura militar brasileira, compreendidos entre 1964 e 1985, e chegando à reforma do ensino médio, iniciada em 2017 e colocada em prática na maioria das escolas brasileiras a partir de 2022. Nesse sentido, nossa atenção se volta para a seguinte questão: é possível relacionar o ensino do componente filosofia com o exercício político da democracia? Afinal, por que, durante os períodos de crise democrática, imediatamente, junto com a sociologia, essa disciplina foi excluída do currículo?

Dessa problematização, partiremos para uma reflexão sobre os desafios comunicacionais e as práticas discursivas no exercício do ensino de filosofia, isto é, sobre o modo como os educadores desse componente confrontam, de alguma forma, o discurso do senso comum, cujas narrativas se assentam em mecanismos de manutenção das desigualdades. De acordo com Marx (1989), o senso comum não é só uma opinião que desconhece a ciência; é antes de tudo o reflexo das ideologias dominantes em uma sociedade, que são moldadas pela classe hegemônica para manter e perpetuar sua posição de poder.

Se partirmos do pressuposto de que o discurso *mainstream* é acrítico e corrobora os interesses hegemônicos, o pensamento filosófico, crítico e contestador por excelência, evidencia o contraponto a tais narrativas, juntamente com os desafios que tais práticas demandam.

Assim, se de um lado há uma série de desafios, do contexto ao ensino dos conteúdos, debates e provocações no cotidiano de sala de aula, há também uma importância fulcral em sua didática ao promover não só a formação intelectual de um educando como também a formação cidadã crítica, competente e comprometida com a realidade em sua complexidade e interdependência.

Uma incursão pelo ensino de filosofia no sistema educacional brasileiro: Desafios sociais, políticos e ideológicos

No contexto educacional brasileiro, o componente de filosofia, embora essencial para o desenvolvimento crítico e reflexivo dos estudantes, enfrenta desafios significativos em termos de reconhecimento e valorização no currículo escolar. Na história recente, durante os "anos de chumbo" da ditadura militar, prefigurada pelo ano de 1961, a filosofia deixou de ser obrigatória no âmbito das disciplinas escolares com base na Lei n. 4.024/1961. Tal prática impactou diretamente não só a qualidade como também a própria oferta do componente, reduzido sobremaneira no currículo nacional, demonstrando que a ausência da democracia é também a ausência do livre pensamento, da criticidade e do debate, caro ao componente.

Passados dez anos desse desmonte inicial, em 1971, Emílio Garrastazu Médici, o terceiro presidente do Brasil durante o período da ditadura militar, sancionou a Lei n. 5.692/1971, decretando oficialmente a exclusão do componente no currículo oficial.

De acordo com Souza e Coelho (2014, p. 2.684-2.685), a medida aumentou

> [...] a capacidade de manejar instrumentos e se comportar de maneira mais técnica, com isso limitando a possibilidade de uma consciência social de seu papel e importância, além da perda de um pensamento crítico. [...] O meio encontrado pelos militares para atrofiar a capacidade crítica dos indivíduos foi aplicar uma censura na área das ciências humanas, fazendo-as aproximar-se das ciências exatas no aspecto das verdades absolutas, ou seja, eliminando qualquer possibilidade de dubiedade, por exemplo, no campo da História, eram passadas datas e os acontecimentos correspondentes às mesmas, mas os dados transmitidos contemplavam somente um ponto de vista, uma única possibilidade de interpretação, isso fazia com que muito do conteúdo fosse descartado, e o que era aprendido só o era por ter sido uma escolha feita pelos representantes do regime, que tinham a função de escolher o conteúdo que seria ensinado, o que era transmitido pelos livros didáticos e professores deveria ser tomado como uma verdade inquestionável, tornando uma disciplina que deveria ser, em partes, subjetiva em algo exato, uma forma completamente técnica de se produzir, ou melhor, receber o conhecimento, eliminando completamente a possibilidade de o aluno desenvolver pensamentos que questionassem o conteúdo que era passado.

Como vimos, o alcance dos militares não se restringiu à exclusão do componente de filosofia do currículo; representou também uma profunda mudança na forma como a área de humanidades passou didaticamente a ensinar. A conversão das disciplinas reminiscentes, como no caso da história, em narrativas técnicas e positivistas fez parte de uma abordagem acrítica de educação que perdurou por muitos anos na formação dos estudantes, de modo geral, no sistema de ensino brasileiro.

Em 1996, ou seja, 25 anos depois, com a Lei de Diretrizes e Bases da Educação Nacional (LDB), Lei n. 9.394/1996, no artigo 36, parágrafo 1º, inciso III, é que a filosofia voltou a fazer parte do currículo; no entanto, sem necessariamente alguma clareza de obrigatoriedade ou implementação com carga horária específica. Há, apesar de tardia, a seguinte menção: "domínio dos conhecimentos de Filosofia e de Sociologia necessários ao exercício da cidadania".

Dessa perspectiva, Freitas e França (2016, p. 47) argumentam sobre esse artigo, afirmando:

> [...] uma interpretação equivocada, expressa nas Diretrizes Curriculares Nacionais do Ensino Médio (DCNEM), no Parecer CNE/CEB n. 15/98 e na Resolução CNE/CEB n. 03/98, não confirmou seu status de disciplina obrigatória. Essas diretrizes apenas determinaram que seus conteúdos deveriam ser abordados de maneira interdisciplinar pela área das Ciências Humanas e mesmo por outras disciplinas do currículo.

Do equívoco à busca por mais clareza legal no âmbito do ensino da área das humanidades, o debate político chegou à Câmara dos Deputados por meio do Projeto de Lei n. 3.178/1997, do deputado padre Roque Zimmermann (PT/PR), visando à alteração do artigo 36 da LDB. A pauta em questão tinha como objetivo reescrever o artigo para explicitar que a filosofia e a sociologia fossem disciplinas obrigatórias do currículo do ensino médio (Moraes, 2011, p. 369). No entanto, não foi visto com espanto o veto pelo presidente em exercício, e ironicamente sociólogo, Fernando Henrique Cardoso, na Mensagem n. 1.073, de 8 de outubro de 2001, justificando que

[...] o projeto de inclusão da Filosofia e Sociologia como disciplinas obrigatórias no currículo do Ensino Médio implicará a constituição de ônus para os estados e o Distrito Federal, pressupondo a necessidade de criação de cargos para a contratação de professores de tais disciplinas, com o agravante de que, segundo informações da Secretaria de Educação Média e Tecnológica, não há no País formação suficiente de tais profissionais para atender a demanda que advirá caso fosse sancionado o projeto, situações que por si sós recomendam que seja vetado na sua totalidade por ser contrário ao interesse público (Biblioteca Nacional, 2001).

Nas orientações curriculares para o ensino médio (Brasil, 2006, p. 16), publicadas na gestão do ministro Fernando Haddad, há o início de um caminho que parecia pôr fim à exclusão dessas áreas:

[...] embora [...] se tenha determinado que ao final do ensino médio o estudante deva "dominar os conteúdos de Filosofia e Sociologia necessários ao exercício da cidadania" (artigo 36), nem por isso a Filosofia [e a Sociologia] passou a ter um tratamento de disciplina, como os demais conteúdos, mantendo-se no conjunto dos temas ditos transversais.

Do ponto de vista prático, bem como em seus efeitos legais propriamente ditos, ambas as ciências voltaram a ser obrigatórias e, portanto, com presença garantida na grade curricular nacional somente em julho de 2008, no segundo mandato do presidente Lula, após a sanção da Lei n. 11.684/2008.

Somam-se 47 anos de uma história conturbada que, em 2017, ganhou um novo capítulo, quando, na gestão do presidente Michel Temer, por meio da Medida Provisória n. 746/2016, que mais tarde se tornou a Lei n. 13.415/2017, mais uma vez, os componentes deixaram de ser parte obrigatória do núcleo rígido de disciplinas ofertadas na grade curricular do ensino médio. Da reforma do ensino médio, nasce o Novo Ensino Médio (NEM). De acordo com Simões (2017, p. 47):

O movimento para aprovação da Medida Provisória 746/2016, agora Lei 13.415/2017, contou não só com apoio da base governista no Congresso, mas, sobretudo, de um jogo midiático que mais trabalhou para desinformar e positivar as mudanças, sem tratar de sua profundidade, seguindo e fortalecendo o modelo *just in time* da produção de crises.

Ainda segundo Simões, a expressão *just in time* se refere a um sistema de administração e produção meticuloso, para que nada seja produzido, transportado ou comprado antes da hora certa. Essa abordagem demonstrou historicamente uma estreita conexão entre a negligência e a exclusão de áreas do conhecimento, como a filosofia, na crise da democracia. É importante ressaltar que a reforma do ensino médio ocorreu em um contexto político marcado pela crise das instituições democráticas, do Estado de direito e da estabilidade dos poderes, especialmente durante a gestão do presidente Jair Bolsonaro (2019-2022).

Da crise política à prática de sala de aula, de acordo com Frigotto (2017, p. 29), isso "expressa o epílogo de um processo que quer estatuir uma lei que define o que é ciência e conhecimentos válidos, e que os professores só podem seguir a cartilha das conclusões e interpretações da ciência oficial". Assim, "manipula até mesmo o sentido liberal de política, induzindo a ideia de que a escola no Brasil estaria comandada por um partido político e seus profissionais e os alunos seres idiotas manipulados" (*ibid.*).

A esse cenário político nacional, agrega-se um movimento de alcance global, liderado no Brasil principalmente por indivíduos alinhados ao espectro político de direita, conhecido como Escola Sem Partido (ESP). De acordo com as informações fornecidas pelo *site* oficial desse movimento, a articulação e divulgação de denúncias, as exposições e críticas visam destacar e combater a percepção de que o ensino esteja sendo utilizado para propósitos políticos, ideológicos e partidários, em instituições de ensino tanto básico quanto superior. Como consta na página de abertura do *site*, faz parte da militância desse grupo o seguinte discurso: "desde 2004, o Movimento Escola sem Partido é reconhecido nacionalmente como a mais importante e consistente iniciativa contra o uso das escolas e universidades para fins de propaganda ideológica, política e partidária" (ESP, 2024).

O *site* oficial desse movimento apresenta numerosos artigos, com uma forte carga ideológica, contradizendo seu próprio propósito declarado de combater a doutrinação no ensino. Segundo o entendimento do ESP, a doutrinação ocorre de duas maneiras distintas: por um lado, combatendo o que eles chamam de "pesadelo de Paulo Freire", conforme descrito no artigo de Nagib (2020), publicado no portal do movimento; por outro lado, associando o ensino de filosofia no contexto educacional brasileiro diretamente a um processo de ideologização de crianças, jovens e adultos.

No portal do ESP, a filosofia é especialmente vista como uma das principais ameaças. Para combatê-la, há mais de cem artigos denunciando o que se consideram "abusos doutrinários e ideológicos". Fica implícita a ideia de que, para o movimento, a filosofia não apenas deixa de contribuir para o ensino, mas também prejudica a sociedade, porque, como se alega, em seu discurso e prática, há a reprodução de uma reflexão intrinsecamente contaminada pela pauta comum ao espectro político da "esquerda comunista".

No entanto, como salienta Apple (2004), a abordagem proposta pelo ESP pode ser interpretada como a manifestação de uma política educacional que, em vez de promover a crítica e o questionamento, busca impor uma visão única e homogênea do mundo. Ao atacar um componente que é essencialmente crítico, o movimento ESP desenvolve um projeto de poder que restringe a pluralidade de ideias e perspectivas nas salas de aula. O foco desse projeto visa à criação de um ambiente educacional estéril, em que o desenvolvimento intelectual dos alunos é prejudicado pela ausência de debate e reflexão crítica.

Como observado por Giroux (2008), a educação não deve ser vista apenas como uma transmissão neutra de conhecimento, mas como um espaço de formação cidadã e desenvolvimento moral. Restringir o debate e a diversidade de ideias pode comprometer a capacidade dos alunos de se envolverem de forma crítica e construtiva nas questões sociais e políticas que permeiam suas vidas. É essencial promover um ambiente educacional que valorize o pensamento crítico e o respeito à diversidade de perspectivas (Freire, 1970).

A contínua desvalorização das disciplinas humanísticas ressalta a sua importância política, especialmente da filosofia, no contexto democrático de uma nação. Também revela a tendência de enfraquecimento, desvalorização e redução da carga horária desse campo do conhecimento, quando incluído nas escolas brasileiras. Ao analisarmos as práticas pedagógicas nessa área, torna-se essencial focar na transmissão dos conhecimentos baseados na epistemologia da ciência filosófica, compreendendo suas dificuldades e os contrapontos necessários diante de um cenário marcado não apenas pelo senso comum como também por discursos histórica e politicamente estabelecidos.

A didática das humanidades: As práticas discursivas filosóficas no âmbito dos demais componentes da grade curricular do ensino médio

O ensino de filosofia na grade curricular brasileira tem uma trajetória marcada por rupturas e continuidades. Soma-se a esse caminho sinuoso, a narrativa oriunda do imaginário promovido e sustentado por movimentos como o ESP e pela mídia convencional, que tendem a associar essa disciplina a práticas doutrinadoras que servem a ideologias consideradas parte da agenda política de esquerda. Vale destacar que não nos interessa neste capítulo debater questões de polarização política nem localizar em qual lado do espectro político se faz mais presente a valorização e a luta por projetos de lei relativos à obrigatoriedade do ensino desse componente no ensino médio brasileiro.

No entanto, na obra *Cidadania cultural*: o direito à cultura, da filósofa Marilena Chaui (2021), encontramos uma questão que, embora voltada para a problemática relacionada à comunicação dos partidos de esquerda com a população, servirá de referência em nossa discussão, por analogia, para refletirmos sobre as práticas discursivas no ensino de filosofia no ensino médio.

Assim, focamos nosso principal objetivo, o de analisar o contexto político em que o ensino de filosofia está inserido e como suas práticas discursivas entram em conflito com as concepções do senso comum que corroboram o discurso hegemônico.[1] Conforme apontado por Chaui, que sugere que a esquerda, ao propagar suas narrativas, implicitamente desafia o *status quo* e o discurso predominante propagado pelo senso comum, também reconhecemos que o ensino de filosofia enfrenta obstáculos semelhantes aos discutidos por essa pensadora. Para ela, há uma maior facilidade de a direita comunicar seus ideais, afinal:

> Para a classe dominante de uma sociedade, pensar e expressar-se é coisa fácil: basta repetir ideias e valores que formam as representações dominantes da sociedade (afinal, como dizia Marx, as ideias dominantes de uma sociedade são as da sua classe dominante). O pensamento e o discurso da direita, apenas variando, alterando e atualizando o estoque de imagens, reiteram o senso comum que permeia toda a sociedade e que constitui o código imediato de explicação e interpretação da realidade, tido como válido para todos. Eis por que lhe é fácil falar, persuadir e convencer, pois os interlocutores já estão identificados com os conteúdos dessa fala, que é também a sua na vida cotidiana (Chaui, 2021, p. 8).

---

1. Por discurso hegemônico, compreendemos o horizonte de significados relacionados ao pensamento de Gramsci, que consiste na capacidade de uma classe social de exercer a liderança cultural e moral sobre as outras classes, estabelecendo uma direção intelectual e moral na sociedade. A hegemonia é alcançada quando uma classe dominante consegue articular seus interesses com os interesses de classes subalternas, apresentando-os como universais. Nesse sentido, o senso comum é uma ferramenta fundamental, pois é por meio dele que as ideologias dominantes se naturalizam e se consolidam nas consciências das massas, funcionando como uma forma de controle social. Gramsci (2007, p. 180) observa que "a hegemonia pressupõe que os interesses do grupo dirigente são universalmente aceitos como os interesses gerais da sociedade inteira, que são espontaneamente compreendidos como tais".

Analogamente à comunicação da direita e aos desafios da esquerda, também o ensino de filosofia, por ser em sua essência crítico e contestador, não reproduz o discurso da classe dominante e, por isso, soa como contrário ao que até mesmo os jovens compreendem experienciar em seus cotidianos. De acordo com Chaui, a dificuldade de comunicação e propagação de pensamentos anti-hegemônicos força os narradores a realizar quatro trabalhos sucessivos ou até mesmo simultâneos:

> [...] precisam, primeiro, desmontar o senso comum social; em seguida, precisam desmontar a aparência de realidade e verdade que as condições sociais e as práticas existentes parecem possuir, aparência sobre a qual se funda tanto a fala da direita como a compreensão dos demais agentes sociais; precisam, a seguir, reinterpretar a realidade, revelar seus fundamentos secretos e suas operações invisíveis para que se possa compreender e explicar o surgimento, as formas e mudanças da sociedade e da política; e, finalmente, precisam criar uma fala nova, capaz de exprimir a crítica das ideias e práticas existentes, capaz de mostrar aos interlocutores as ilusões do senso comum e, sobretudo, de transformar o interlocutor em parceiro e companheiro para a mudança daquilo que foi criticado (*ibid.*).

Portanto, sem nos determos nas particularidades do discurso da esquerda e em seus confrontos com o paradigma social dominante, lançaremos nosso olhar para uma análise detalhada de como a comunicação em sala de aula, durante as aulas de filosofia, em certa medida, reflete as considerações apresentadas pela autora. Isso ocorre porque os temas discutidos em sala de aula, ao aludir à realidade, inevitavelmente adquirem uma dimensão política.

Em nossa análise tomaremos como referência uma notícia atual no momento da escrita deste texto, que infelizmente se repete, ano após ano, de modo sintomático. Trata-se da morte de uma criança baleada pela polícia rodoviária federal no Arco Metropolitano do Rio de Janeiro.[2]

---

2. Notícia veiculada no *site* G1, "Menina baleada por agente da PRF morre após 9 dias internada", segundo a qual o agente da polícia federal Fabiano Menacho Ferreira admitiu ter feito os disparos de fuzil que atingiram a menina Heloísa dos Santos

A menina Heloísa dos Santos Silva, de 3 anos, morreu às 9h22 deste sábado (16). Ela estava internada desde o dia 7 de setembro, no Hospital Adão Pereira Nunes, em Duque de Caxias, depois de ser atingida por um tiro na cabeça em uma abordagem da Polícia Rodoviária Federal (PRF) no Arco Metropolitano, na altura de Seropédica. Foram 9 dias no CTI.

Nesta sexta-feira (15), o Ministério Público Federal (MPF) pediu à Justiça a prisão preventiva dos três agentes envolvidos no incidente.

Segundo o boletim médico divulgado pela Secretaria Municipal de Saúde, Heloísa sofreu uma parada cardiorrespiratória irreversível nesta manhã.

Na última quarta-feira (13), Heloísa tinha tido uma pequena piora no estado de saúde, que já era considerado instável e gravíssimo. A menina foi reanimada 6 minutos após uma parada cardíaca.

Comecemos pelo primeiro ponto que, para Chaui, consiste em desmontar o senso comum social. O desmonte do senso comum em filosofia visa apresentar uma visão marcadamente crítica, contestadora e, por isso, diferente da hegemônica. De forma imediata, sem levar em consideração as raízes da violência no Rio de Janeiro e no país nem compreender a complexidade da situação, há um inquérito midiático que procura por culpados, em uma narrativa maniqueísta que se divide entre a polícia assassina e a associação direta entre moradores de áreas mais pobres e a criminalidade.

No próprio *site* que veiculou a notícia, há uma espécie de tendência ao dualismo simplista, ao contrapor o discurso da polícia ao da família da menina:

Silva. Disponível em: https://g1.globo.com/rj/rio-de-janeiro/noticia/2023/09/16/menina-baleada-por-agente-da-prf-morre-no-rj.ghtml. Acesso em: 3 jun. 2024. Todos os trechos referentes a essa notícia citados neste capítulo são provenientes da mesma matéria.

No primeiro depoimento dos policiais prestado à Polícia Civil, o agente da PRF Fabiano Menacho Ferreira admitiu ter feito os disparos de fuzil que atingiram a menina.

Ele disse que os policiais tiveram a atenção voltada para o veículo Peugeot 207, e que a placa indicava que o carro era roubado.

Eles seguiram atrás do veículo, ligaram o giroflex e acionaram a sirene para que o condutor parasse, mas que, depois de cerca de 10 segundos atrás do veículo, escutaram um som de disparo de arma de fogo e chegaram a se abaixar dentro da viatura.

Fabiano Menacho disse que, então, disparou três vezes com o fuzil na direção do Peugeot porque a situação o fez supor que o disparo que ouviu veio do veículo da família de Heloísa.

Os outros agentes, Matheus Domicioli Soares Viegas Pinheiro e Wesley Santos da Silva, confirmaram a versão do colega.

Desde o primeiro momento, a família disse que o tiro partiu de uma viatura da PRF.

Pai da menina baleada, William Silva, que dirigia o veículo, disse que passou pelo posto da PRF e não foi abordado em nenhum momento, mas percebeu que uma viatura passou a segui-lo e ficou muito próximo ao seu carro.

"A Polícia Rodoviária Federal estava parada ali no momento que a gente passou. A gente passou e eles vieram atrás. Aí eu falei: 'Bom, tudo bem, mas eles não sinalizaram para parar'. E aí, como eles estavam muito perto, eu dei seta e, neste momento, quando meu carro já estava quase parado, eles começaram a efetuar os disparos", explicou ele.

Ainda segundo William, a reação dele foi sair o mais rápido possível do carro para os policiais saberem que era uma família que estava no veículo. "Eu coloquei a mão para o alto, saiu todo mundo, só a minha menorzinha que ficou dentro do carro. Aí foi a hora que eu entrei em choque", lamentou.

A família afirmou que o tiro acertou a coluna e a cabeça da criança.

Esse jogo de mocinhos e bandidos faz parte do cotidiano comunicacional dos jornais impressos e virtuais, dos governantes, dos comentaristas sensacionalistas e das conversas que aparentemente compõem o senso comum, tristemente acostumado não só com a violência, mas também com uma maneira de interpretá-la. As aparentes soluções se restringem a debates sobre a segurança pública, por exemplo, cujos problemas seriam resolvidos com o uso de câmeras nos uniformes dos policiais, a liberação de armas para os civis ou, ainda, com o domínio da bandidagem por meio de intervenções militares ou construção de muros e blindagens que protegeriam o cidadão "de bem" das ameaças sociais.

Não é necessária grande argumentação teórica para demonstrar o quanto esse tipo de discurso é assimilado pela população de modo geral e como também faz parte de uma narrativa comum aos interesses da classe dominante. Seja pela manutenção de políticas de segurança que angariam votos, sobretudo por partidos que vendem soluções rápidas e imediatas, seja pelo ibope e pelo lucro das grandes emissoras que, ao espetacularizar a violência, conseguem um largo alcance nos horários nobres dos sistemas de rádio e televisão, seja pelo controle ideológico da população por meio do medo e da diferenciação dos que são bons em relação àqueles que representam uma ameaça social – há em todos esses casos, um discurso que se repete e que é assimilado acriticamente por muitos. Não estão fora desse grupo os jovens em idade escolar que, quando questionados, reproduzem o discurso hegemônico, acreditando representar o que realmente condiz com a realidade.

Seguido do primeiro, o segundo passo proposto por Chaui é desmontar a aparência de realidade e de verdade dessa narrativa dita comum ou até mesmo "oficial". Ao trazer essa pauta para o âmbito das discussões e do pensamento filosófico, a simplicidade da narrativa se mostra cercada de camadas de complexidade que precisam, necessariamente, ser levadas em consideração. Romper a aparência da realidade e da verdade é, portanto, uma necessidade didática para tratar o problema da violência, por exemplo, com base em uma leitura crítica que supere o dualismo entre mocinho e bandido.

Dito de outra forma, essa ruptura se assenta na reflexão sobre as condições sociais marcadamente desiguais, o aparelhamento do Estado pelos interesses das classes dominantes, a inexistência de debates como o da legalização das drogas, a abordagem humanizada da polícia à população mais carente, a falta de políticas públicas e o desmonte de direitos e condições dignas de trabalho até na própria polícia. E, por falar na polícia, exposta cotidianamente de modo brutal à violência, há dados bastante alarmantes, como o noticiado em julho de 2023 no Rio Grande do Sul, ao expor que a maior causa de morte desses profissionais não é, como seria de esperar, a criminalidade, a luta contra o tráfico de drogas ou outra violência, mas o suicídio.[3] Da realidade ao pensamento complexo, há um longo caminho. Como consta na Base Nacional Comum Curricular (BNCC) (Brasil, 2018, p. 547):

> A BNCC na área de Ciências Humanas e Sociais Aplicadas – integrada por Filosofia, Geografia, História e Sociologia – propõe a ampliação e o aprofundamento das aprendizagens essenciais desenvolvidas até o 9º ano do Ensino Fundamental, sempre orientada para uma educação ética. Entendendo-se ética como juízo de apreciação da conduta humana, necessária para o viver em sociedade, e em cujas bases destacam-se as ideias de justiça, solidariedade e livre-arbítrio, essa proposta tem como fundamento a compreensão e o reconhecimento das diferenças, o respeito aos direitos humanos e à interculturalidade, e o combate aos preconceitos.

Faz parte da didática de ensino, de modo geral, na área das humanidades e das ciências sociais aplicadas, como consta na citação anterior, ampliar a base conceitual e o modo de construção e sistematização do raciocínio do educando. Em nosso entendimento, essa ampliação não se refere, no entanto, a um alargamento daquilo que já existe, mas a uma nova forma de enxergar a realidade em sua complexidade.

É justamente nesse sentido que se assenta o terceiro passo apresentado por Chaui, na tentativa de reinterpretar a realidade, revelando seus fundamentos "secretos" e suas operações "invisíveis". A discussão

---

3. Ayrton Centeno. Suicídio é a maior causa de morte de policiais militares no RS, aponta deputada. *Jornal Brasil de Fato*, Porto Alegre, 2023. Disponível em: https://www.brasildefato.com.br/2023/06/05/suicidio-e-a-maior-causa-de-morte-de-policiais-militares-no-rs-aponta-deputada. Acesso em: 3 jun. 2024.

sobre a violência é, para a filosofia, uma questão focalizada por diversos olhares e perspectivas. Não faltam teorias e análises sobre esse fenômeno, como a de Yves Michaud,[4] ao discuti-la da perspectiva moral; a de Pierre Bourdieu,[5] ao compreendê-la pela via da coação que está presente no indivíduo; a de Hannah Arendt,[6] que a diferencia da mera associação com a raiva e a localiza como um problema de ordem política, racional e intencional; ou ainda, a análise crítica de Merleau-Ponty[7] sobre o uso

---

4. A análise de Michaud repousa sobre a percepção da violência com base nos seus impactos morais, de posse ou da participação simbólica e cultural. Nos dizer do autor, "há violência quando, numa situação de interação, um ou vários atores agem de maneira direta ou indireta, maciça ou esparsa, causando danos a uma ou várias pessoas em graus variáveis, seja na sua integridade física, seja em sua integridade moral, em suas posses, ou em suas participações simbólicas e culturais" (1989, p. 10).

5. Para Bourdieu, a violência faz parte da configuração de um fato social ao apresentar elementos que dele fazem parte, como a exterioridade, a generalidade e a coercitividade. Para o autor, essa análise integra um conjunto de "instrumentos estruturados e estruturantes de comunicação e de conhecimento, [por meio dos quais] os 'sistemas simbólicos' cumprem a sua função política de instrumento de imposição ou de legitimação da dominação, que contribuem para assegurar a dominação de uma classe sobre outra (violência simbólica) dando o reforço da sua própria força às relações de força que as fundamentam e contribuindo assim, segundo a expressão de Weber, para a 'domesticação dos domesticados'" (1989, p. 11).

6. Para Hannah Arendt, em sua análise política sobre os regimes totalitários e o modo como a violência se manifesta, há uma dimensão estratégica e racional que a alimenta, na medida em que ajusta meios para obtenção dos fins. Por isso, "se os objetivos não são alcançados rapidamente, o resultado será não apenas a derrota, mas a introdução da prática da violência na totalidade do corpo político. A ação é irreversível, e um retorno ao *status quo* em caso de derrota é sempre improvável. A prática da violência, como toda ação, muda o mundo, mas a mudança mais provável é para um mundo mais violento" (2011, p. 100-101).

7. Ao se referir ao uso da violência na URSS, Merleau-Ponty desenvolve a tese de que a violência associada à política foi, historicamente, um instrumento que, ainda que imoral, tinha um fim que o justificava, qual seja, a derrota das injustiças sociais. Por isso, as estratégias de Bukharin, Trotsky e Stalin, embora fundamentalmente motivadas por diferentes ideias, convergiam para um mesmo fim, afinal, "em outras

da violência da perspectiva marxista na União das Repúblicas Socialistas Soviéticas (URSS) como uma forma política de uso do terror para reescrever a história humana. São inúmeras as análises e teorias que procuram enxergar as teias invisíveis de poder que sustentam a violência em uma sociedade.

Ao abordá-la da perspectiva filosófica, há a inevitável tarefa de compreendê-la não só na oposição ao senso comum, como também ampliá-la, ao situar o tema dentro de uma teia de relações micro e macrofísicas de poder que apontam para seus reais motivos. Longe da imediatez do punitivismo midiático e das conclusões rasas normalmente apreendidas, a didática das humanidades e ciências sociais aplicadas converge para um olhar mais apurado e atento sobre os fatos.

Por fim, o quarto e último passo proposto por Chaui consiste na criação de uma nova narrativa e na transformação do interlocutor em um parceiro, um companheiro para a mudança do que foi criticado. Esse protagonismo vem ao encontro, também, da proposta da BNCC (Brasil, 2018, p. 549) para os componentes de humanidades e ciências sociais aplicadas, valendo-se da seguinte orientação:

> Para a promoção de tais aprendizagens, para o desenvolvimento do protagonismo juvenil e para a construção de uma atitude ética pelos jovens, é fundamental mobilizar recursos didáticos em diferentes linguagens (textuais, imagéticas, artísticas, gestuais, digitais, tecnológicas, gráficas, cartográficas etc.), selecionar formas de registros, valorizar os trabalhos de campo (entrevistas, observações, consultas a acervos históricos etc.) e estimular práticas voltadas para a cooperação. Os materiais e os meios utilizados podem ser variados, mas o objetivo central, o eixo da reflexão, deve concentrar-se no conhecimento do Eu e no reconhecimento do Outro, nas formas de enfrentamento das tensões e conflitos, na possibilidade de conciliação e na formulação de propostas de soluções.

---

palavras, todos os três, como marxistas, reconhecem o fato da contingência e do terror, mas, como marxistas também, admitem que essa violência tem um sentido, que é possível compreendê-la, ler nela um desenvolvimento racional, tirar dela um futuro humano" (1968, p. 109).

O protagonismo é, na prática, o entendimento de que inevitavelmente fazemos parte das diferentes relações de poder, e que a violência, direta ou indiretamente, afeta a todos. Há, nesse sentido, uma íntima relação entre a compreensão da realidade, superando a narrativa dominante, e a transformação social. Para Agamben (2009, p. 40-41):

> O sujeito do qual tratamos é aquele que supera os aprisionamentos e as diferentes formas de escravidão, não se submetendo ingenuamente aos direcionamentos de outros. O sujeito ao qual nos referimos é aquele que consegue dizer que tornar-se sujeito é possível, porque sabe que não existe nenhuma lei, terrena ou divina, que impeça alguém de ser protagonista de sua história, senhor de suas escolhas, dono de sua vida. Com isso, porém, não estamos sinalizando para a existência de um sujeito por natureza. Apenas afirmamos que o sujeito do qual estamos tratando é aquele que se constrói como tal.

A superação da narrativa *mainstream* é, da ótica do ensino da filosofia, uma forma tanto de educar quanto, principalmente, de emancipar o educando, permitindo que ele se torne sujeito de sua própria história. A criticidade e o questionamento, próprios do *ethos* desse componente, revelam-se não somente como um recurso intelectual, mas também como uma forma de cidadania ativa e politicamente engajada.

Assim, uma notícia como a que analisamos neste capítulo abre as portas para uma série de discussões (quase) sempre contrárias ao entendimento imediato, mas necessárias para uma verdadeira formação integral. Foi pensando nisso que nos valemos da reflexão proposta por Chaui, apontando, para além dos desafios legais e formais no currículo brasileiro, também para as barreiras que precisam ser vencidas no diálogo e nas práticas comunicacionais com os próprios educandos na compreensão conjunta da realidade complexa.

Portanto, faz parte da didática e das práticas discursivas do ensino de filosofia nutrir a capacidade dos indivíduos de pensar criticamente, levando-os a agir como cidadãos informados e engajados, e contribuir ativamente para a transformação de uma sociedade mais justa, igualitária e consciente de seus desafios. A filosofia, junto com as demais disciplinas do currículo, não apenas enriquece a vida intelectual dos estudantes; ela também desempenha um papel crucial na construção de um mundo melhor para todos.

Considerações finais

Não faltam desafios históricos, políticos e pedagógicos para que a didática e a prática discursiva do ensino de filosofia sejam transformadoras. No entanto, são exatamente esses desafios que tornam o ensino desse componente tão essencial. Superar essas barreiras não apenas fortalece a educação e a formação dos estudantes como contribui para uma sociedade mais consciente, crítica e participativa. A capacidade de questionar, refletir e analisar o mundo ao redor é crucial para o desenvolvimento de cidadãos capazes de contribuir ativamente para a construção de um país mais justo, democrático e ético. Portanto, enfrentar esses desafios é uma tarefa crucial para a transformação positiva da sociedade brasileira.

Não obstante, sempre que vivenciamos episódios de crise democrática ao longo de nossa história, o ensino de filosofia, assim como o de sociologia, é imediatamente excluído do currículo escolar. Isso evidencia que ambas as disciplinas contribuem de maneira fundamental para a formação de cidadãos conscientes, críticos e participativos, elementos essenciais para o funcionamento saudável de qualquer sistema democrático.

Dessa perspectiva, a didática do ensino de filosofia é intrinsecamente democrática, porque auxilia na construção de um ambiente onde o debate construtivo é valorizado, permitindo que os cidadãos expressem suas visões e seus interesses de maneira respeitosa. Conforme destacado pela BNCC (Brasil, 2018), é fundamental mobilizar recursos didáticos em diferentes linguagens para promover a cooperação e o conhecimento do Eu e do Outro. Por isso, investir no ensino dessa área do saber não é apenas uma questão educacional, mas uma medida vital para garantir o futuro democrático e ético do país.

Referências

AGAMBEN, G. *O que é o contemporâneo?* E outros ensaios. Chapecó: Argos, 2009.

APPLE, M. W. *Ideologia e currículo*. 3. ed. Porto Alegre: Artmed, 2004.

ARENDT, H. *A condição humana*. 8. ed. Rio de Janeiro: Forense, 1997.

ARENDT, H. *Sobre a violência*. Rio de Janeiro: Civilização Brasileira, 2011.

BIBLIOTECA NACIONAL. Presidência da República. *Mensagem ao Congresso Nacional* – Fernando Henrique Cardoso – 2001. Disponível em: http://www.biblioteca.presidencia.gov.br/publicacoes-oficiais/mensagem-ao-congresso-nacional/mensagem-ao-congresso-nacional2001-fernando-henrique-cardoso/view. Acesso em: 3 jun. 2024.

BOURDIEU, P. *O poder simbólico*. Rio de Janeiro: Bertrand Brasil, 1989.

BRASIL. Lei n. 4.024, de 20 de dezembro de 1961. Fixa as diretrizes e bases da educação nacional. *Diário Oficial da União*, seção 1, Brasília, DF, 27 dez. 1961.

BRASIL. Lei n. 5.692, de 11 de agosto de 1971. Fixa diretrizes e bases para o ensino de 1º e 2º graus e dá outras providências. *Diário Oficial da União*, seção 1, Brasília, DF, 12 ago. 1971.

BRASIL. Lei n. 9.394, de 20 de dezembro de 1996. Estabelece as diretrizes e bases da educação nacional (LDB). *Diário Oficial da União*, seção 1, Brasília, DF, 23 dez. 1996.

BRASIL. *Ciências humanas e suas tecnologias*. Brasília: Ministério da Educação, Secretaria de Educação Básica, 2006.

BRASIL. Lei n. 11.684, de 2 de junho de 2008. Altera o art. 36 da Lei n. 9.394, de 20 de dezembro de 1996, que estabelece as diretrizes e bases da educação nacional, para incluir a obrigatoriedade do ensino de Filosofia e Sociologia no ensino médio. *Diário Oficial da União*, seção 1, Brasília, DF, 3 jun. 2008.

BRASIL. Medida Provisória n. 746, de 22 de setembro de 2016. Institui a Política de Fomento à Implementação de Escolas de Ensino Médio em Tempo Integral. *Diário Oficial da União*, seção 1, Brasília, DF, 23 set. 2016.

BRASIL. Lei n. 13.415, de 16 de fevereiro de 2017. Altera as Leis n. 9.394, de 20 de dezembro de 1996, que estabelece as diretrizes e bases da educação nacional (LDB), e n. 11.494, de 20 de junho de 2007, e institui a Política de Fomento à Implementação de Escolas de Ensino Médio em Tempo Integral. *Diário Oficial da União*, seção 1, Brasília, DF, 17 fev. 2017.

BRASIL. Ministério da Educação. *Base Nacional Comum Curricular (BNCC)*. Brasília, DF: MEC, 2018.

CHAUI, M. *Cidadania cultural*: o direito à cultura. 2. ed. São Paulo: Fundação Perseu Abramo, 2021.

ESP – Escola Sem Partido, 2024. Disponível em: http://www.escolasempartido.org. Acesso em: 3 jun. 2024.

FREIRE, P. *Pedagogia do oprimido*. Rio de Janeiro: Paz e Terra, 1970.

FREITAS, M. C. L.; FRANÇA, C. E. História da sociologia e de sua inserção no ensino médio. *Revista do Programa de Pós-Graduação em Sociologia da Universidade Federal da Grande Dourados*, Dourados, v. 3, n. 5, p. 39-55, 2016. Disponível em: https://ojs.ufgd.edu.br/index.php/movimentacao/article/view/7218. Acesso em: 3 jun. 2024.

FRIGOTTO, G. A gênese das teses do Escola sem Partido: esfinge e ovo da serpente que ameaçam a sociedade e a educação. *In*: FRIGOTTO, G. (org.). *Escola "sem" partido*: esfinge que ameaça a educação e a sociedade brasileira. Rio de Janeiro: Uerj/LPP, 2017.

GHIRALDELLI JR., P. *Filosofia e educação*. São Paulo: Unesp, 2017.

GHIRALDELLI JR., P. *Filosofia na escola*: o prazer da reflexão. São Paulo: Cortez, 2019.

GIROUX, H. A. *Neoliberalismo e educação*: a crise da escola pública. Porto Alegre: Artmed, 2008.

GRAMSCI, A. *Cadernos do cárcere*. Rio de Janeiro: Civilização Brasileira, 2007.

MARX, K; ENGELS, F. *A ideologia alemã*. 7. ed. São Paulo: Hucitec, 1989.

MERLEAU-PONTY, M. *Humanismo e terror*. Rio de Janeiro: Tempo Brasileiro, 1968.

MICHAUD, Y. *A violência*. São Paulo: Ática, 1989.

MORAES, A. Ensino de sociologia: periodização e campanha pela obrigatoriedade. *Cadernos Cedes*, Campinas, v. 31, n. 85, p. 359-382, set.-dez. 2011. Disponível em: http://www.scielo.br/pdf/ccedes/v31n85/04v31n85.pdf. Acesso em: 3 jun. 2024.

NAGIB, M. *O pesadelo de Paulo Freire*. [2020]. Disponível em: http://www.escolasempartido.org/blog/o-pesadelo-de-paulo-freire/. Acesso em: 3 jun. 2024.

PEREIRA, C. D. *Sociologia do cotidiano*. São Paulo: Contexto, 2015.

PEREIRA, C. D. *Sociologia*: práticas pedagógicas. São Paulo: Atlas, 2018.

SIMÕES, W. O lugar das ciências humanas na reforma do ensino médio. *Revista Retratos da Escola*, Brasília, v. 11, n. 20, p. 45-59, jan.-jun. 2017. Disponível em: http://www.esforce.org.br. Acesso em: 3 jun. 2024.

SOUZA, J. G. C. A.; COELHO, J. V. M. Currículo escolar no regime militar. *In*: ENCONTRO REGIONAL DE HISTÓRIA. 1964-2014: 50 anos do golpe militar no Brasil, 2014, XIV. Campo Mourão, Universidade Estadual do Paraná, 2014. Disponível em: https://anpuh.org.br/resources/image/informeeletronico38/. Acesso em: 3 jun. 2024.

DIDÁTICA DAS CIÊNCIAS HUMANAS E SOCIAIS APLICADAS E SUAS TECNOLOGIAS

8
A DIDÁTICA ESPECÍFICA DO ENSINO DE SOCIOLOGIA NO ÂMBITO DOS DILEMAS SOCIAIS CONTEMPORÂNEOS

Ângela Imaculada Loureiro de Freitas Dalben
Graziele Ramos Schweig

Introdução

A presença do ensino de sociologia no ensino médio no Brasil é marcada pela intermitência; no entanto, apresenta um grande potencial de consolidação, observado nas últimas duas décadas, fruto de sua visível contribuição para a formação dos(as) estudantes desse nível de ensino. Neste capítulo, discutimos alguns pontos para pensar a construção de uma didática específica do ensino de sociologia, considerando os percursos que levaram à constituição recente de um campo de estudos e pesquisas em torno da sociologia escolar. Com isso, buscamos traçar as especificidades da sociologia escolar, os desafios de sua legitimação na escola básica e as finalidades e os fundamentos pedagógicos e epistemológicos do ensino de sociologia no ensino médio brasileiro. Por fim, apresentamos alguns elementos que possam subsidiar possibilidades metodológicas e de integração do trabalho educativo.

História e especificidade do ensino de sociologia

O percurso da sociologia na educação básica brasileira foi marcado por descontinuidades, tendo se caracterizado por alguns períodos de fortalecimento e outros de presença opcional ou praticamente inexistente nos currículos escolares. Já no final do século XIX, tem-se o registro de duas tentativas de inserção da sociologia como disciplina na escola. Tanto no projeto de lei do deputado Rui Barbosa, de 1882, como na reforma proposta pelo ministro Benjamin Constant, em 1891, a defesa da sociologia no ensino secundário se relacionou a um projeto modernizador e de difusão de ideais positivistas. Contudo, nenhuma dessas propostas foi efetivada. Foi somente com a reforma Rocha Vaz, de 1925, que a sociologia se tornou disciplina obrigatória nos anos finais dos cursos secundários. Todavia, em 1942, a reforma Capanema retira a sociologia como componente curricular da escola secundária, mantendo-a exclusivamente nos currículos dos cursos normais. É apenas em 1982, com a transição democrática ocorrendo no país, que a sociologia volta a figurar como disciplina optativa no ensino médio, sendo reintroduzida de fato em algumas escolas (Moraes, 2011).

Essa abertura introduzida nos anos 1980 dá base para um movimento de sociólogos e cientistas sociais em torno da reivindicação da presença obrigatória da disciplina no currículo. Entretanto, a promulgação da Lei de Diretrizes e Bases da Educação Nacional (LDB) de 1996 (Brasil, 1996) não garantiu a presença da sociologia como componente curricular, apesar de prever, em seu artigo 36, que, ao final do ensino médio, os educandos deveriam apresentar os conhecimentos de sociologia e filosofia necessários para o exercício da cidadania. É somente no ano de 2008, com a aprovação da Lei n. 11.684/2008 (Brasil, 2008), que há uma alteração no referido artigo da LDB para que sejam incluídas a sociologia e a filosofia como disciplinas obrigatórias no ensino médio. Apesar da aprovação tardia da referida lei, chama atenção que os Parâmetros Curriculares Nacionais para o Ensino Médio (PCNEM) (Brasil, 2000) já previam orientações específicas para a disciplina de sociologia no ensino médio. Ademais, essa normativa já continha o entendimento – consensual até os dias de hoje – de que, apesar do nome "sociologia", a disciplina na escola é composta pelo conjunto dos conhecimentos das ciências sociais, isto é, da antropologia, da sociologia e da ciência política.

Após a Lei n. 11.684/2008, que incluiu a obrigatoriedade das disciplinas de filosofia e sociologia nos três anos do ensino médio, observamos um movimento crescente de consolidação da sociologia escolar e de criação de um campo de pesquisas (Bodart; Pereira, 2017) e mobilizações em torno do seu fortalecimento na educação básica. Essa dinâmica tem permitido um processo de amadurecimento das relações entre a universidade, os cursos de graduação em Ciências Sociais e em Sociologia e a escola básica. Nesse sentido, há hoje um conjunto de produções que têm construído pistas para compor as especificidades da sociologia escolar, bem como para a construção de uma didática própria da sociologia.

Em 2009, ocorreu o primeiro Encontro Nacional de Ensino de Sociologia na Educação Básica (Eneseb), organizado pela Sociedade Brasileira de Sociologia (SBS). Em 2012, foi criada a Associação Brasileira de Ensino de Ciências Sociais (Abecs), a qual organizou seu primeiro congresso nacional em 2013. Além disso, a área do ensino de sociologia/ciências sociais passou a contar com algumas revistas científicas específicas, como os *Cadernos da Associação Brasileira de Ensino de Ciências Sociais*, a revista *Café com Sociologia* e a revista *Perspectiva Sociológica: A Revista de Professores de Sociologia*, essa última ligada ao Departamento de Sociologia do Colégio Pedro II, no Rio de Janeiro. Esses movimentos têm demonstrado a consolidação de um campo de debates e pesquisas que subsidiam a construção de uma didática específica do ensino de sociologia.

Por um lado, em sendo uma disciplina escolar de constituição mais recente, a sociologia apresenta o ônus de ainda não ter uma tradição tão forte que a consolide, tal qual a história ou a geografia, tendo de lidar com o peso de seu percurso de intermitência nos currículos do ensino médio, vivido ao longo do século XX. Com isso, as recentes mudanças que o ensino médio brasileiro enfrentou trouxeram novos receios de exclusão da sociologia do currículo escolar. No entanto, o estabelecimento da Lei n. 13.415/2017, do Novo Ensino Médio, e a aprovação da Base Nacional Comum Curricular (BNCC) não alteraram de modo significativo o *status* da sociologia. Os conhecimentos das ciências sociais têm presença marcante ao longo do texto da BNCC, mantendo-se a referência à sociologia, que é situada no mesmo patamar que as demais disciplinas dentro da área de ciências humanas e sociais aplicadas.

Entretanto, equívocos de ordem axiológica e/ou ideológica colocam os conhecimentos das ciências sociais em um lugar periférico na hierarquia dos saberes e práticas escolares do ensino médio, dando a sensação de um saber periférico. As condições objetivas da organização dos tempos e espaços dados à disciplina no currículo, a baixa carga horária, a pouca produção didático-pedagógica e de pesquisa sobre a importância ou os significados na formação dos estudantes evidenciam essa condição no interior das propostas curriculares.

Por outro lado, a pouca tradição da sociologia escolar pode se constituir como potência, dado o espaço para a criação de novos modos de diálogo com o público da educação básica e o alinhamento com as demandas de entendimento do mundo. O ensino da sociologia na escola conta com uma pluralidade de métodos e abordagens, ancorados nos aportes conceituais e metodológicos da antropologia, da sociologia e da ciência política. O conteúdo da disciplina de sociologia favorece ao(à) professor(a) a construção de condições pedagógicas que permitem o diálogo, a liberdade de pensamento, o questionamento do que o(a) estudante vive, além da reflexão sobre o que já é dado como certo ou errado, proporcionando chances a novas percepções e favorecendo uma formação humanista.

Além disso, ao abordar fenômenos sociais estruturantes da sociedade brasileira, a sociologia escolar tem se configurado como um importante espaço de efetivação de temas transversais no ensino médio. Como discutiremos adiante, com base em seus conteúdos e objetivos de aprendizagem, ressalta-se o papel da sociologia no cumprimento das leis n. 10.639/2003 e n. 11.645/2008, contribuindo para a educação das relações étnico-raciais no espaço escolar (Ligeiro; Brito 2020) e para o desenvolvimento de sensibilidades interseccionais na compreensão da realidade social (Akotirene, 2019).

Finalidades e fundamentos pedagógicos e epistemológicos do ensino de sociologia

> *A luta pela introdução da Sociologia nos currículos do Ensino Médio é a luta pelo reconhecimento e legitimidade de um campo de conhecimento, bem como a luta pelo desenvolvimento de certa sensibilidade intelectual e humana no processo de formação dos cidadãos.*
> Vargas (2011, p. 11)

O percurso de dificuldades operacionais de implementação da disciplina de sociologia no ensino médio edificou a importância de seu conteúdo curricular. Se, por um lado, alguns apostaram na sua depreciação, por sua natureza tão próxima do senso comum, produzindo a sensação de que todos podem lidar com ela sem serem especialistas, as pesquisas comprovam o potencial das práticas pedagógicas do ensino de sociologia e seus desdobramentos no processo de aprendizagem dos conteúdos curriculares específicos para a formação crítica dos estudantes. A superação de interpretações subjetivas pouco contextualizadas e/ou as análises equivocadas fundamentalmente reforçadas por opiniões e pelos apoios em redes sociais sobre os conteúdos da área são exemplos importantes das ancoragens que as ferramentas teórico-metodológicas e empíricas do campo da sociologia e das ciências sociais oferecem àqueles que delas experimentam.

A grande tarefa dos(as) professores(as) de sociologia é saber transitar entre níveis diversos de conhecimentos na perspectiva de construção de um olhar crítico sobre o real: reconhecer, identificar, limitar diferenças e características, distinguir pontos de vista de apreensão da realidade, vislumbrando e afetando a formação subjetiva do estudante para uma experiência de convivência social mais reflexiva e com olhar apurado em diferentes planos e espaços. A sociologia tem a missão de desnaturalizar e estranhar o ambiente social, incentivando o(a) jovem a questionar o que é dado em busca da apreensão do real para além de suas simples manifestações cotidianas.

Nesse sentido, a sociologia fornece aos(às) estudantes a possibilidade de organizar suas curiosidades acerca do mundo com base em "procedimentos mais rigorosos, que mobilizem razões históricas e argumentos racionalizantes acerca de fenômenos naturais ou culturais" (Brasil, 2006, p. 109). Portanto, quando pensamos sobre as finalidades do ensino de sociologia no ensino médio, consideramos que:

> Além dessa justificativa que se tornou *slogan* ou clichê – "formar o cidadão crítico" –, entende-se que haja outras mais objetivas decorrentes da concretude com que a Sociologia pode contribuir para a formação do jovem brasileiro: quer aproximando esse jovem de uma linguagem especial que a Sociologia oferece, quer sistematizando os debates em torno de temas de importância dados pela tradição ou pela contemporaneidade [...]. É possível, observando as teorias sociológicas, compreender os elementos da argumentação – lógicos e empíricos – que justificam um modo de ser de uma sociedade, classe, grupo social e mesmo comunidade (Brasil, 2006, p. 105).

A construção de uma apreensão sociológica do mundo se articula a dois princípios epistemológicos que estruturam as produções teóricas, tanto de autores clássicos quanto dos contemporâneos, que conformam o campo da sociologia e das ciências sociais, quais sejam, a "desnaturalização" e o "estranhamento" com relação aos fenômenos sociais (Brasil, 2006, p. 109). De tais princípios, deriva a atitude de tensionar tendências de reificação de elementos do real, tais como "o mercado", "o Estado", "a história", "a natureza" etc. Desde a constituição da sociologia como disciplina, já na produção teórica de autores fundadores, como Max Weber, Karl Marx e Émile Durkheim, tais categorias têm sido problematizadas, apontando-se suas dimensões socialmente construídas, históricas e situadas. Assim, por meio da historicização, da comparação, da mobilização de conceitos analíticos, é possível operacionalizar esse movimento de desnaturalização e estranhamento no sentido de demonstrar pedagogicamente que a realidade social não está "dada", mas é passível de transformação. Com isso, é possível situar os(as) estudantes em uma posição participativa e crítica, não só no processo de construção do conhecimento sociológico, mas na própria sociedade em que vivem.

Outra perspectiva que costuma ancorar os princípios epistemológicos e pedagógicos do ensino de sociologia na escola básica está ligada ao objetivo de construção de uma "imaginação sociológica" por parte dos(as) educandos(as). Tal termo foi criado por C. W. Mills, que o descreve como a ideia de que os sujeitos só podem compreender sua própria experiência subjetiva se se localizarem em seu período histórico e social: "A imaginação sociológica nos permite compreender a história e a biografia e as relações entre ambas, dentro da sociedade" (Mills, 1969, p. 12). Valendo-se disso, Mills elenca três grupos de grandes questões que constituem caminhos para a construção da imaginação sociológica e que estão na base do trabalho de todos(as) os(as) sociólogos(as) e cientistas sociais:

1) Qual a estrutura dessa sociedade como um todo? Quais seus componentes essenciais, e como se correlacionam? Como difere de outras variedades de ordem social? Dentro dela, qual o sentido de qualquer característica particular para a sua continuação e para a sua transformação?

2) Qual a posição dessa sociedade na história humana? Qual a mecânica que a faz modificar-se? Qual é o seu lugar no desenvolvimento da humanidade como um todo, e que sentido tem para esse desenvolvimento? Como qualquer característica particular que examinemos afeta o período histórico em que existe, e como é por ele afetada? E esse período – quais as suas características essenciais? Como difere de outros períodos? Quais seus processos característicos de fazer história?

3) Que variedades de homens predominam nessa sociedade e nesse período? E que variedades irão predominar? De que formas são selecionadas, formadas, liberadas e reprimidas, tornadas sensíveis ou impermeáveis? Que tipos de "natureza humana" se revelam na conduta e caráter que observamos nessa sociedade, nesse período? E qual é o sentido que para a "natureza humana" tem cada uma das características da sociedade que examinamos? (Mills, 1969, p. 13).

Tais conjuntos de questões oferecem suporte à prática da pesquisa sociológica e também servem de subsídios pedagógicos para a exploração de temas e conteúdos no ensino de sociologia. No âmbito dos conteúdos a serem ensinados, é importante ressaltar as implicações do fato de que a sociologia escolar é composta por três disciplinas acadêmicas distintas, que compõem as ciências sociais, isto é, a antropologia, a sociologia e a ciência política. A escolha do nome "sociologia" e não "ciências sociais" para a disciplina escolar se deu no contexto de luta política por sua reintrodução nos currículos do ensino médio, em razão da aposta de que a sociologia era mais reconhecida socialmente e mais consolidada.

Assim, cada uma das três disciplinas tem contextos e histórias próprios de formação, além de pressupostos epistemológicos e metodológicos específicos, que são mobilizados na construção da sociologia escolar. A disciplina de antropologia, com suas diferentes vertentes de pesquisa, desde a etnologia indígena à antropologia urbana, dá subsídios à compreensão de fenômenos relacionados à diversidade social e cultural, aos conflitos rurais e urbanos, às relações entre cultura e poder etc. Entre os principais conceitos da antropologia explorados no ensino médio, estão a cultura, o relativismo, o etnocentrismo, a diferença, a alteridade, a etnicidade, entre outros.

A sociologia, como disciplina acadêmica, que surge como modo de compreensão da sociedade capitalista industrial, também oferece um amplo leque de possibilidades temáticas a serem exploradas, baseando-se em suas subáreas, tais como sociologia do trabalho, sociologia da arte, sociologia da educação, sociologia da religião, entre várias outras. Entre seus conceitos estruturantes mais presentes nas aulas de sociologia no ensino médio, podemos destacar: classe social, violência simbólica, globalização, desigualdades sociais, mobilidade social e outras dependentes de contextos e interações específicas.

A ciência política se articula com as demais disciplinas acadêmicas das ciências sociais ao dar suporte a compreensões específicas de fenômenos que envolvem a constituição dos Estados-nação, o contrato social, a constituição de regimes políticos, os fundamentos da democracia, os movimentos sociais, a cidadania, os partidos políticos, a participação política etc. Alguns dos conceitos explorados pela ciência política no âmbito do ensino médio são poder, racionalização, Estado, esfera pública, entre outros.

Ressalta-se que, apesar de alguns fenômenos, temas e conceitos serem explorados com mais profundidade por uma ou outra das disciplinas acadêmicas específicas, muitos deles aparecem de maneira transversal como preocupações do conjunto das ciências sociais. Desse modo, podemos ter estudos de antropologia sobre cidadania, democracia e Estado; estudos da ciência política em comunidades específicas ou sobre cultura política; estudos de sociologia que se debruçam sobre a questão da cidadania, da diversidade ou dos partidos políticos. No entanto, cada uma das disciplinas possui léxicos e aportes teóricos e metodológicos específicos, que se complexificam e complementam na compreensão desses temas e fenômenos. Desse modo, é fundamental que os(as) professores(as) de sociologia no ensino médio tenham conhecimento do potencial analítico crítico e metodológico que oferece cada uma das disciplinas acadêmicas que compõem a sociologia escolar.

Outro exemplo da transversalidade de fenômenos, temas e conceitos diz respeito à centralidade das questões de classe, de gênero e étnico-raciais, as quais são objeto de preocupações constantes tanto na antropologia, como na sociologia e na ciência política acadêmicas. Por isso, a sociologia escolar, ao se ancorar na tradição dessas três disciplinas, oferece subsídios para a construção de uma educação crítica, antirracista e antissexista no ambiente escolar. Porque o estranhamento e a desnaturalização são fundamentos do conhecimento da sociologia escolar, as ideias referentes a classe, raça e gênero são constantemente problematizadas, retiradas das apreensões essencialistas e individualistas que permeiam o senso comum.

Além disso, a imaginação sociológica, como princípio de conexão entre biografia e questões públicas da estrutura social, permite que o(a) estudante relacione questões e conflitos vivenciados no âmbito mais íntimo de sua vida – muitas vezes relacionados a preconceito, racismo, violência de gênero, sofrimento psíquico – a questões estruturais, que dizem respeito à coletividade, à construção de tendências e dinâmicas de poder e dominação. Desvela-se, portanto, uma realidade social marcada pelo histórico do colonialismo e da escravidão, pela condição da colonialidade (Mignolo, 2017), pelos efeitos do patriarcado e do racismo estrutural. Ao se perceber que tais questões que afligem o cotidiano dos(as) estudantes são sociais e coletivas, pode-se compreender que possíveis respostas à sua transformação também devem se dar nesse âmbito. Nesse sentido, a construção de uma apreensão sociológica na escola caminha junto da construção de um projeto de sociedade, justiça social, respeito à diferença e luta pela democracia e pela garantia de direitos sociais, políticos e socioculturais.

A construção de uma didática específica do ensino de sociologia

De acordo com Nóbrega (2015, p. 105), a "construção dos nexos entre a Didática e a Sociologia ocorre a partir do esclarecimento que tem o professor sobre 'os objetivos da educação e da instrução, os conteúdos, o ensino, a aprendizagem, os métodos e a avaliação' (Libâneo, 2006, p. 57)". Nesse cenário, a atuação dos(as) professores(as) de sociologia envolve o cuidado com esses elementos na elaboração de sua intencionalidade pedagógica para a construção de uma aprendizagem crítica e significativa. Assim, é preciso integrar a didática geral da educação superior aos princípios da área específica da sociologia escolar e a seu potencial crítico formador, presente na epistemologia da sociologia em si e de seus conteúdos específicos, a fim de compreender o ensino em sua totalidade e de acordo com um nível também específico: "Neste sentido, o campo das didáticas específicas procura analisar seu objeto e as relações entre o ensino e a aprendizagem no campo epistemológico de cada disciplina" (Veiga; Silva, 2020, p. 52).

Desse modo, se reduzirmos a sociologia escolar a uma sequência de conteúdos, fatos, ideias, teorias que se evidenciam às vezes, mas não explicam os fenômenos sociais historicamente determinados, estaremos apenas expondo, explanando, no sentido tradicional de ensino. Isto é, estaremos operando uma sistematização teórica para a transmissão de informações e conceitos por vezes bastante abstratos, que dificultam a mobilização subjetiva, sem uma atitude reflexiva, investigativa e crítica. Nesse contexto, é possível afirmar que o(a) professor(a), ao planejar a sua disciplina e construir o seu caminho metodológico, direciona e realiza, por meio de suas escolhas, a função social da educação, que poderá ou não ficar reduzida às propostas pedagógicas com propósitos pragmáticos ou ser delineada no campo da convivência e da participação cidadã numa experiência social, individual, crítica e reflexiva das dimensões da sociedade.

Educar envolve a apreensão da cultura em sua totalidade, considerando os conteúdos presentes nos currículos escolares, além dos movimentos dialéticos de apropriação dessa cultura pelas novas gerações. Aspectos do contexto familiar, condições sociais, econômicas e culturais, assim como as políticas públicas e a própria instituição escolar, influenciam e intervêm nessa mobilização e motivação para aprendizagens. Para Vygotsky, "o que move o sujeito são os desejos, as necessidades, os interesses e as intencionalidades em direção ao mundo de significados culturais" (*apud* Nunes; Silveira, 2009, p. 169).

Nesse sentido, o desenvolvimento de uma aprendizagem crítica e reflexiva exige criar vínculos cognitivos com elementos próprios da cultura dos(as) estudantes como eixos prioritários na produção dos sentidos e significados para a sua própria condição como um sujeito sociocultural. A forma de organização possível dos conteúdos, escolhas com critérios de seleção apropriados e fontes ricas de exploração analítica favorecem a elaboração ativa de esquemas mentais e a integração de novas informações visando a reflexões críticas. A ideia de organização dos conteúdos curriculares se assemelha a uma espiral em que o(a) professor(a) avança e aprofunda conceitos anteriores, retomando-os em seguida diante de novos desafios cognitivos, num movimento de idas e vindas capazes de suscitar reflexões, questionamentos e curiosidades pelo novo que se projeta como possibilidades de compreensão da realidade.

Uma didática crítica requer sólida formação teórica da área específica, uma vez que exige do(a) professor(a) a mediação necessária por meio de procedimentos pedagógicos e investigativos capazes de dar concretude à relação professor(a)/aluno(a)/conhecimento nos diálogos do processo de ensino e aprendizagens. A didática específica, porque baseada nos princípios e na epistemologia da área das ciências sociais, é um processo de criação que não acontece num campo neutro, mas está vinculado à prática social tanto do(a) professor(a) quanto do(a) aluno(a) como pontos de partida e de chegada. Existem um amálgama e uma interdependência entre o campo científico e as metodologias de ensino específicas. Isto é, princípios, finalidades e objetivos devem ser explicitados nos planos de curso, assim como a seleção contextualizada dos conteúdos a serem trabalhados, além do uso de metodologias participativas e processos formativos de avaliação das aprendizagens, compondo uma proposta de formação crítica e cidadã.

Intencionalidade pedagógica e possibilidades metodológicas

A construção de uma didática específica da sociologia escolar, portanto, deve ser pensada com base na pluralidade de métodos, conceitos e teorias das ciências sociais, levando-se em conta a intencionalidade pedagógica e a complexidade do processo educativo. Para além dos eixos temáticos que perpassam os currículos e programas de ensino, entende-se, como vimos anteriormente, que o ensino de sociologia na escola deva ter como fios condutores os movimentos de estranhamento e desnaturalização dos fenômenos sociais (Brasil, 2006), a imaginação sociológica – como maneira de interligar experiências individuais e questões públicas da estrutura social (Mills, 1969) – e a pesquisa social

– como referência e como ferramenta metodológica. Vamos aprofundar esse último aspecto.

Nas orientações curriculares nacionais para os conhecimentos de sociologia (Brasil, 2006), já constava a prática da pesquisa como elemento importante no ensino da disciplina. No referido documento, ela é apresentada de diferentes ângulos, seja como atividade a ser feita antes da exposição de temas, conceitos ou teorias por parte do(a) professor(a), seja como ação a ser realizada posteriormente à apresentação de bases conceituais. A pesquisa social é, por si só, um elemento que estrutura o fazer de cientistas sociais, dado que, durante a formação, os(as) licenciandos(as) em ciências sociais aprendem diferentes métodos e técnicas de produção de dados nas três áreas que compõem o curso – sociologia, antropologia e ciência política.

Para trabalhar a pesquisa empírica com os(as) estudantes na escola, muitos(as) professores(as) recorrem aos métodos e técnicas mais difundidos na sociologia acadêmica, como os questionários com questões abertas e fechadas. É bastante profícuo estudar determinadas temáticas por meio da atividade de montar com os estudantes um questionário para levantamento de dados, o qual pode ser aplicado pelos próprios estudantes na escola ou com seus familiares e conhecidos para, posteriormente, desenvolver a tabulação dos dados, a criação de gráficos e a análise e socialização dos resultados. Exercícios desse tipo contribuem para desenvolver: a compreensão de como os dados estatísticos são produzidos; e/ou a percepção da importância da elaboração de boas perguntas para obter respostas que sejam significativas; e/ou a importância da elaboração de diferentes maneiras de apresentação dos dados obtidos; e, por fim, a reflexão sobre as relações entre indivíduo e sociedade, já que, ao se agruparem respostas individuais, aparentemente isoladas, podemos identificar recorrências, diferenças e tendências que dizem respeito a dinâmicas sociais mais amplas.

Outra forma de trabalhar a prática da pesquisa no ensino médio, talvez menos explorada em razão da hegemonia da sociologia acadêmica na construção da sociologia escolar, é utilizar o método etnográfico. Como maneira de fazer pesquisa na antropologia, a etnografia requer outros procedimentos para construção de dados, tais como: a observação participante, a escrita de diários de campo e a realização de entrevistas qualitativas em profundidade. Sua prática ajuda a desenvolver outras habilidades nos estudantes. Como discutido em outros trabalhos (Schweig, 2019, 2020), a sensibilidade etnográfica pode construir a prática docente de dois modos: 1) o(a) professor(a) pode manter a escrita de um diário das próprias aulas como um recurso para acompanhar e conhecer as ideias e os hábitos dos estudantes, no sentido de fazer proposições mais alinhadas aos seus interesses; 2) o(a) professor(a) pode propor que os(as) próprios(as) estudantes empreendam pesquisas alinhadas com os princípios da etnografia. Para o segundo caso, por meio de exercícios de observação e "descrição densa" (Geertz, 1978) de determinadas situações cotidianas, por exemplo, podemos desenvolver o estranhamento e a desnaturalização dos fenômenos sociais para posteriormente irmos adensando compreensões mais profundas e críticas, por meio de aportes teóricos e conceituais.

Por ser predominantemente qualitativa, a pesquisa etnográfica envolve a criação de uma relação de prazo mais longo com os sujeitos de pesquisa; ela nos permite trabalhar a escuta e a compreensão do ponto de vista do outro de maneira mais profunda com os(as) estudantes. Por outro lado, os métodos quantitativos, como os questionários, baseiam-se em um maior distanciamento entre pesquisador e sujeitos de pesquisa, possibilitando abarcar um número grande de indivíduos, identificando tendências coletivas. Assim, a escolha por trabalhar na escola com determinado método de pesquisa (qualitativo, quantitativo, híbrido) vai depender da intenção pedagógica do(a) professor(a). Independentemente, todas as formas de utilização da pesquisa como estratégia de aprendizagem de sociologia na escola envolvem um trabalho de planejamento, elaboração de projetos, roteiros e orientação constante por parte do(a) professor(a), que pode organizá-la em etapas ou fases, que podem constituir tarefas avaliativas processuais a serem realizadas pelos estudantes.

A despeito da opção metodológica, determinar objetivos como construção da intencionalidade pedagógica significa definir prioridades, decidir sobre o que é válido ou não. Envolve a área axiológica como uma experiência essencialmente humana que expressa a própria condição humana no seu vir a ser.

Nesse sentido, um dilema se coloca ao(à) docente que opta por aderir a metodologias participativas, interativas e com vistas a uma aprendizagem crítica e significativa de produção coletiva de conhecimentos, como defendida neste capítulo. Esse dilema está presente na obrigatoriedade da formalização dos processos de avaliação nos registros escolares conforme as normas dos regimentos escolares ou dos sistemas de ensino, em geral delineados por meio de notas ou conceitos. A medida e a testagem, normalmente, acontecem em abordagens fechadas, em que a relação pedagógica está direcionada ao instruir, ensinar e formar de uma perspectiva transmissiva de conhecimentos, atitudes, valores, crenças e ideias. É um processo que acontece de fora para dentro, em que o(a) professor(a) se preocupa, essencialmente, com a capacidade do(a) estudante de assimilar o que está delineado como objetivo de ensino.

Entretanto, processos de avaliação podem ser arbitrários por sua natureza se os campos referenciais do ato de avaliar não estiverem claros e assumidos pelas partes o suficiente para a compreensão dos processos e expectativas de produção. Assim, a questão aqui debatida não está no fato de se conferirem notas ou conceitos aos estudantes em situações de avaliação das aprendizagens, mas em encarar a avaliação de maneira ampliada:

> Os processos de avaliação escolar refletem os posicionamentos dos profissionais e são fundamentados pelas conceções de escola, de ensino, do papel do professor, do papel do aluno etc., que cada um possui. A organização e as condições de trabalho do professor apresentam-se como fatores determinantes no processo de ensino e orientam as diferentes práticas docentes. Nesse sentido, torna-se fundamental ampliar o conceito de avaliação escolar porque a construção desse processo envolve muito mais do que pensar em novas formas de avaliação, em novos instrumentos de verificação da aprendizagem do aluno ou em alteração dos conteúdos escolares, das provas ou dos formatos de exercícios (Dalben, 2004, p. 70).

Um processo de avaliação é sempre um processo formativo em que haverá a comparação entre um referencial tomado como ideal, que conduzirá as análises, e o real, que será considerado no processo de análise em si. Quanto mais o real estiver próximo do ideal, mais bem avaliado ele será. A complexidade desse movimento se justifica pela pouca clareza ou objetividade do que se toma como referencial ideal, transformando o processo em suposições pouco claras para os avaliados.

Assim, um processo de avaliação coerente com a proposta defendida neste capítulo para o ensino da sociologia exige do(a) docente a habilidade de construir com clareza o referencial de trabalho apresentado. É fundamental delinear com precisão a relação pedagógica pretendida, explicitando e discutindo os fundamentos, os objetivos propostos, o caminho a ser seguido e suas finalidades, as alternativas de atividades e os desenhos de trajetórias, além da estrutura de produtos a serem alcançados pelos estudantes. Esse processo será um importante processo de formação. Esse plano referencial precisa ser construído, isto é, apresentado em suas bases, negociado ou consensuado com a turma de alunos(as), e estar bastante evidente ao longo da interação pedagógica, porque será esse plano o próprio referencial de avaliação do(a) estudante e de sua produção, configurando, assim, o que chamamos de avaliação formativa.

Isso significa que a abordagem qualitativa do processo não será arbitrária, porque deliberadamente compreendida e tomada, também, como mais um ponto de observação da aprendizagem nas análises finais dos produtos. Esse momento inicial de organização e criação da proposta pedagógica a ser assumida pelas partes – professor(a) e alunos(as) – é precioso, porque se estrutura na construção das relações com o conhecimento como uma produção social, coletiva, num processo epistemológico de interestruturação. É nessa ocasião que se sela o vínculo com os processos do ensinar e aprender, e ocorre a construção de espaços favoráveis às reflexões pessoais e críticas. Momentos de debates sobre equívocos, confusões conceituais, erros e acertos e sobre as razões de errar ou confundir, a revisão dos erros e/ou equívocos, sobre arriscar investidas mais ousadas ou sobre os riscos e perigos dessas investidas são oportunidades de antever interfaces e possibilidades numa dimensão exploratória e podem oferecer condições para a própria aprendizagem e/ou para novas aprendizagens, favorecidas pelo processo mesmo de avaliação do que foi aprendido anteriormente. Essas possibilidades reforçam a importância da concepção de avaliação formativa como um processo de produção de conhecimentos sobre a prática pedagógica e o seu potencial formador na confluência das novas apreensões dos conhecimentos para a compreensão da prática social.

Construir coletivamente princípios e combinados ajuda a orientar as ações, assim como os critérios de avaliação e de apresentação dos trabalhos. Tempos e espaços para iniciar e terminar, tamanhos e abrangências das produções, fontes e referências essenciais, pontos de partida e de chegada, condições de que "o(a) professor(a) não abre mão" são aspectos que trazem mais objetividade aos processos de avaliação e mais serenidade à ação de definir conceitos ou notas que podem diferenciar ou classificar as produções.

Considerações finais

A proposta de ensino de sociologia aqui apresentada toma como referência a concepção de produção do conhecimento como um processo social crítico, uma vez que se propõe a desenvolver aprendizagens dos conhecimentos da área das ciências sociais por meio da observação, da percepção crítica, da curiosidade, da pesquisa, do estranhamento e da desnaturalização e do reconhecimento da práxis dos sujeitos em interação. Favorece os processos de reflexão e de escuta de pontos de vista dos(as) próprios(as) estudantes e de seus referenciais prévios de conteúdos, visando à compreensão crítica dos fenômenos vividos e à compreensão contínua de sentidos e significados da vida social.

O diálogo sobre aspectos da realidade exige conhecimentos diversos, que vão além de livros didáticos ou prescrições listadas em programas de ensino. Assim, ao(à) professor(a) cabe a tarefa de situar e contextualizar o(a) estudante na conquista pela organização do seu trabalho, criar momentos coletivos de reflexão sobre a importância do conhecimento sociológico na compreensão da vida social e no compartilhamento de valores, no ambiente social construído e/ou regulado, com base em finalidades expressas e consensuadas previamente. Nesse movimento, o(a) docente contribui também para a visibilidade da importância e do papel do ensino de sociologia na formação crítica dos(as) estudantes do ensino médio, qualificando e consolidando o valor da presença da disciplina de sociologia escolar na educação básica.

Referências

AKOTIRENE, C. *Interseccionalidade*. São Paulo: Pólen, 2019.

BODART, C. N.; PEREIRA, T. I. Breve balanço do subcampo "ensino de Ciências Sociais" no Brasil e o papel da Associação Brasileira de Ensino de Ciências Sociais-Abecs. *Cadernos da Associação Brasileira de Ensino de Ciências Sociais*, Rio de Janeiro, v. 1, n. 1, p. 1-10, jan.-jun. 2017.

BRASIL. Lei n. 9.394, de 20 de dezembro de 1996. Estabelece as diretrizes e bases da educação nacional. *Diário Oficial da União*, Brasília, 20 dez. 1996.

BRASIL. *Parâmetros Curriculares Nacionais para o Ensino Médio*. Parte IV – Ciências humanas e suas tecnologias. Brasília: Ministério da Educação, 2000.

BRASIL. Lei n. 10.639, de 9 de janeiro de 2003. Altera a Lei n. 9.394, de 20 de dezembro de 1996, para estabelecer a obrigatoriedade do ensino sobre história e cultura afro-brasileira. *Diário Oficial da União*, Brasília, 9 jan. 2003.

BRASIL. *Orientações curriculares nacionais para o ensino médio*. Ministério da Educação: Brasília, 2006.

BRASIL. Lei n. 11.645, de 10 de março de 2008. Altera a Lei n. 9.394, de 20 de dezembro de 1996, e a Lei n. 10.639, de 9 de janeiro de 2003, para estabelecer a obrigatoriedade do ensino sobre história e cultura afro-brasileira e indígena. *Diário Oficial da União*, Brasília, 10 mar. 2008a.

BRASIL. Lei n. 11.684, de 2 de junho de 2008. Altera a Lei 9.394, de 20 de dezembro de 1996, que estabelece as diretrizes e bases da educação nacional. *Diário Oficial da União*, Brasília, 2 jun. 2008b.

BRASIL. Lei n. 13.415, de 16 de fevereiro de 2017. Altera a Lei n. 9.394, de 20 de dezembro de 1996, que estabelece as diretrizes e bases da educação nacional, para dispor sobre a organização da educação básica e o ensino médio. *Diário Oficial da União*, Brasília, 17 fev. 2017a.

BRASIL. Lei n. 13.416, de 6 de abril de 2017. Altera a Lei n. 9.394, 20 de dezembro de 1996, que estabelece as diretrizes e bases da educação nacional e dá outras providências. *Diário Oficial da União*, Brasília, 6 abr. 2017b.

COSTA, L. A. O corpo das nuvens: o uso da ficção na psicologia social. *Fractal*: Revista de Psicologia [*online*], Rio de Janeiro, v. 26, n. esp., p. 551-576, 2014. Disponível em: http://www.scielo.br/scielo.php?script=sci_arttext&pid=S1984-02922014000500551&lng=en&nrm=iso. Acesso em: 5 abr. 2024.

DALBEN, A. I. L. F. *Conselhos de classe e avaliação*: perspectivas na gestão pedagógica da escola. Campinas: Papirus, 2004.

GARRISON, K.; MUNDAY, N. K. Toward authentic dialogue: origins of the fishbowl method and implications for writing center work. *Praxis*: A Writing Center Journal, v. 9, n. 1, 2012.

GEERTZ, C. "Um jogo absorvente: sobre a briga de galos balinesa". *In*: GEERTZ, C. *A interpretação das culturas*. Rio de Janeiro: Zahar, 1978. p. 185-213.

LIGEIRO, I. R.; BRITO, J. E. Enfrentando o racismo nas aulas de sociologia. *@rquivo Brasileiro de Educação*, v. 8, n. 17, p. 155-183, 30 nov. 2020.

MIGNOLO, W. D. Colonialidade: o lado mais escuro da modernidade. *Revista Brasileira de Ciências Sociais*, v. 94, n. 32, 2017. Disponível em https://doi.org/10.17666/329402/2017. Acesso em: 15 abr. 2024.

MILLS, C. W. *A imaginação sociológica*. 2. ed. Rio de Janeiro: Zahar, 1969.

MORAES, A. C. Ensino de sociologia: periodização e campanha pela obrigatoriedade. *Cadernos Cedes*, Campinas, v. 31, n. 85, p. 359-382, set.-dez. 2011.

NÓBREGA, J. A. S. Elementos para se pensar sobre a didática da sociologia no ensino médio. *Revista em Debate*, UFSC, Florianópolis, v. 14, p. 101-121, 2015.

NUNES, A. I. B. L; SILVEIRA, R. N. *Psicologia da aprendizagem*: processos, teorias e contextos. Brasília: Liber Livro, 2009.

SALVADOR, C. C. *Aprendizagem escolar e construção do conhecimento*. Porto Alegre: Artes Médicas, 1994.

SCHWEIG, G. R. A etnografia como modo de ensinar e aprender na escola. *Revista da Faeeba*, Salvador, v. 28, p. 136-149, 2019. Disponível em: https://doi.org/10.21879/ faeeba2358-0194.2019.v28.n56.p136-149. Acesso em: 2 abr. 2024.

SCHWEIG, G. R. A narrativa de ficção e o ensino de Ciências Sociais. *Educar em Revista*, [s. l.], v. 36, p. 1-18, 2020. Disponível em: https://doi.org/10.1590/0104-4060.61627. Acesso em: 2 abr. 2024.

VARGAS, F. E. B. *O ensino da sociologia*: dilemas de uma disciplina em busca de reconhecimento. Pelotas: Universidade Federal de Pelotas, 2011. Disponível em: https://wp.ufpel.edu.br/franciscovargas/files/2011/10/ARTIGO-O-Ensino-da-Sociologia.pdf. Acesso em: 23 abr. 2024.

VEIGA, I. P. A.; SILVA, E. F. Para onde vão a didática da educação superior e as didáticas específicas?. *In*: VEIGA, I. P. A.; FERNANDES, R. C. A. (org.). *Por uma didática da educação superior*. Campinas: Autores Associados, 2020.

EIXO TEMÁTICO III

DIDÁTICAS DAS CIÊNCIAS DA NATUREZA E DO MUNDO FÍSICO E SUAS TECNOLOGIAS

CIÊNCIAS DA NATUREZA E SUAS TECNOLOGIAS

9
ENSINO DE QUÍMICA COMO COMPROMISSO CIDADÃO:
OBSTÁCULOS, TENSÕES E POSSIBILIDADES

Claudia Christina Bravo e Sá Carneiro

Introdução

Em uma sociedade de crescentes demandas, com muitas inovações científicas e tecnológicas, novos padrões organizacionais e mudanças laborais emergem. Mudanças que afetam, sobremaneira, o mundo social, incluindo educação e escola. Há sinais de que o mundo passa por uma crise educacional. São claras as indicações da falta de sentido nos conteúdos trabalhados em sala de aula, havendo uma aceitação passiva dos alunos do que é transmitido pelo professor, pois há ausência da devida contextualização da matéria a ser trabalhada e não é enfatizada sua importância para a vida em sociedade, além de outros importantes fatores do cotidiano escolar (Fourez, 2003).

Deve ser percebido que o compromisso da escola, além de preparar o aluno para compreender os conhecimentos científicos gerados, está em considerar as dimensões culturais, políticas e sociais do ensino, visando a práticas democráticas e emancipatórias, ou seja, um compromisso que deve ter como finalidade uma educação para a cidadania.

Fato reconhecido é a importância da ciência, particularmente da química, uma vez que se interpõe como elemento facilitador do entendimento dos fenômenos, proporcionando uma melhor interação do indivíduo com o mundo e o meio social. O conhecimento da química básica deve seguir determinados critérios de escolha para que se transforme em conteúdos de ensino. Associado a outros conhecimentos científicos, pode auxiliar na compreensão de fenômenos mais complexos que interferem na vida social, como a ação humana na degradação ambiental, a toxicidade de substâncias, entre outros. Mas... *porque as pessoas acham tão difícil aprender química?*

Conceitos químicos são históricos, muitos provenientes de estudos remotos, embora o ensino de tais conceitos seja tratado de modo a-histórico, levando à superficialidade da sua compreensão. O ensino da química deve ter como norte a relevância social, pois se insere num patamar social, político, histórico e cultural e seu progresso está intimamente relacionado à cidadania participativa. Devemos, minimamente, angariar uma cultura científica química básica, que nos permita ser coparticipantes de resoluções e decisões, refletindo de modo crítico.

A educação em ciências-química está associada ao desenvolvimento científico de um país, e as mudanças das diretrizes de ensino e aprendizagem são dependentes das orientações da construção científica desenvolvidas nos seus contextos. No entanto, as razões para o fracasso escolar observado em geral estão vinculadas à formação inadequada de professores, ao desinteresse e a condições sociais dos discentes, à falta de políticas públicas comprometidas, entre outros.

É necessário, então, entender os obstáculos e as tensões que têm cerceado o desenvolvimento a contento do ensino de química. É importante a percepção de que há ingenuidade acerca do ato de ensinar, de que ensinar é fácil, bastando conhecer um pouco de conteúdo e aplicar alguns métodos e técnicas de ensino. É preciso que novos modos de ensinar e aprender sejam desenvolvidos, percebendo o papel do professor, do aluno e da sociedade, repensando conteúdos, metodologias, técnicas, materiais de apoio, novas maneiras de utilizar a experimentação na construção de conceitos, questionar, criticar, refletir, entre outros aspectos. São problemas a serem enfrentados pela didática das ciências-química ou em sua construção e estruturação.

Didática das ciências: Química

A trajetória da didática se iniciou nos primórdios do século XVII, com João Amós Comênio (1592-1670), ao editar seu livro *Didática magna*. Considerado o "pai da pedagogia", Comênio afirmou que a didática era "a arte universal de ensinar tudo a todos" (Comenius, 2006, p. 13). Comênio, em uma visão proativa, ao perceber que certos conhecimentos deveriam ser trabalhados de maneira especial, por exigirem, em sua essência, mecanismos diferentes de abordagem, dividiu a didática em didática geral e didática especial.

Mesmo não se dedicando especificamente ao ensino da ciência, Comênio propôs uma didática especial para ela, sugerindo estratégias que valorizam a experimentação e a observação, utilizando modelos, estimulando a motivação, a curiosidade e a criatividade. Os estudos acerca da didática das ciências e o desenvolvimento de pesquisas se devem, de acordo com Moreira e Greca (2003), aos trabalhos de Driver (1973) e Viennot (1979), que abordavam "concepções alternativas".

Pesquisas têm mostrado a importância das didáticas específicas para facilitar a articulação dos conhecimentos e para ocorrer a integração com a prática docente, possibilitando um norte ao professor, direcionando sua ação e lhe fornecendo subsídios para que reflita criticamente sobre sua atuação. Veiga e Silva (2020) esclarecem que as práticas do ensino de didática têm características e enfoques diferenciados, ocasionados pelas influências das diferentes abordagens teóricas e metodológicas das ideias pedagógicas dos momentos históricos. Assim, "é possível falar de enfoques teóricos múltiplos como influências nas práticas docentes" (*ibid.*, p. 47).

Reconhecer a didática como essencial para a formação do docente nas licenciaturas, por exemplo, representa compreender experiências e conhecimentos que constroem o saber docente. Uma formação docente significativa deve observar as particularidades dos dois ângulos da didática: a geral, que, de acordo com Marques e Pimenta (2015), aborda aspectos fundamentais do ensino, o que inclui a relação entre professor e alunos, a elaboração de projeto político-pedagógico, o planejamento de aulas, currículo, avaliação e outros, e a didática específica, em que diferentes epistemologias de cada ciência se fazem presentes, requerendo maneiras particulares de ensino.

A didática específica tem, portanto, uma tarefa teórica ligada à investigação, exigindo o replanejamento embasado na teoria e na prática, na epistemologia, na metodologia e na interdisciplinaridade. Para Veiga e Silva (2020), a construção de uma didática específica surge de relações, discussões, consensos e dissensos e de problematizações entre alunos e professores.

No Brasil, com cerca de 60 anos, a comunidade dos educadores químicos começou a se tornar mais consistente, fazendo proliferar comunicações e estudos sobre o assunto. A consolidação dos referenciais teóricos específicos do novo campo de conhecimento, segundo Cachapuz *et al.* (2005), associa-se à existência de uma problemática relevante, interessante e que justifique o seu estudo, ao caráter específico dessa problemática, ao contexto sociocultural e aos recursos humanos e às condições externas. Para os autores, tais condições se impõem na didática das ciências, sendo as razões da emergência dessa didática como campo específico de conhecimento.

A didática das ciências nas últimas décadas tem apresentado progresso em suas linhas de investigação, com desafios e perspectivas amplos. Estudos e pesquisas ainda se mostram minimalistas na parte instrumental ou metódica da pedagogia, de acordo com Torres e Badillo

(2007), reduzindo-a à operacionalidade, considerando o professor como um "operário do sistema educativo", um fato limitante.

Na sua especificidade, a didática das ciências tem objetivos que dependem das tendências pedagógicas vivenciadas em períodos variáveis. Nos anos 1960 e 1970, as indicações eram de um ensino de base tecnicista, com ênfase na experimentação, mitificação do método científico, concepção empirista de ciência e presença da psicologia comportamental. Nos anos 1980, a ciência como construção humana era o foco, com ênfase na aprendizagem. O aluno seria o construtor do conhecimento, fazendo surgir o movimento das concepções alternativas, com o ensino e a aprendizagem baseados no construtivismo. Na década de 1990, a crítica à abordagem construtivista piagetiana incorporou o sociointeracionismo, com a negociação social de significados na sala de aula sendo fundamental para a construção do conhecimento científico.

Atualmente, não é identificada uma tendência pedagógica única, embora sejam percebidos certos destaques, como o de que as ideias dos alunos devem ser reconhecidas e valorizadas para a construção de conceitos significativos, considerando o contexto histórico, cultural e social para um ensino e aprendizagem de ciências que contribua para a compreensão da natureza da ciência e permita sua articulação com os demais saberes.

As ciências, em geral, têm sido apresentadas aos alunos como teorias e verdades absolutas e inquestionáveis, levando ao desinteresse e à passividade em sala de aula. Mas aprender ciências, segundo Pozo e Crespo (2009, p. 21), deve ser "um exercício de comparar e diferenciar modelos, não de adquirir saberes absolutos e verdadeiros".

A forma como os conteúdos são trabalhados dificulta a compreensão dos conceitos, levando a problemas para o ensino e a aprendizagem. A aprendizagem de muitos conceitos científicos, de acordo com Cachapuz (2012), é um problema conhecido, indo além da complexidade, pois envolve pensar contra o senso comum. Alternativas melhores devem ser encontradas, para que ultrapassem a simples descrição fenomenológica. Muitas vezes, abordagens aligeiradas conduzem à aprendizagem superficial, à memorização, com fácil esquecimento do conceito trabalhado, pois não há relação dos conteúdos com a realidade vivida pelo aluno.

Tem sido percebido ao longo dos anos que, no ensino das ciências-química, são enormes as discrepâncias acerca da natureza da ciência, conduzindo ao fracasso escolar e ao rechaço de estudantes em estudar a matéria. Como fato, um grande obstáculo reside nas limitações da educação científica-química baseada na simples transmissão do conhecimento, evidenciando concepções epistemológicas inapropriadas.

Cachapuz et al. (2005) discutem, em sua obra *A necessária renovação do ensino de ciências*, o papel da epistemologia na didática das ciências e na formação docente e apontam as diversas deformações existentes, que conduzem, no seu conjunto, à imagem ingênua e distante do que é a construção do conhecimento científico.

Entre as deformações apontadas está a "visão descontextualizada", neutra socialmente e que esquece o impacto social da atividade científica, ou seja, ignora a complexidade das relações entre ciência, tecnologia, sociedade e ambiente. Outra deformação apontada pelos autores diz respeito à "concepção individualista e elitista" do conhecimento científico, que surge como obra de gênios isolados, rechaçando o papel do trabalho coletivo, tratando o trabalho científico como domínio de poucas minorias, e até discriminando a natureza social e sexual. Os autores mencionam, também, como deformação, a "concepção empírico-indutivista e a-teórica", que defende o papel da observação e da experimentação neutras, sem considerar hipóteses e teorias disponíveis como orientadoras do processo.

A deformação "visão rígida, algorítmica, infalível" relaciona-se à utilização do método científico como norte, com etapas definidas, rigorosas e resultados exatos e infalíveis. Indica também visão aproblemática e a-histórica, ignorando os problemas a serem resolvidos, a evolução dos conhecimentos, as dificuldades, os obstáculos epistemológicos, limitações e perspectivas, apresentando conhecimentos já elaborados.

São assinaladas mais duas deformações: "visão exclusivamente analítica", associada à incorreta apreciação da análise no processo da ciência, que muitas vezes utiliza meios de simplificação dos tratamentos analíticos, mas realizados de modo consciente, pois é necessária a síntese e estudos bem complexos, e, finalmente, a "visão cumulativa, de crescimento linear", que consiste em abordar o conhecimento científico como resultante de um crescimento linear e acumulativo, sem considerar as crises e a reformulação provenientes dos processos complexos do desenvolvimento científico.

Tais deformações têm sido recorrentes, refletidas na docência e se tornam socialmente aceitas, necessitando ser superadas, a fim de despertar uma educação científica-química interessante aos estudantes e lhes facilitar uma cultura científica.

Há, então, uma característica indelével da didática das ciências, subsidiada por Cachapuz *et al.* (2005), sua natureza epistemológica, que aponta a necessidade de a ciência ter os conhecimentos epistemológicos como apoio para a construção do conhecimento. Assim, a base teórica da didática das ciências, ao se apoiar na epistemologia, permite inovações, incentivo à pesquisa e promoção de uma didática coerente nas escolas.

Como área em permanente construção, a didática das ciências-química tem uma relação de complementariedade com a didática geral. Embasada em Veiga e Silva (2020), trata-se de um processo em construção que conecta o campo epistemológico e metodológico, em que conhecimento científico e metodologias são interdependentes. "O que ensinar" e "como ensinar" se expõem como elementos estruturantes do processo didático, indicando que não é bastante o domínio da matéria a ser ensinada, é necessária a integração da didática geral à didática das ciências-química.

Aprender e ensinar ciências-química: Alguns pressupostos

Na atual sociedade da informação, cumpre à escola dotar o aluno de meios plausíveis de processar o volume de informações, possibilitando-lhe acessá-las, filtrá-las, dar-lhes sentido, para proporcionar capacidades de aprendizagem, a fim de assimilá-las reflexiva e criticamente. A especificidade de determinada matéria escolar deixa de ter protagonismo, deixando à escola a tarefa de formar cidadãos mais autônomos, flexíveis e capazes de serem aprendizes contínuos.

Assim, reflexões afloram acerca do ensino e da aprendizagem da química como coadjuvante na formação cidadã. Qual química a ser ensinada, para quem ensinar, para que ensinar norteiam o trabalho docente e as pesquisas na didática da química. O objeto de ensino não é imutável, pois questionamentos acerca das razões, das finalidades, do contexto, do momento histórico não permitem um foco exclusivo no "como" ensinar.

Como ciência, a química se insere em paradigmas bem delineados, fazendo uso de linguagem própria no seu processo de divulgação, embora certas polêmicas se estabeleçam, principalmente as relações ciência-química/tecnologia/sociedade/ambiente.

Modos de aprender e de ensinar estão ligados à cultura, sofrendo modificações à medida que a educação evolui. Cada revolução cultural traz novos modos de abordagem, podendo-se citar no contexto atual as novas tecnologias da informação, que, atreladas a outras transformações culturais e sociais, trazem outro tipo de aprendizagem.

Para Cachapuz *et al.* (2005), o uso das tecnologias da informação no ensino e aprendizagem é plenamente justificado, pois o objetivo básico da educação é formar cidadãos em uma sociedade plural, democrática e avançada tecnologicamente. As tecnologias estão presentes e ocupam papel importante na construção da cidadania participativa e na vida social, indicando que a inclusão digital é uma necessidade. Mas as novas tecnologias não podem ser consideradas uma tendência transformadora no ensino das ciências-química. Seu emprego deve ser refletido criticamente, buscando novas perspectivas, compreendendo a complexidade da relação entre as transformações científicas e tecnológicas e a educação científica-química.

Um currículo de química deve proporcionar a aquisição de valores relativos à natureza da química, às implicações no mundo social e aos seus problemas cotidianos, possibilitando resoluções. O saber disciplinar não pode ser o único a ser aprendido; há que se considerar o tipo de aluno a ser ensinado e as demandas sociais e educacionais.

Pozo e Crespo (2009) se debruçaram sobre a análise de metas de aprendizagem das ciências estabelecidas por Jiménez e Sanmartí (1997), correlacionadas à aprendizagem de conceitos e construção de modelos, à capacidade cognitiva e ao raciocínio científico e à capacidade de experimentar e de resolver problemas, desenvolver atitudes e valores e construir uma imagem da ciência. Visualizaram, então, três tipos de conteúdo envolvidos no ensino e na aprendizagem de ciências e que são correspondentes às dificuldades de aprendizagem: *conceituais*, *procedimentais* e *atitudinais*.

Para os autores, "aprender conceitos e construir modelos" transitam entre superar as dificuldades de compreensão, envolvendo trabalhar os *conteúdos conceituais* mais simples, como fatos e dados, até os disciplinares e, finalmente, poder conceber os princípios estruturais das ciências. O modo mais fácil de aprender fatos científicos é compreendendo-os, denotando a complexidade de ensinar conceitos.

Para que as metas relativas à "capacidade cognitiva e de raciocínio lógico" e de "experimentar e resolver problemas" sejam alcançadas, *conteúdos procedimentais* devem ter relevância, objetivando transmitir ao educando os saberes científicos e torná-lo partícipe da própria construção e apropriação do conhecimento, o que também inclui superar limitações de aprendizagem como técnicas ou destrezas, bem como estratégias de pensamento e de aprendizagem.

O desenvolvimento de atitudes e valores, para Pozo e Crespo (2009), exige o reconhecimento dos *conteúdos atitudinais* como parte construtiva do ensino de ciências, estabelecendo normas que norteiem condutas e valores que as regulem, bem como valores mais amplos, que possibilitem a sustentação e a interiorização dos alunos nesses modos de se comportar e de se aproximar do conhecimento.

Finalmente, os autores se debruçam sobre a meta "promover uma imagem da ciência", considerada como transversal a todos os outros conceitos, auxiliando os alunos a identificar as características do conhecimento científico e a diferenciar e estabelecer um juízo de valores do saber em relação aos outros discursos sociais.

Aprender química, para Pozo e Crespo (2009), vai além do domínio da linguagem e de procedimentos químicos; envolve dominar a lógica e os procedimentos de aprendizagem, buscando e incorporando informações, interpretando-as, entendendo significados e sua estrutura, possibilitando a capacidade de compreender e fornecer explicações plausíveis. Para tal, portanto, trabalhar os três tipos de conteúdo – *conceituais, atitudinais* e *procedimentais* – pode ser um caminho possível de construção do conhecimento químico.

As construções teóricas da química não são decorrentes da observação pura. O aluno necessita do professor como mediador para que as ideias sejam introduzidas. A diversidade de teorias e modelos explicativos para o ensino da química possibilitará a interpretação e as previsões dos fenômenos. Para Arnoni (2012), a relação pedagógica entre professor e aluno em sala de aula tem como questão-chave a mediação, sendo considerada como uma premissa do trabalho pedagógico.

Schnetzler (2010) afirma, por seu lado, que a atividade docente não pode ser restrita à simples aplicação de teorias, métodos, procedimentos e regras, pois a prática profissional tem por características a incerteza, a singularidade, o conflito de valores, a complexidade, um indicativo de que as práticas merecem ser investigadas e melhoradas.

Hodson (1992) expõe que o "como ensinar" deve ser coerente internamente, dado que uma atividade de ensino deve se apoiar nas restantes, para que se torne um corpo de conhecimentos integrados. Por outro lado, a aprendizagem significativa do conhecimento científico necessita que o aluno participe da reconstrução do conhecimento, e não de forma pronta, elaborada.

O "como ensinar", segundo Carvalho (2004), relaciona-se ao "papel do professor" e aos "principais problemas de sua formação". Não basta o professor "saber", deve "saber fazer", criar ambientes propícios para a reflexão sobre os pensamentos e os reformular, mediando os conflitos pelo diálogo e pela tomada de decisões. É necessário saber construir atividades inovadoras e saber dirigir os trabalhos discentes, uma tarefa mais difícil do que planejar a atividade, segundo a autora. Os conceitos espontâneos do aluno ao chegar em sala de aula influenciam o entendimento de conceitos. Sem que haja reflexão e crítica, não há renovação do ensino.

Professores de química, por exemplo, formados adequadamente, devem aliar teoria e prática, ação e reflexão. Todo o processo formativo deve se embasar na reflexão tanto do formando quanto do formador, com o saber docente se fundamentando na *práxis* (movimento de ação-reflexão-ação), rompendo modelos estagnados, mecanicistas, procurando a autonomia e a emancipação, de acordo com Ghedin (2002).

Nesse sentido, a pesquisa sobre a própria prática surge como coadjuvante do processo reflexivo, considerando que a pesquisa e o ensino envolvem concepções de educação e auxiliam no comprometimento com o social. Segundo Maldaner (2003), um professor-pesquisador tem a capacidade de criar e recriar a sua profissão no contexto de sua prática, o que implica transformações em suas concepções e práticas. Estudos indicam a necessidade da pesquisa educacional pelo professor em sua prática cotidiana, numa atitude de reflexão sobre a própria prática para achar saídas para os problemas cotidianos. Concordo com Maldaner (2003) que é importante que a formação do professor de ciências-química se articule com a pesquisa. Trata-se de um modo, segundo o autor, de provocar transformações nas concepções e práticas da ação docente.

A análise, a reflexão crítica e colaborativa, parece, portanto, ser o caminho para que professores busquem novas práticas, de acordo com os contextos em que estão inseridos, que provoquem transformações no ensino e na aprendizagem de química e que permitam a formação cidadã e emancipatória. O envolvimento profundo de todos, alunos, licenciandos, professores das escolas, direções e comunidade, se torna primordial.

A ideia de que ensinar é fácil, de que basta saber o conteúdo e utilizar algumas técnicas pedagógicas deve ser rechaçada, porque, em geral, conduz à adoção de aulas baseadas na transmissão-recepção. Reiterando, aliado ao saber, está o saber fazer, com um vasto elenco de necessidades, como conhecer conceitos, história da ciência, interações de ciência, tecnologia, sociedade e ambiente, desenvolvimentos científicos recentes, seleção de conteúdos adequados, orientações metodológicas etc. Um ponto crítico, segundo Carvalho e Pérez (2011), é que os professores são pouco familiarizados com as contribuições da pesquisa e das inovações didáticas. Compreender a aprendizagem como construção significa participar do processo complexo da construção dos conhecimentos existentes, mediando-os pelo incentivo à pesquisa e a outros mecanismos, conjuntamente com os sujeitos que aprendem.

Ensino e aprendizagem das ciências-química: Termos recorrentes

Pelo exposto até o momento, e ao explorar a literatura sobre a didática e a didática das ciências-química, certos termos ou expressões se sobressaem, além do ensino-aprendizagem e da pesquisa: *educação para a cidadania*, *motivação*, *modelos explicativos*, *experimentação*, *avaliação da aprendizagem*, entre outros. São aspectos que merecem ser ressaltados para que haja o entendimento da importância da educação em ciência-química e de suas metas.

Quando é colocada em pauta, por exemplo, a *educação para a cidadania*, deve ficar evidente que educar para a cidadania não se resume a propor novas teorias ou novos modos de ensinar; é necessário que haja reflexão do pensamento voltado para a formação do sujeito que constrói sua subjetividade e se emancipa. O avanço científico e tecnológico tem forte dependência em relação à química, que engloba desde a utilização de produtos até sua influência no desenvolvimento da sociedade, nos problemas relativos ao ambiente, seus efeitos e busca de soluções. Para o exercício da cidadania, o sujeito deve fazer um julgamento crítico e político, precisa não só ter a compreensão da química como também da sociedade em que está inserido.

O ensino, em tais circunstâncias, não pode ser restrito à questão contextual, a uma discussão puramente ideológica, nem tampouco ao estudo de conceitos químicos e descontextualizados. Tais dimensões devem ser contempladas em um todo simbiótico.

Considerando que a contextualização do ensino e a educação ambiental têm sido constantemente abordadas em trabalhos científicos, percebe-se que a educação brasileira tem se voltado para o ensino contextualizado com ênfase no cotidiano. Porém, a abordagem contextualizada tem sido discutida e criticada por suas intencionalidades se direcionarem, principalmente, à preparação para a inserção no mundo produtivo.

Deve-se considerar, tomando as ideias de Reigota (2014) como base, que a educação ambiental é uma educação política, que busca formar um cidadão em sua essência, um cidadão que procura a liberdade, a autonomia e a intervenção, superando mecanismos de controle e de dominação.

A presença da química no cotidiano das pessoas é justificativa para o indivíduo aprender química. Educar para a cidadania considera o que é denominado demanda ambiental no ensino de ciências-química, o que implica compreender o contexto em termos de uma educação moral, fundamentada em valores éticos, que nortearão o comportamento dos alunos e lhes permitirão discutir criticamente, discernir e tomar decisões acerca de problemas voltados à coletividade.

Outro ponto interessante, que se insere na cultura da educação científica-química, está relacionado à *motivação* de aprender ciências-química. Segundo Pozo e Crespo, (2009), os alunos não aprendem porque falta motivação, e não estão motivados porque não aprendem. Os autores defendem que a motivação depende de como o aluno está aprendendo, do tipo de atividades de ensino e aprendizagem em que está envolvido. Portanto, a desmotivação de alunos em aprender química se relaciona com as abordagens, metodologias e estratégias pedagógicas em sala de aula.

Para os autores, a motivação é um processo de mudança de atitudes, no emprego de estratégias didáticas baseadas em centros de interesse, de trabalho cooperativo, no desenvolvimento da autonomia, na participação ativa, na interação social em sala de aula. Aguçar a curiosidade do aluno é fato de grande importância, devendo ser utilizadas estratégias que despertem o interesse, com a compreensão da relevância do conteúdo a ser trabalhado.

As diferenças entre as teorias implícitas dos alunos, os saberes do senso comum e as teorias a serem ensinadas devem ser consideradas, estabelecendo relações entre o conhecimento cotidiano e o conhecimento científico. Para Pozo e Crespo (2009), há diferenças epistemológicas, ontológicas e conceituais entre as teorias implícitas dos alunos e as teorias científicas, e superá-las deve ser meta essencial de aprender ciência.

O objetivo de uma aprendizagem significativa reside na interação entre os materiais de aprendizagem, como textos, explicações, experiências etc., e os conhecimentos preexistentes dos alunos, ativados para que tenham sentido, trazendo à tona novos conhecimentos. Não é possível alcançar o conhecimento verdadeiro, que reproduza o mundo real na sua essência. Modelos cada vez mais complexos é que podem prever, explicar e simular as estruturas e os fenômenos do mundo.

Surge, então, outro ponto muito enfatizado na educação científica-química, a utilização de *modelos explicativos*. Um aluno, ao interpretar uma informação científica, após a aquisição da informação, deve codificá-la e interpretá-la, daí a utilização de modelos teóricos. Interpretar informações consiste em utilizar modelos, como o modelo atômico, a lei da gravidade, por exemplo, de maneira a procurar exemplos, explicações e aplicações dos modelos, levando o aluno a refletir sobre seus conhecimentos.

Justi (2010) define modelo como uma representação parcial, significando que não é real, não é cópia do real e tem limite. Para a autora, no contexto científico, é importante reconhecer que objetos representados podem não estar presentes no mundo real. Modelos, além de objetos, podem representar processos e ideias. Um modelo elaborado é concebido pela mente humana, não estando pronto na natureza.

A autora expõe, utilizando a classificação de Francoeur e Vosniadou, os objetivos de um modelo na química:

[...] simplificar entidades complexas de forma a: favorecer a comunicação de ideias; facilitar a visualização de entidades abstratas; fundamentar a proposição e a interpretação de experimentos sobre a realidade; e fundamentar a elaboração de *explicações* sobre a realidade; *questões* sobre a realidade, sobre as teorias a ela relacionadas e sobre a realidade e teorias se relacionam a *previsões* sobre o comportamento da realidade em diferentes contextos (*apud* Justi, 2010, p. 212).

O ensino da química está situado em nível mais abstrato, um obstáculo para a aprendizagem, sendo importante que o aluno entenda que a realidade pode ser modelada por meio de representações, compreendendo suas vantagens e limitações nos diferentes contextos, considerando sempre que o principal objetivo do emprego de modelos de ensino é o de facilitar a construção do conhecimento científico-químico.

Deve ficar claro que nenhum modelo é igual à realidade, bem como nenhuma teoria é completa. Ou, como bem pontuam Pozo e Crespo (2009, p. 113),

[...] por mais rigor que se tenha, na ciência nunca se alcança o conhecimento verdadeiro no sentido de que reproduza exatamente o mundo real. O que teremos são modelos cada vez mais complexos e potentes para prever, explicar e simular a estrutura do mundo.

Outro expoente no ensino de ciências-química é a *experimentação*, a começar pelo *slogan* "química: uma ciência experimental". Seu papel no ensino de ciências-química como estratégia de ensino se deu, segundo Silva, Machado e Tunes (2010), de forma significativa, somente a partir da década de 1950.

No entanto, a experimentação não pode ser uma simples demonstração ou a utilização de um método experimental único. Observar, elaborar problemas, elaborar hipóteses, fazer procedimentos experimentais, comparar teorias validadas, estar aberto ao surgimento de novas ideias são etapas importantes. A transitoriedade das explicações científicas-químicas demonstra, claramente, que são verdades transitórias, implicando que novas teorias surgem para a explicação de novos fenômenos, daí a relação teoria e experimentação. Teorias são provisórias, são construções humanas, históricas, processuais, limitadas e bem complexas.

A experimentação no ensino de química é uma atividade que possibilita articular fenômenos e teorias. Teorias, por seu lado, têm a capacidade de explorar determinados fenômenos, podendo potencialmente explicar outros fenômenos análogos, o que indica seu grau de generalização. Deve ser esclarecido, no entanto, que a experimentação não tem a capacidade de provar uma teoria; tem como finalidade formar e desenvolver o pensamento analítico, por meio de orientação e mediação.

Para Silva e Zanon (2000), a prevalência de uma visão empirista-indutivista, de que a ciência está na realidade esperando ser descoberta, antepõe-se fortemente no contexto escolar. A visão de uma ciência neutra, objetiva, linear, quantitativa, cumulativa e empírica indica um modelo de ensino baseado na transmissão e recepção de conceitos imutáveis, tendo como reflexo o sujeito passivo, reprodutor. Assim, fatos e fenômenos explorados em sala de aula não podem ser baseados na observação empírica, considerando um método científico rígido. Devem se basear na problematização, na conceitualização, na tematização. As discussões, a reflexão crítica, os saberes do cotidiano dos alunos são primordiais; as articulações devem ser dinâmicas, abrangendo, segundo Silva e Zanon (2000), três níveis de conhecimento: fenomenológico ou empírico, teórico ou de modelos, representacional ou da linguagem.

Concordando com Mortimer, Machado e Romanelli (2000), as três dimensões – fenômeno, teoria e linguagem – são elementos que devem estar presentes, pois a produção do conhecimento científico provém da relação dinâmica e dialética entre experimento e teoria, pensamento e realidade, mediados pela linguagem. Não é possível esquecer a dinâmica da atividade científica, sua provisoriedade.

Não é possível haver uma visão pedagógica reducionista, que despreza a experimentação com suas características, que envolvem a mediação dos conceitos científicos com base em articulações entre o concreto e o abstrato, por meio de problematizações, discussões, articulação entre teoria e prática, reflexões críticas, tomadas de decisões, a fim de transcender o conhecimento fenomenológico e o cotidiano. Por outro lado, a experimentação, quando utilizada adequadamente, pode facilitar a aprendizagem dos conceitos, despertar o interesse dos alunos e suscitar sua capacidade investigativa. No entanto, é comum nos depararmos com a falta de laboratórios, principalmente nas escolas públicas, atrelada à formação docente não apropriada.

Pode-se considerar, porém, que o uso de tecnologias da informação e da comunicação como agentes facilitadoras do ensino e da aprendizagem pode constituir uma ferramenta interessante, desde que com uma aplicação bem planejada, chamando atenção para as visões simplistas de que o uso das tecnologias é a única possibilidade de mudanças no ensino e na aprendizagem.

No âmago da complexidade discutida até o momento, surge a necessidade de uma *avaliação de aprendizagem* que esteja vinculada ao fato de que a prática pedagógica está baseada na concepção dialética da construção do conhecimento científico. Crítica e reflexão são protagonistas importantes no ensino e aprendizagem. A avaliação na dinâmica criativa tem o aluno como protagonista, participante ativo. A avaliação, então, deve ser permanente e renovada constantemente.

Silva e Moradillo (2002, p. 35), autores que discutem o aprender, afirmam que "é necessário proceder à análise das informações de modo a elaborar a crítica da aprendizagem e do ensino praticado, pois, se o ensino não assegura a aprendizagem, tem como função facilitá-la". A ação avaliativa, portanto, deve ser protagonista do processo, sendo alvo de autoavaliação.

O professor avaliador deve ser diferenciado daquele que faz provas e dá notas. Informações relevantes devem fazer parte do processo, obtidas por vários instrumentos, identificando falhas, fragilidades, sucessos, colhendo elementos relacionados à ação dos alunos, analisando e refletindo. Avaliar é ato complexo e necessário, sendo importante a busca de alternativas para uma ação avaliativa significativa.

Considerando possibilidades e finalizando

As dificuldades de ensino e aprendizagem de ciências-química são desafiadoras, pois exigem de alunos e docentes a capacidade de imaginar e de pensar logicamente para a compreensão de seus conceitos complexos e abstratos. Os aspectos discutidos indicam a complexidade da construção de uma didática das ciências-química, cuja pretensão seja a de encontrar um equilíbrio entre os componentes curriculares, adequando metas, métodos e conteúdos, reduzindo os obstáculos e frustrações de docentes e discentes. A didática das ciências-química tem como expressão a relação intrínseca entre teoria e prática, e seus saberes precisam ser dominados.

As tensões e obstáculos são diversificados, como a carência de professores de química nas escolas, uma realidade preocupante. O número de professores da área não tem suprido a demanda, materializando-se em baixos salários, contratações temporárias, capacitações aligeiradas, falta de tempo para planejamento e elaboração das aulas, falta de trabalho cooperativo, falta de políticas públicas adequadas de formação docente, reformas impostas e não participativas etc.

As pesquisas em didática das ciências têm questionado o ensino e aprendizagem de ciências-química, com críticas quanto à formação docente tradicional, entre outras. Há praticamente consenso de que os cursos de formação de professores não conseguem responder às necessidades. Os cursos de licenciatura têm se mostrado pouco eficientes em proporcionar uma visão mais ampla da atividade docente.

Schnetzler (1998), portanto na década de 1990, já apontava alguns pontos que mereciam ser enfatizados e que se relacionam às concepções dos professores acerca da finalidade da ciência, de seus métodos, da relação ciência/tecnologia/sociedade/ambiente, das metodologias e da construção do conhecimento científico. Pontos que reiteram as críticas ao modelo tradicional de formação inicial.

Nesse sentido, Schnetzler (2000) reporta que a formação docente está distanciada da realidade da escola, principalmente a pública, levando as instituições formadoras a assumirem um modelo formativo acrítico.

Veiga (2009), por seu lado, afirma que a formação do professor se desenvolve da perspectiva da educação crítica e emancipatória. Sendo a educação uma prática social e um processo lógico de emancipação, as propostas formativas devem ser capazes de contribuir para o desenvolvimento de uma educação de qualidade para todos.

Conforme Pereira (2000), entre os grandes problemas das licenciaturas, estão a separação entre as disciplinas da área disciplinar de referência para a matéria de ensino e as de formação pedagógica, a dicotomia bacharelado-licenciatura e a desarticulação entre a formação acadêmica e a realidade das escolas. Chaves e Terrazzan (2016) reiteram que, para a construção da competência pedagógica, os saberes docentes relativos ao ensino da matéria se devem ao conhecimento do conteúdo da matéria a ser ensinada e ao conhecimento pedagógico e didático relativo a como ensinar.

Por outro lado, saberes acadêmicos, saberes de experiência, rotinas e teorias explícitas, que remetem à explicação dos porquês das crenças e ações dos professores, segundo Porlán, Rivero e Martín del Pozo (1997, 1998), fazem parte do conhecimento profissional verdadeiro do professor – saberes esses que explicam a dificuldade de construir o saber coerente das demandas da atividade profissional. Desse modo, o conhecimento profissional real influencia a maneira de interpretar e atuar na sala de aula.

Sem dúvida, são muitos os estudos que abordam os desafios e perspectivas das licenciaturas na busca de uma profissionalização docente adequada, mas que mostram uma trajetória irregular de propostas formativas diferentes a cada mudança de governo. Atualmente, nova proposta de mudanças está em discussão e, embora com modificações, merece reflexão mais acurada para que se torne mais coerente e eficaz.

Enquanto as unidades específicas não assumirem como responsabilidade própria a participação na formação de professores, as unidades de educação terão de arcar com essa deficiência. Uma reestruturação das relações de poder presentes na licenciatura deve ocorrer, pela colaboração mútua entre as unidades específicas e de educação.

É preciso ter em mente que a coletividade desempenha papel importante no processo formativo do professor, um mecanismo que auxilia na construção da identidade docente, que, na concepção de Nóvoa (1992, p. 34), "é um lugar de lutas e conflitos, é um espaço de construção de maneiras de ser e estar na profissão".

As lacunas da formação inicial podem ser preenchidas por intermédio da formação continuada, o que demanda esforços de vários setores, e, com pequenas adaptações, essas mudanças devem ser mais profundas e duradouras. Também, ações coletivas no planejar, executar, acompanhar e avaliar são estratégias a serem utilizadas por grupos de professores, para transcender a ação puramente disciplinar, permitindo uma organização interdisciplinar, fugindo da linearidade, fazendo vicejar novos espaços de pesquisa, de formação e de prática.

A formação de grupos de estudos e pesquisas pode ser uma estratégia interessante a ser encorajada, fomentando leituras, atualizações do mundo acadêmico, incentivando pesquisas na área da educação química e outros aspectos. Um exemplo é o papel do Grupo de Estudos e Pesquisa em Ensino de Ciências (Gepenci), do qual sou uma das líderes, que atua como fomentador da formação de docentes devidamente engajados na educação em ciências em geral (Carneiro *et al.*, 2022).

O Gepenci considera a importância da comunicação, socialização e divulgação do conhecimento científico, bem como a de subsidiar ações de formação continuada, diversificando-as para alcançar professores da escola básica por meio de projetos de extensão, considerando que a extensão não está dissociada do ensino e da pesquisa e associa os saberes gerados pelas instituições de educação superior e a sociedade.

Um dos projetos em ação do Gepenci desde 2018, aprovado pela pró-reitoria de extensão da Universidade Federal do Ceará, foi intitulado "Educação científica em diversos contextos: uma integração teórico-prática" (Silva *et al.*, 2022). Esse projeto tem estabelecido parcerias com a prefeitura de Fortaleza, oportunizando uma formação diferenciada para professores da área de ciências, com encontros formativos em espaços não formais e discussões acerca de temas de interesse.

Conforme o exposto, entre as possibilidades de melhorias para a educação científica-química, podem-se sugerir: aprimorar a formação inicial e continuada dos professores, estimulando o trabalho coletivo; repensar os currículos de formação inicial; incentivar a pesquisa em educação científica-química; propiciar espaços de reflexão institucional, incentivando o planejamento flexível e com mais autonomia de decisão e ação; formar grupos de estudos e pesquisa; firmar parcerias efetivas entre instituições de educação superior e escolas da educação básica; incentivar e organizar meios de formação de professores formadores.

A didática das ciências envolve, nas tramas da didática, um processo abrangente e significativo. Ensinar, aprender, pesquisar, avaliar e divulgar o conhecimento científico indicam que problemas devem ter resoluções plausíveis, que os alunos devem se tornar sujeitos autônomos, para agir de modo cognitivo em ações de experimentação, com crítica e reflexão.

A construção de uma didática específica depende da conexão entre o epistemológico e o pedagógico, na unificação entre o conhecimento científico-químico e o conhecimento das disciplinas pedagógicas. Uma construção proveniente de discussões, consensos, dissensos, problematizações, críticas e reflexões. Hoje, o campo da didática das ciências-química constitui o local de pesquisas e discussões sobre o assunto e, certamente, continuará a centrar esforços na investigação nos anos vindouros, apostando na procura de uma coerência, inter-relacionando estudos, superando pontos estereotipados e alcançando caminhos que deem respostas aos problemas e entraves que cerceiam a melhoria da educação em ciências-química.

Referências

ARNONI, M. E. B. Mediação dialético-pedagógica e práxis educativa: o aspecto ontológico da aula. *Revista Educação e Emancipação*, São Luís, v. 5, n. 2, p. 58-82, 2012.

CACHAPUZ, A. Do ensino das ciências: seis ideias que aprendi. *In*: CARVALHO, A. M. P. de; CACHAPUZ, A.; GIL-PÉREZ, D. (org.). *O ensino das ciências como compromisso científico e social*: os caminhos que percorremos. São Paulo: Cortez, 2012.

CACHAPUZ, A. *et al.* (org.). *A necessária renovação do ensino de ciências*. São Paulo: Cortez, 2005.

CARNEIRO, C. C. B. e S. *et al.* Grupos de estudos e pesquisa em ensino de ciências: possibilidade de formação para a docência na educação superior?. *In*: CARNEIRO, C. C. B. e S. *et al.* (org.). *Ensino de biologia*: entre a formação e a prática docente. São Paulo: Livraria da Física, 2022. (Coleção Ensino de Biologia).

CARVALHO, A. M. P. de. Critérios estruturantes para o ensino das ciências. *In*: CARVALHO, A. M. P. de (org.). *Ensino de ciências*: unindo a pesquisa e a prática. São Paulo: Pioneira Thomson Learning, 2004.

CARVALHO, A. M. P.; PÉREZ, D. G. *Formação de professores de ciências*: tendências e inovações. 10. ed. São Paulo: Cortez, 2011.

CHAVES, T. V.; TERRAZZAN, E. A. Articulação entre formação disciplinar e a formação pedagógica em cursos de licenciatura das ciências naturais e exatas na UFSM. *In*: GÜLLICH, R. I. da C.; HERMEL, E. do E. S. (org.). *Educação em ciências e matemática*: pesquisa e formação de professores. Chapecó: UFFS, 2016, p. 107-122.

COMENIUS, J. A. *Didática magna*. 3. ed. São Paulo: Martins Fontes, 2006.

DRIVER, R. *The representation of conceptual frameworks in young adolescent Science students*. 1973. Tese (Doutorado) – Universidade de Illinois, Urbana, Illinois, 1973.

FOUREZ, G. Crise no ensino de ciências. *Investigações em Ensino de Ciências*, v. 8, n. 2, p. 109-123, 2003.

GHEDIN, E. Professor reflexivo: da alienação da técnica à autonomia da crítica. *In*: PIMENTA, S. G.; GHEDIN, E. (org.). *Professor reflexivo no Brasil, gênese e crítica de um conceito*. São Paulo: Cortez, 2002. p. 129-150.

HODSON, D. In search of a meaningful relationship: an exploration of some issues relating to integration in science and science education. *International Journal of Science Education*, v. 14, n. 5, p. 541-566, 1992.

JIMÉNEZ A. M. P.; SANMARTÍ, N. ¿Qué ciencia enseñar?: objetivos y contenidos en la educación secundaria". *In*: DEL CARMEN, L. (ed.). *Cuadernos de Formación del Profesorado de Educación Secundaria*: Ciencias de la Naturaleza. Barcelona: Horsori, 1997.

JUSTI, R. Modelagem no ensino de química: um olhar sobre aspectos essenciais pouco discutidos. *In*: SANTOS, W. L. P. dos; MALDANER, O. L. *Ensino de química em foco*. Ijuí: Unijuí, 2010.

MALDANER, O. A. *Formação inicial e continuada de professores de química*: professores/pesquisadores. Ijuí: Unijuí, 2003.

MARQUES, A. C. T. L.; PIMENTA, S. G. É possível formar professores sem os saberes da pedagogia? Uma reflexão sobre docência e saberes. *Revista Metalinguagens*, São Paulo, n. 3, p. 135-156, maio 2015.

MOREIRA, M. A.; GRECA, I. M. Mudança conceitual: análise crítica e propostas à luz da aprendizagem significativa. *Ciência e Educação*, Bauru, v. 9, n. 2, p. 301-315, 2003.

MORTIMER, E. F.; MACHADO, A. H.; ROMANELLI, L. I. A. Proposta Curricular de Química do Estado de Minas Gerais: Fundamentos e Pressupostos. *Química Nova*, v. 23, n. 2, p. 273-283, 2000.

NÓVOA, A. *Profissão professor*. Porto: Porto, 1992.

PEREIRA, J. E. D. *Formação de professores*: pesquisa, representações e poder. Belo Horizonte: Autêntica, 2000.

PORLÁN, A. R.; RIVERO, G. A.; MARTÍN DEL POZO, R. Conocimiento profesional y epistemología de los profesores I: teoría, métodos e instrumentos. *Enseñanza de las Ciencias*, v. 15, n. 2, p. 155-171, 1997.

PORLÁN, A. R.; RIVERO, G. A.; MARTÍN DEL POZO, R. Conocimiento profesional y epistemología de los profesores II: estúdios empíricos y conclusiones. *Enseñanza de las Ciencias*, v. 16, n. 2, p. 271-288, 1998.

POZO, J. I.; CRESPO, M. A. G. *A aprendizagem e o ensino de ciências*: do conhecimento cotidiano ao conhecimento científico. Porto Alegre: Artmed, 2009.

REIGOTA, M. *O que é educação ambiental*. 2. ed. São Paulo: Brasiliense, 2014.

SCHNETZLER, R. P. Contribuições, limitações e perspectivas da investigação no ensino de ciências naturais. *In*: ENCONTRO NACIONAL DE DIDÁTICA E PRÁTICA DE ENSINO – ENDIPE: olhando a qualidade do ensino a partir da sala de aula, IX., 1998, Águas de Lindoia. *Anais* [...]. FE-USP, v. 1-2, p. 386-403, 1998.

SCHNETZLER, R. P. O professor de ciências: problemas e tendências de sua formação. *In*: SCHNETZLER, R. P.; ARAGÃO, R. M. R. de (org.). *Ensino de ciências*: fundamentos e abordagens. Piracicaba: Capes/Unimep, 2000. p. 12-41.

SCHNETZLER, R. P. Apontamentos sobre a história do ensino de química no Brasil. *In*: SANTOS, W. L. P. dos; MALDANER, O. A. (org.). *Ensino de química em foco*. Ijuí: Unijuí, 2010. (Coleção Educação em Química).

SILVA, J. L. P. B.; MORADILLO, E. F. de. Avaliação, ensino e aprendizagem de ciências. *Revista Ensaio*, Belo Horizonte, v. 4, n. 1, p. 28-39, jul. 2002.

SILVA, L. H. de A.; ZANON, L. B. A experimentação no ensino de ciências. *In*: SCHNETZLER, R. P.; ARAGÃO, R. M. R. de (org.). *Ensino de ciências*: fundamentos e abordagens. Campinas: R. Vieira, 2000.

SILVA, M. C. B. da *et al*. "Educação científica em diversos contextos": reflexões sobre um projeto de extensão com docentes de ciências. *In*: CARNEIRO, C. C. B. e S. *et al*. (org.). *Ensino de biologia*: entre a formação e a prática docente. São Paulo: Livraria da Física, 2022. (Coleção Ensino de Biologia).

SILVA, R. S. da; MACHADO, P. F. L.; TUNES, E. Experimentar sem medo de errar. *In*: SANTOS, W. L. P. dos; MALDANER, O. A. (org.). *Ensino de química em foco*. Ijuí: Unijuí, 2010.

TORRES, A. P. G.; BADILLO, R. G. Historia, epistemología y didáctica de las ciencias: unas relaciones necesarias. *Ciência e Educação*, Bauru, v. 14, n. 1, p. 65-98, 2007.

VEIGA, I. P. A. *A aventura de formar professores*. Campinas: Papirus, 2009.

VEIGA, I. P. A.; SILVA, E. F. Para onde vão a didática geral da educação superior e as didáticas específicas. *In*: VEIGA, I. P. A.; FERNANDES, R. C. A. de (org.). *Por uma didática da educação superior*. Campinas: Autores Associados, 2020. (Coleção Educação Contemporânea).

VIENNOT, L. *Le raisonnement spontané en dynamique élémentaire*. Paris: Herman, 1979.

CIÊNCIAS DA NATUREZA E SUAS TECNOLOGIAS

10
O ENSINO DE FÍSICA NO ENSINO MÉDIO:
É POSSÍVEL FAZER DIFERENTE

Paulo Sérgio Maniesi

Para iniciar o processo

Em razão de demandas políticas e sociais, a educação básica e a educação superior têm experimentado mudanças em suas estruturas e concepções, visto que a ciência é fortemente ligada à sociedade de seu tempo (Silva-Batista; Moraes, 2019). Nesse cenário, as práticas de ensino de física no ensino médio parecem, muitas vezes, limitar-se ao uso do livro didático, à matéria transcrita no quadro de giz e/ou digital e a questionários cujas respostas devem ser copiadas do livro, com base em aulas expositivas focadas unicamente na transmissão de conteúdo. Entretanto, parece-nos que um caminho mais interessante deveria ser a realização de experimentos ou outro tipo de atividade que valorizasse a participação ativa dos estudantes (Santos, 2012).

Consta nos parâmetros curriculares nacionais de ensino médio (Brasil, 2000) que os conhecimentos incorporados à cultura e integrados como instrumentos tecnológicos são indispensáveis à formação da cidadania contemporânea. Para tanto, é essencial que o conhecimento de física seja explicitado como um processo histórico, objeto de contínua transformação e associado às outras formas de expressão e produção humanas.

As diretrizes curriculares para o ensino médio (Brasil, 2012) orientam a elaboração, o planejamento e implantação e a avaliação de propostas de currículos das escolas particulares e públicas de ensino médio no Brasil, em concordância com a Lei de Diretrizes e Bases da Educação Nacional (LDB), Lei n. 9.394/1996 (Brasil, 1996). O artigo quarto dessas diretrizes curriculares, em seu inciso V, reza que se deve estruturar o programa político-pedagógico das escolas "considerando a indissociabilidade entre educação e prática social, considerando-se a historicidade dos conhecimentos e dos sujeitos do processo educativo, bem como entre a teoria e a prática no processo de ensino-aprendizagem". Diante desses desafios, a discussão propõe o processo pedagógico metodológico de ensino denominado sistematização coletiva do conhecimento, de Martins (2009), como alternativa ao ensino de física no ensino médio.

O atual modelo de ensino de física no ensino médio, centrado no eixo da transmissão-assimilação, também utilizado em outras disciplinas (Nardi, 2005), dificulta o estabelecimento das relações das práticas sociais com o cotidiano, pois é mecânico e com foco apenas no professor como detentor do conhecimento. Em decorrência, esse modelo não favorece a participação e proporciona pouco ou nenhum significado para os estudantes, visto que não há problematização, e, dessa forma, limita o desenvolvimento do pensamento dos estudantes. Nesse direcionamento, e alinhado à pesquisa em apreço, o Pacto Nacional pelo Fortalecimento do Ensino Médio (Brasil, 2013, p. 18), no que diz respeito à formação de professores do ensino médio e à reelaboração da concepção de educador, destaca que "é na convivência com os sujeitos envolvidos no processo educativo que podemos reconstruir a relação do fazer pedagógico a partir de uma concepção mais ampla, atribuindo sentido e significado para nossa ação educativa".

Possibilidade de fazer diferente

Políticas públicas e educacionais afetam, com suas ações, o ensino de física no ensino médio, articulando-se com a epistemologia das ciências, a fim de proporcionar a construção da física que se quer ensinar em cada contexto e como se quer ensinar. Isto é o que se observa nas abordagens metodológicas de ensino ao longo da história do Brasil, influenciadas por essas demandas: o ensino tradicional (transmissão assimilação) com foco no professor e no conteúdo; o ensino com base na psicologia (aprender a aprender) com foco no aluno; o ensino tecnicista (aprender a fazer) com foco no planejamento; e o ensino com base na sociologia (sistematização coletiva do conhecimento) com foco nas relações sociais para compreender a lógica dos fatores que organizam e dinamizam a realidade social, para a construção e o desenvolvimento da educação emancipatória como fator de transformação social (Bertrand, 2001).

Tais políticas afetam, ainda, a maneira de pensar e agir sobre o ensino de física no ensino médio, que, por sua vez, encontra-se interligado às discussões a respeito de todo o processo de ensino e aprendizagem, sendo possível encaminhar esses pontos nos diversos processos de ensino da física que permitam maior compreensão do conhecimento específico (Nardi; Castiblanco, 2014; Reis; André; Passos, 2020).

Colaborando com essa discussão, a preocupação sobre o tempo e a organização para a prática pedagógica docente no ambiente escolar também inquieta Vergara e Vieira (2005) ao avaliarem que, no campo da física, a noção de tempo-espaço representou uma profunda ruptura de paradigma. Também o tempo-espaço social da humanidade é multifacetado, representando as diferentes escalas do desenvolvimento. No âmbito das práticas contemporâneas, contrasta com aquele construído antes delas. O que está sendo criado nas novas formas organizacionais descortina e amplia os horizontes da vida humana, tanto para o que pode ser considerado desejável quanto para o não desejável. O lado perverso do controle organizacional, por exemplo, aprimora-se e torna-se mais opressor, ampliando o poder das organizações sobre os indivíduos. Os fundamentos do tempo-espaço ganharam, na atualidade, alta expressão com as tecnologias de ponta nas comunicações e nas técnicas de informatização. O tempo-espaço nas organizações da atualidade, em razão global, fragmenta a multidimensionalidade produtiva e interage com ela, operando, na mesma escala, o centro e a sede da ação. O tempo está sendo acelerado, os espaços encurtados; o tempo-espaço está moldando e explicando as dimensões tradicionais em estudos organizacionais. A análise do tempo-espaço nas organizações se fundamenta na importância da base social, em que o sujeito individual e o coletivo encenam os atos de sua vida e os experimentam.

Nesse cenário, Martins (2009) vislumbra a possibilidade da insurgência de conhecimentos com base em práticas investigadas pela análise, problematização, discussão e compreensão da realidade no ensino que proponha organizar qual conteúdo ensinar, como inovar os métodos de ensino e gerar práticas específicas para cada conteúdo. Assim, a questão fundamental é que se desenvolva a compreensão com base na construção de conexões de conteúdos teóricos e práticos testados *in loco*. Como consequência, para reconstruir realidades de prática, a compreensão deixa de representar a informação acumulada na percepção dos estudantes e se torna uma prerrogativa para a ação, indo além de um nível de compreensão do aprendiz ao estabelecer relações entre dimensões (Nardi; Castiblanco, 2014).

Desse modo, estabelecer a sistematização coletiva do conhecimento, de Martins (2009), como processo de ensino e aprendizagem, proporciona a ruptura na compreensão do ensino de física no ensino médio em suas múltiplas relações, como a diversidade étnico-racial, cultural, de gênero e de classe, vislumbrando a realidade da escola e de seu entorno cultural, indo além do discurso.

Preparar os futuros docentes para alterar a realidade encontrada no processo de ensino nas escolas, quase sempre calcado no eixo da transmissão-assimilação linear de conteúdos, é um dos grandes desafios de quem trabalha com a formação de professores. Visando enfrentar esse desafio, a sistematização coletiva do conhecimento propõe repensar as práticas pedagógicas de professores em exercício e também aquelas propostas aos professores em formação na licenciatura em física, buscando, conforme Gatti (2014), superar conceitos arraigados e hábitos perpetuados secularmente. Como resultado do desenvolvimento da metodologia da sistematização coletiva do conhecimento, são relatados experiências e resultados de uma densa e cuidadosa pesquisa-ensino na qual se procura estimular os participantes não apenas a falar sobre suas práticas e expectativas pedagógicas e profissionais, como também a vivenciá-las e refletir sobre elas. Seu desenvolvimento no ensino médio em física e nas licenciaturas em física possibilita lançar luzes sobre a formação inicial e continuada de professores e, ainda, repensar a nossa prática profissional (Garcia, 2024).

Para possibilitar mudanças no ensino de física no ensino médio, como mencionado, emerge a necessidade de um novo perfil do profissional docente, da escola e da universidade. Esse perfil deve possibilitar o trabalho entre professores envolvidos intensamente com os estudantes, valorizar a argumentação que permita a transformação na forma de olhar e perceber o tratamento a ser dado à física em contextos educativos, numa educação integral, inclusiva, que estabeleça uma relação horizontal que valorize a *práxis*, com avaliações contínuas e diversas para pensar e articular um processo de ensino e aprendizagem em física mais complexo, articulando a educação básica e a educação superior (Vasconcelos, 2005; Carvalho, 2012; Nóvoa, 2019).

É notável que, muitas vezes, segundo Arroyo (2008), os professores desejem alterar suas práticas pedagógicas, mas não saibam como e quando se arriscar no novo, e geralmente acabam frustrados e retornam à prática anterior. Dessa forma, um caminho possível, baseado no artigo sobre inclusão nos coletivos diversos, seria abrir espaços e tempos para que aflorem as histórias de resistências e lutas desses coletivos, com o olhar sobre a diversidade, tendo a educação emancipadora como ponto de partida, originando, assim, possibilidades na formação docente nos cursos de licenciatura em física, colocando o trabalho como princípio educativo. Essa inversão dialógica será um diálogo tenso, mas necessário para uma educação inclusiva (Arroyo, 2008).

Alinhada com essa concepção, Veiga (2014) anuncia que as técnicas adquirem significado quando referenciadas a um projeto político-pedagógico que expresse de qual escola estamos falando, a que ensino nos referimos e por qual transformação social estamos lutando. O método de ensino não é um caminho linear para a consecução dos objetivos; na prática, concretiza-se por meio de uma variedade de técnicas naturais a esse processo, mas que carecem de atenção especial, porque é nos valendo delas que temos condição de acesso ao ensino. No entanto, elas não são mecânicas, não podem se sobrepor à relação humana. O professor deve ter domínio das orientações metodológicas.

Sendo assim, a realidade histórica e atual do ensino de física no ensino médio e as necessidades de transformações das licenciaturas seguem os objetivos do estudo, na busca da interlocução entre as licenciaturas e a educação básica, pois não basta aprender-fazer, mas ir além, buscando "o processo de fazer", a forma como se faz, sendo este um elemento educativo fundamental no ensino, uma vez que os licenciandos serão os futuros professores do ensino médio.

Os quatro momentos da sistematização coletiva do conhecimento

O percurso metodológico proposto neste capítulo se fundamenta na concepção da "teoria como expressão da prática", de Santos (2005), envolvendo procedimentos coletivos do processo de pesquisa-ensino pela sistematização coletiva do conhecimento, apoiado na pesquisação, no modo ação-reflexão-ação, para que se manifeste a didática prática (Martins, 2016).

Foram vivenciados, nos cursos de extensão para obtenção dos dados para a pesquisa, os quatro *momentos metodológicos* fundamentais e relacionados entre si, vistos da perspectiva da sistematização coletiva do conhecimento, que possibilitaram a descrição, problematização, discussão, análise, explicação, interpretação e compreensão, tanto individual quanto em grupo, das práticas pedagógicas do ensino médio e da licenciatura em física. São momentos baseados nos referenciais teóricos preestabelecidos em "Abordagens de ensino", de Martins (2008b), para os professores de física que atuam no ensino médio numa escola pública, licenciandos em física de uma instituição federal de ensino e, ainda, o tema hidrostática (Hewitt, 2012), para os licenciandos em física, e acústica, para os estudantes de física do ensino médio de uma instituição particular de ensino (segundo momento). Incluem, também, "Didática: um aprendizado crítico dentro da própria prática", de Martins (1993), para os professores do ensino médio e licenciandos em física (quarto momento), como se segue.

O *primeiro momento* de sistematização coletiva do conhecimento correspondeu à caracterização e problematização das práticas dos participantes em seus respectivos processos de ensino. Perpassou pela descrição e análise de suas próprias práticas pedagógicas (professores do ensino médio) e pelas percepções dos licenciandos em física e dos estudantes do ensino médio em relação às práticas de seus professores de física.

Após a conclusão desses primeiros encaminhamentos, o professor pesquisador explanou o processo metodológico da perspectiva da sistematização coletiva do conhecimento e as possíveis relações do referencial teórico preestabelecido com as experiências das práticas pedagógicas anteriormente vivenciadas pelos participantes.

Na sequência, foram configurados grupos iniciais aleatórios para reflexões e discussões relacionadas ao modo de elaboração da prática pedagógica vivenciada anteriormente no caso de cada participante, suas dificuldades e possíveis alternativas para solucioná-las. Esse procedimento foi realizado com a elaboração individual de texto relativo a: conteúdo (seleção e organização); métodos e técnicas de ensino; planejamento; principais dificuldades e superação das dificuldades com os professores e suas práticas; e avaliação com os licenciandos e estudantes do ensino médio, relativa às práticas de seus professores de física, a serem discutidas no terceiro momento do processo metodológico. Em seguida, os grupos iniciais foram desfeitos e se formou um círculo com os participantes (grande grupo), em que um relator de cada grupo inicial fez a exposição das informações sobre as práticas pedagógicas vivenciadas anteriormente pelos participantes, com discussões conceituais e comparativas envolvendo todos os participantes.

O *segundo momento* envolveu a elaboração do painel integrado, construído com base na leitura do referencial teórico "Abordagens de ensino", de Martins (2008b), com a distribuição de seus conteúdos, por sorteio, aos quatro grupos iniciais de participantes: Grupo 1: Transmissão assimilação; Grupo 2: Aprender a aprender; Grupo 3: Aprender a fazer; Grupo 4: Sistematização coletiva do conhecimento. São textos que possibilitaram a elaboração do quadro-síntese do painel integrado, envolvendo a organização do conteúdo com objetivos, métodos, planejamento do ensino e avaliação nas abordagens de ensino.

Os participantes tiveram um tempo aproximado de 40 minutos para a leitura do texto e o preenchimento de sua respectiva parte do quadro-síntese do painel integrado. A partir de então, foram formados novos grupos, originados da fragmentação dos grupos iniciais; cada um deles com participantes representando partes diferentes do conteúdo. Nessa etapa, o tema "abordagens de ensino" foi discutido em cada novo grupo, possibilitando a finalização do preenchimento do quadro-síntese do painel integrado pelos participantes dos novos grupos, compondo a totalidade do tema com a junção de suas partes diferentes e complementares (transmissão assimilação; aprender a aprender; aprender a fazer; e sistematização coletiva do conhecimento). Após concluir o segundo momento, os participantes dos novos grupos elaboraram um relatório-síntese, de 20 a 30 linhas, sobre o que foi sistematizado coletivamente, escrito por um relator de cada novo grupo.

O *terceiro momento*, com duração de duas horas, visou à compreensão da prática pedagógica de cada participante vivenciada anteriormente. Assim, formou-se um círculo com os participantes (grande grupo), de maneira que os integrantes de cada grupo inicial do primeiro momento receberam seus respectivos relatórios, elaborados no primeiro momento, referentes à descrição e à problematização das práticas pedagógicas vivenciadas anteriormente. Desse modo, cada grupo inicial passou o seu relatório para outro grupo inicial e, portanto, as discussões e análises foram realizadas por grupos iniciais diferentes no âmbito do grande grupo, procurando, nas discussões, identificar as "abordagens de ensino" que embasaram as práticas pedagógicas vivenciadas anteriormente pelos participantes de cada grupo inicial. A partir daí, os participantes do grande grupo puderam compreender os fundamentos teóricos e a razão de ser dos problemas que enfrentaram em suas práticas pedagógicas. Ainda no grande grupo, o pesquisador elaborou a sistematização das abordagens de ensino que foram trabalhadas no painel integrado pelos participantes no segundo momento do processo metodológico e a expôs aos participantes com o objetivo de ajustar eventuais equívocos no preenchimento do quadro-síntese do painel integrado. Conforme a exposição foi sendo realizada, surgiram discussões com relação às práticas pedagógicas vivenciadas anteriormente pelos participantes, que vislumbraram possíveis soluções para os problemas que emergiram de suas práticas pedagógicas no primeiro momento à luz do referencial teórico e das relações sociais. Os participantes professores buscaram identificar, comparar e compreender em qual ou quais abordagens de ensino suas respectivas práticas pedagógicas estavam embasadas e situar historicamente a relação professor/estudante/escola/sociedade. O mesmo ocorreu com os licenciandos, com referência a suas expectativas profissionais no ensino de física no ensino médio e, ainda, suas relações sociais no ambiente de sala de aula e com os estudantes do ensino médio, considerando o tema acústica. Dessa forma, surgiram pistas para que os participantes elaborassem propostas para repensar as referidas práticas e pistas para um desenvolvimento socioambiental de forma sustentável no quarto momento.

O *quarto momento* visou à elaboração de propostas de intervenção concretas com possibilidades de orientar a prática pedagógica dos professores e futuros professores de física para o ensino médio que ultrapassassem o eixo da transmissão-assimilação de conteúdo. Para tanto, os participantes leram o artigo "Didática: um aprendizado crítico dentro da própria prática" (Martins, 1993), objetivando uma melhor contextualização teórica dos quatro *momentos* do processo metodológico por eles vivenciado. Na sequência, houve possibilidades de compreensão metodológica, com reflexões e discussões entre os participantes e o pesquisador sobre as práticas pedagógicas que ocorrem no ensino de física do ensino médio, tendo como base a leitura do artigo de Martins (1993) e a análise do quadro-síntese do painel integrado preenchido pelos participantes, relativo às abordagens de ensino e aos temas específicos da física (hidrostática, para os licenciandos; acústica, para os estudantes do ensino médio). Durante essas discussões, foi elaborada, com contribuições do coletivo – participantes e pesquisador –, uma síntese visando ao desenvolvimento desses momentos da metodologia numa rotina prática, no painel integrado, com a composição de um quadro-síntese de um conteúdo sugerido pelos participantes. Finalizado o *quarto momento*, os participantes responderam individualmente e por escrito a questionamentos envolvendo a sistematização teórica dos encontros pedagógicos realizados, bem como preencheram a ficha de autoavaliação.

Vale salientar, segundo Maniesi e Martins (2024), que esses momentos metodológicos da sistematização coletiva do conhecimento também podem ocorrer de forma remota, seguindo o mesmo formato, com ajustes quanto a sua execução nas plataformas adequadas, como já ocorreu em outros cursos de extensão para licenciandos de ciências biológicas e química de três instituições públicas de ensino superior.

Uma vez caracterizada e problematizada a prática pedagógica dos participantes da pesquisa, como também levantadas as iniciativas desses participantes para solucionar os problemas que surgiram, chegou o momento de buscar uma explicação para essas práticas, mediada por um referencial teórico (Romanowski; Martins, 2014). Nessa etapa, os participantes sistematizaram as características de cada abordagem de ensino em uma discussão coletiva num grande grupo disposto em círculo, após realizar o painel integrado sobre as abordagens do ensino. Nesse processo, tiveram a oportunidade de comparar e compreender as abordagens de ensino e elaborar um quadro-síntese.

Com a compreensão dos detalhes de cada uma das abordagens de ensino descritas em Martins (2009), os participantes especificaram os objetivos do ensino, a seleção e organização do conteúdo, o método de ensino e as características da avaliação. Diante do conhecimento sistematizado na forma de um painel integrado, com descrição, análise e problematização das práticas pedagógicas, os participantes foram reunidos em um grande grupo e apresentaram argumentos para explicar como são essas práticas. Seguem-se os indicadores obtidos pelos professores e estudantes de física do ensino médio e por licenciandos em física, como referências para repensar a prática pedagógica dos professores da licenciatura e do ensino médio envolvendo conteúdos de física.

a) *A importância da disciplina de didática* – Surge, como indicador fundamental, a necessidade da disciplina de didática, que, articulada às demais áreas do conhecimento, poderá sinalizar caminhos possíveis para repensar as realidades específicas na licenciatura e no ensino médio no ensino de física. Como destaca Martins (2008a), o professor pode criar, inventar e construir; porém, na maioria das vezes, é colocado na condição de executor de um "plano" que não foi concebido por ele, cujos resultados não controla. Ele se limita a cumprir tarefas, mesmo que as considere inadequadas para seus alunos. Isso torna evidente que o professor, mesmo sendo um assalariado que tem como função executar tarefas pensadas por outros, não perde a sua capacidade de pensar, criar e buscar alternativas práticas em sua experiência cotidiana.

b) *O tempo e a indisciplina* – O tempo, como fator limitante, revela situações que, muitas vezes, passam despercebidas, como os problemas na formação dos estudantes e a indisciplina. Assim, os licenciados dos Grupos 1 e 2 nos mostram que: "como a maioria dos estudantes não teve uma boa base fundamental, fica difícil para o professor, revisando o conteúdo anterior, avançar nas matérias estudadas no período" e "o tempo não é suficiente, porque sempre o último conteúdo não é bem dado". Fica evidente que a carência de tempo para trabalhar o conteúdo provoca um aumento na velocidade das aulas, reduzindo o interesse dos estudantes que não conseguem acompanhar o assunto e se dispersam. Em concordância com os licenciandos, o professor do ensino médio, no grande grupo de discussões, acrescenta: "Acredito que seria importante fazer uma discussão séria no país sobre o que é importante ser ensinado, sobre quais conteúdos são realmente importantes que o aluno saiba em cada etapa escolar". Assim, configuram-se os sinais da necessidade de repensar o enfoque metodológico e o currículo de física no ensino médio e no curso de licenciatura.

c) *A influência das tecnologias* – Nas sinalizações das ampliações tecnológicas atuais como ferramentas importantes para a melhoria da qualidade e da organização do ensino, Domínguez, Marcelo e Estepa (2019, p. 110) destacam que "não se trata apenas de aprender as tecnologias, mas de aprender com as tecnologias". Os licenciandos do Grupo 5 relatam que "a utilização de ferramentas digitais para o aluno se desenvolver fora de sala de aula contribui significativamente para o controle do tempo das aulas do docente". E o professor acrescenta: "A base do planejamento é a experiência de cada professor, tendo como apoio os livros didáticos e muita pesquisa na internet". Levando em consideração essas práticas, Marcelo e Rijo (2019) alertam para "a necessidade de as instituições universitárias estarem atentas ao desenvolvimento de tecnologias por parte de seus estudantes", pois não basta que estes tenham acesso ao conhecimento para que demonstrem mais interesse e motivação em relação ao conteúdo e à aula. Os autores mostram, assim, a importância da participação dos professores das licenciaturas em Física como formadores e articuladores de um processo de ensino que estimule e traga os estudantes à participação mais crítica e coletiva na sala de aula e fora dela, presencial ou remotamente.

d) *Questionamentos durante a aula e expectativas* – As dúvidas levantadas pelos estudantes no decorrer das aulas sinalizam oportunidades para a reflexão sobre o conteúdo e o conhecimento de necessidades, potencialidades, interesses e dificuldades de cada turma. Como salientam os licenciandos do Grupo 4, em suas expectativas como futuros professores do ensino médio, "serei flexível, pois não dá para dar aulas iguais em todas as turmas em todos os anos, cada turma é única. Tentar sempre, por meios diferentes, com várias metodologias, achando o melhor para cada situação". Daí a necessidade de não repetir aulas iguais em turmas diferentes, pois cada prática pedagógica é única, sendo necessário procurar a melhor atividade para cada situação de aula, em virtude da diversidade de compreensão, de acordo com o seu "sistema ideológico particular" (Santos, 2005).

e) *Silêncio em sala de aula* – Vislumbra-se a necessidade de utilizar uma metodologia alternativa que ultrapasse o eixo da transmissão-assimilação de conteúdo, com melhor planejamento do ensino do conteúdo e das avaliações, incluindo o prévio conhecimento pedagógico dos estudantes de cada turma, visto que o fato de os estudantes ficarem passivos e quietos em sala de aula não garante que esteja havendo aprendizado, como afirma um dos licenciandos do Grupo 1: "Muitas vezes, eu nem estava prestando atenção, só ficava olhando e quieto". A esse respeito, Thompson (1981, p. 185) enfatiza que "o que resta fazer é interrogar os silêncios reais, através do diálogo do conhecimento".

f) *Critério de avaliação* – A insatisfação quanto à avaliação tradicional com base em provas faz surgir outra proposição: os estudantes que não conseguem atingir os objetivos da avaliação refazem o processo avaliativo com consulta e apresentam-no novamente. O discurso e a teoria, por si só, não alteram a prática pedagógica em sala de aula. Já a vivência dessa pesquisa no processo metodológico da sistematização coletiva do conhecimento, sua prática e sua compreensão com debates e argumentações coletivas podem levar a alterações significativas de ampliação da compreensão do conteúdo, com alterações das relações sociais dos envolvidos no processo. Contribuem nessa direção Romanowski e Martins (2014), com a experiência de avaliação da "cola consentida", que consiste na síntese elaborada individualmente pelos estudantes, considerando a sua percepção dos conceitos e as conclusões obtidas em cada etapa do processo de sistematização coletiva do conhecimento de determinado conteúdo. Desse modo, evita-se uma avaliação centrada na memorização e proporciona-se aos estudantes que não conseguirem realizar uma análise compreensiva pertinente a chance de rever o processo, realizando novamente a análise. Uma vez realizada a avaliação individual, segue-se o processo de autoavaliação, em que os estudantes expressam os elementos experienciados mais significativos. As análises coletivas constituem referência para a avaliação individual. Ao final, atribuem uma nota para a própria aprendizagem.

g) *Dificuldades no aprendizado* – O professor, ao perceber uma lacuna de aprendizado numa determinada etapa escolar, referente a um ou mais estudantes (como observado pelos licenciandos do Grupo 6: "Não conseguimos aproveitar o tempo da aula devido às falhas ao longo de nossa formação"), pode procurar restabelecer o equilíbrio do conteúdo, fechando esse hiato no aprendizado, propiciando ao estudante mais confiança para seguir seus estudos nos períodos subsequentes. Sobre essa necessidade dos estudantes, Nóvoa (2019) esclarece que não se trata apenas de melhorias ou de aperfeiçoamentos, ou mesmo de inovações na escola, mas de reconhecer as mudanças que, inevitavelmente, atinjam os professores e a sua formação. Completam os licenciandos do Grupo 2: "Tinha um professor que, no meio de um conteúdo, parava tudo e ficava a aula inteira, ou duas aulas, revisando tudo que tinha visto naquele período até aquela aula; a gente lembrava e já tirava dúvidas que nem sabia que tinha e estavam atrapalhando o aprendizado, tornando o conteúdo mais atrativo". Essa ação poderia ocorrer de forma coletiva.

h) *Diversidade coletiva de práticas de ensino* – O compartilhamento de práticas de ensino em sala de aula sugere pistas para o enriquecimento das próprias práticas no processo de ensino. Assim, cada área do conhecimento, com suas particularidades, poderá se permitir a abertura de horizontes de ensino e aprendizado com reflexões das diferentes maneiras de olhar e perceber essas práticas. Como menciona Zeichner (2008), se, por um lado, as ações educativas dos professores nas escolas não podem resolver os problemas da sociedade, por outro, podem contribuir para a construção de sociedades mais justas e decentes. Os professores, ainda segundo Zeichner, podem ser incapazes de mudar aspectos da situação atual, mas ao menos estarão conscientes do que está acontecendo. Nessa lógica, a flexibilidade proporcionada pela metodologia da sistematização coletiva do conhecimento se mostra uma maneira mais participativa e mais produtiva de ensinar e aprender.

i) *Esperança* – Os licenciandos desta pesquisa revelam suas pretensões como futuros professores do ensino médio, vendo-se como agentes transformadores do sistema de ensino em relação à postura didática e às atitudes de seus professores, que vêm e vão ao encontro de Freire (2015, p. 75) – "Não é a arrogância sinal de competência, nem a competência é causa de arrogância. Não nego a competência de certos arrogantes, mas lamento neles a ausência de simplicidade que, não diminuindo em nada seu saber, os faria gente melhor" – em busca de romper o conceito de que professor e estudante estão colocados opostamente um em relação ao outro.

Na abordagem desses nove indicadores, apresento o pensamento de Krawczyk (2009), que alerta para a necessidade de deixar o mundo e suas contradições entrarem na escola, respeitando as diversidades culturais, visto que a escola moderna é um produto de outro momento histórico. Partindo desse princípio, aquilo que no passado foi considerado transmissão de regras e valores da sociedade, atualmente deve ser visto como possibilidades de reflexão, comunicação e redefinição de regras e valores estabelecidos. Assim, é preciso uma mudança que não seja uma simples adaptação passiva, mas que busque encontrar um lugar próprio de construção de algo novo que permita a expansão das potencialidades humanas e a emancipação do coletivo, buscando novas formas de relações sociais no fazer docente e discente.

Considerações finais

Na procura de vincular a formação do professor e do estudante para a cidadania e a vivência com a diversidade no ensino de física, surgirão possibilidades para fazer diferente na prática em sala de aula no ensino médio, para organizar as articulações entre a escola, a sociedade e a universidade de uma perspectiva democrática inclusiva e coletiva. Esse modelo contribuirá para uma educação interdisciplinar e integradora entre ciência, tecnologia, sociedade e meio ambiente, de modo que cada indivíduo seja considerado um conjunto de relações sociais. Essa nova organização possibilitará a ruptura de um sistema tradicional de ensino e aprendizagem no modelo transmissão e assimilação, e permitirá um novo agir e pensar em relação ao ensino de física. Desse modo, vislumbra-se uma educação mais cidadã, emancipadora, inclusiva, autônoma, coletiva e cooperativa, que vai além do discurso, com ações práticas e contextualizadas, combinando disciplinas com desempenho de compreensão interdisciplinar. Com isso, há a possibilidade da manifestação de conhecimento em um ambiente metadisciplinar com respeito aos coletivos diversos e às diversidades, originando novas formas de tratar os conteúdos da física em contextos educacionais por meio da sistematização coletiva do conhecimento.

Finalmente, considero importante registrar que os indicadores sistematizados neste capítulo expressam uma prática vivenciada e refletida pelos participantes da pesquisa e, portanto, são a expressão dessa prática. Em decorrência disso, só farão sentido se servirem como pistas para o desenvolvimento de novas práticas e não como guia ou modelo a ser desenvolvido por professores de física no ensino médio nas suas práticas pedagógicas. Esse é o desafio.

Referências

ARROYO, M. G. Os coletivos diversos repolitizam a formação. *In*: DINIZ-PEREIRA, J. E; LEÃO, G. (org.). *Quando a diversidade interroga a formação docente*. Belo Horizonte: Autêntica, 2008.

BERTRAND, Y. *Teorias contemporâneas da educação*. 2. ed. Lisboa: Instituto Piaget, 2001.

BRASIL. Ministério da Educação. Lei n. 9.394, de 20 de dezembro de 1996. Dispõe sobre as diretrizes e bases da educação nacional. *Diário Oficial da União*, Brasília, seção 1, 1996, p. 27833, 23 dez. 1996.

BRASIL. Ministério da Educação. *Parâmetros Curriculares Nacionais para o Ensino Médio*. Brasília: MEC, 2000.

BRASIL. Ministério da Educação. Conselho Nacional de Educação. Diretrizes Curriculares Nacionais para o Ensino Médio. Resolução CNE/CEB n. 2/2012. *Diário Oficial da União*, Seção 1, p. 20. Brasília, 31 jan. 2012.

BRASIL. Ministério da Educação. Portaria n. 1.140, de 22 de novembro de 2013. Institui o Pacto Nacional pelo Fortalecimento do Ensino Médio e define suas diretrizes gerais, forma, condições e critérios para a concessão de bolsas de estudo e pesquisa no âmbito do ensino médio público, nas redes estaduais e distrital de educação. *Diário Oficial da União*, seção 1, Brasília, 2013, n. 228, p. 24-25, 22 nov. 2013.

CARVALHO, A. M. P. *Os estágios nos cursos de licenciatura*. São Paulo: Cengage Learning, 2012.

DOMÍNGUEZ, C. G.; MARCELO, C. G.; ESTEPA, P. M. Além das discussões *online*: aspectos cognitivos, sociais e de formação no processo de indução docente. *Revista Currículo sem Fronteiras*, v. 19, n. 1, p. 97-112, 2019.

FREIRE, P. *Pedagogia da autonomia*: saberes necessários à prática educativa. 51. ed. Rio de Janeiro: Paz & Terra, 2015.

GARCIA, N. M. Contracapa. *In*: MANIESI, P. S.; MARTINS, P. L. O. *Licenciaturas nas áreas das ciências da natureza*: física, química e ciências biológicas. Curitiba: CRV, 2024.

GATTI, B. A. A formação inicial de professores para a Educação Básica: as licenciaturas. *Revista USP*, São Paulo, SP, Dossiê Educação, n. 100, p. 33-46, dez.-fev. 2014.

HEWITT, P. *Física conceitual*. 11. ed. Porto Alegre: Bookman, 2012.

KRAWCZYK, N. *O ensino médio no Brasil*. São Paulo: Ação Educativa, 2009.

MANIESI, P. S.; MARTINS, P. L. O. *Licenciaturas nas áreas das ciências da natureza*: física, química e ciências biológicas. Curitiba: CRV, 2024.

MARCELO, C. G.; RIJO, D. Aprendizaje autorregulado de estudiantes universitarios: los usos de las tecnologías digitales. *Revista Caribeña de Investigación Educativa (Recie)*, v. 3, n. 1, p. 62-81, 2019.

MARTINS, P. L. O. Didática: um aprendizado crítico dentro da própria prática. *Revista Ande*, v. 12, n. 19, p. 23-28, 1993.

MARTINS, P. L. O. *Didática teórica, didática prática*: para além do confronto. 9. ed. São Paulo: Loyola, 2008a.

MARTINS, P. L. O. *Didática*. Curitiba: IBPex, 2008b.

MARTINS, P. L. O. *A didática e as contradições da prática*. Campinas: Papirus, 2009.

MARTINS, P. L. O. Pesquisa-ensino na formação inicial de professores e a interlocução com a educação básica: princípios e metodologia. *In*: ROMANOWSKI, J. P.; MARTINS, P. L. O.; CARTAXO, S. R. M. (org.). *Prática de formação de professores*: da educação básica à educação superior. Curitiba: PUCPR, 2016.

NARDI, R. Memórias da educação em ciências no Brasil: a pesquisa em ensino de física. *Investigação em Ensino de Ciências*, v. 10, n. 1, p. 63-101, 2005.

NARDI, R.; CASTIBLANCO, O. *Didática da física*. São Paulo: Cultura Acadêmica, 2014.

NÓVOA, A. O futuro da universidade: o maior risco é não arriscar. *Revista Contemporânea de Educação*, v. 14, n. 29, p. 54-70, 2019.

REIS, A. T.; ANDRÉ, M. E. D. A.; PASSOS, L. F. Políticas de formação de professores no Brasil, pós LDB 9.394/96. *Revista Brasileira de Pesquisa sobre Formação de Professor*, Belo Horizonte, v. 12, n. 23, p. 33-52, 2020.

ROMANOWSKI, J. P.; MARTINS, P. L. O. Práticas pedagógicas e processos avaliativos: apontamentos em torno da abordagem de sistematização coletiva do conhecimento. *In*: ENCONTRO NACIONAL DE DIDÁTICA E PRÁTICA DE ENSINO-ENDIPE, XVII., Fortaleza, 2014. *Livro 4 – Didática e prática de ensino*: diálogos sobre a escola, a formação de professores e a sociedade. Fortaleza: EdUece, 2014. p. 98-114.

SANTOS, E. I. dos. *Ciências nos anos finais do ensino fundamental*: produção de atividades em uma perspectiva sócio-histórica. São Paulo: Anzol, 2012.

SANTOS, O. J. *Fundamentos sociológicos da educação*. Belo Horizonte: Fumec, 2005.

SILVA-BATISTA, I. C. da; MORAES, R. R. História do ensino de ciências na educação básica no Brasil (do Império até os dias atuais). *Revista Educação Pública*, v. 19, n. 26, 22 out. 2019. Disponível em: https://educacaopublica.cecierj.edu.br/artigos/19/26/historia-do-ensino-de-ciencias-na-educacao-basica-no-brasil-do-imperio-ate-os-dias-atuais. Acesso em: 3 mar. 2025.

THOMPSON, E. P. *A miséria da teoria ou um planetário de erros*. Rio de Janeiro: Zahar, 1981.

VASCONCELOS, C. *Avaliação de aprendizagem*: práticas de mudança por uma práxis transformadora. 9. ed. São Paulo: Libertad, 2005. (Coleção Cadernos Pedagógicos do Libertad, 6).

VEIGA, I. P. A. Formação de professores para a educação superior e a diversidade da docência. *Revista Diálogo Educacional*, Curitiba, v. 14, n. 42, p. 327-342, 2014.

VERGARA, S. C.; VIEIRA, M. M. F. Sobre a dimensão tempo-espaço na análise organizacional. *Revista de Administração Contemporânea*, Curitiba, PR, v. 9, n. 2, p. 103-119, jun. 2005.

ZEICHNER, K. Uma análise crítica sobre a "reflexão" como conceito estruturante na formação docente. *Revista Educação & Sociedade*, Campinas, v. 9, n. 103, p. 535-554, 2008.

CIÊNCIAS DA NATUREZA E SUAS TECNOLOGIAS

11
DIDÁTICAS ESPECÍFICAS PARA O ENSINO DAS CIÊNCIAS
BIOLÓGICAS: QUESTÕES, DESAFIOS E ALTERNATIVAS

Daniel Louzada-Silva

Introdução

O ensino de ciências biológicas no ensino médio, assim como o dos demais componentes curriculares, foi fortemente impactado pela publicação, em setembro de 2016, da Medida Provisória (MP) n. 746/2016, que alterava a Lei de Diretrizes e Bases da Educação Nacional (LDB), e foi transformada na Lei n. 13.478/2017 alguns meses depois (Brasil, 2016, 2017). Apresentada à sociedade como uma reforma que permitiria aos estudantes construírem suas trajetórias acadêmicas optando entre diferentes ofertas para sua formação e que fortaleceria o aprendizado e a autonomia dos jovens, a nova legislação inaugurou um período de incertezas ainda não superado. O novo arranjo reduziu a carga horária de componentes curriculares tradicionais e introduziu itinerários formativos diversificados e formação profissional e tecnológica, cabendo aos estados e ao Distrito Federal reformularem seus currículos, reorganizarem os espaços e tempos das escolas e formarem os professores para atuar segundo as novas orientações. Simultaneamente à implantação da reforma do chamado Novo Ensino Médio, a discussão da Base Nacional Comum Curricular (BNCC), que tivera sua segunda versão discutida em seminários regionais por todo o país em meados de 2016, foi suspensa para a etapa do ensino médio, e só retomada em dezembro de 2018, com organização e orientações muito diferentes das anteriores. Ressalte-se que, quando da promulgação da Lei n. 13.415/2017, a LDB já havia sido alterada 39 vezes entre 1997 e 2015, a primeira delas sete meses após sua aprovação (Saviani, 2016).

Um ano após a publicação da BNCC do ensino médio, o Conselho Nacional de Educação (CNE) editou a resolução que "define as Diretrizes Curriculares Nacionais para a Formação Inicial de Professores para a Educação Básica e institui a Base Nacional Comum para a Formação Inicial de Professores da Educação Básica (BNC-Formação)". Essa resolução aponta três dimensões fundamentais que se integram e se complementam na formação docente: conhecimento profissional, prática profissional e engajamento profissional. Entre as competências específicas relacionadas ao conhecimento profissional destacam-se: "I – dominar os objetos de conhecimento e saber como ensiná-los; II – demonstrar conhecimento sobre os estudantes e como eles aprendem". Entre as competências específicas da dimensão da prática profissional, temos: "I – planejar as ações de ensino que resultem em efetivas aprendizagens; II – criar e saber gerir os ambientes de aprendizagem" (Brasil, 2019). Essas quatro competências específicas poderão ser reconhecidas ao longo deste capítulo.

Os componentes curriculares biologia, física e química no ensino médio estão reunidos na área de conhecimento ciências da natureza e suas tecnologias, que tem entre seus objetivos permitir aos estudantes acessar o conhecimento acumulado historicamente nesse campo, identificar os processos de construção desse conhecimento e desenvolver uma visão crítica das implicações de sua aplicação para a sociedade e o planeta. Para isso, a escola deve se planejar para facilitar a apropriação desse conhecimento científico de maneira sistematizada e contextualizada, o que requer um ambiente dotado de condições físicas, humanas e estruturais adequadas. Os componentes curriculares de ciências da natureza têm demandas muito específicas quanto a equipamentos e espaços que permitam o desenvolvimento de atividades experimentais e investigativas, e necessitam de um quadro de profissionais bem formados e com estabilidade funcional, como pressupostos que garantam a continuidade do trabalho pedagógico. Essa não é a realidade da maior parte das escolas públicas de ensino médio que, como regra geral, não possuem laboratórios para esses componentes ou têm esses equipamentos sem condições plenas de uso. Por outro lado, esses três componentes sofrem com uma crescente falta de professores, e os sistemas educacionais vêm aumentando continuamente o percentual de profissionais de vínculo provisório em suas redes. Em 2023, em todo o país, apenas 48% dos docentes das escolas públicas estavam incluídos na categoria efetivos/concursados, o que representava uma queda de 20,4% em relação a 2014 (Brasil, 2024a, p. 398). O efeito da precarização da mão de obra docente na área de ciências da natureza, ainda que não seja exclusivo desta, tem tido forte impacto na qualidade do trabalho pedagógico e na consolidação de um processo amplo de letramento científico dos estudantes.

Devemos, ainda, considerar a ascensão, nos últimos anos, de um forte movimento contrário à difusão e à legitimação do conhecimento científico, fenômeno que foi potencializado pelas mídias sociais, o que tornou os jovens estudantes de ensino médio muito suscetíveis à desinformação e à negação da ciência como atividade legítima para a interpretação de fenômenos naturais (Pivaro; Girotto Júnior, 2020). Esse quadro tem gerado efeitos extremamente perniciosos, particularmente no que se refere à área de saúde e meio ambiente, o que pode ser exemplificado com os movimentos antivacina e de negação das mudanças climáticas. Ainda, é preciso destacar tentativas de interdição no ambiente escolar de temas que tratem do corpo dos jovens, que discutam aspectos fisiológicos, sexuais e reprodutivos, muitas vezes com a argumentação de que apenas a família deveria abordá-los ou de que tais temas, quando discutidos com uma abordagem científica, chocam-se com convicções dos pais e, portanto, a escola deveria se abster de discuti-los.

Outro ponto a ser destacado é que, desde as últimas décadas do século passado, as ciências biológicas passaram a ser entendidas como uma área de conhecimento com características próprias e distintas daquelas das ciências físicas, nas quais predominam as abordagens lógicas e dedutivas. Esse novo entendimento foi resultado de um longo processo que, por ser recente, nem sempre é bem compreendido, prevalecendo muitas vezes a expectativa de que sejam aplicáveis à biologia a lógica e a previsibilidade que caracterizam a forma de pensar da física, que foi o modelo de ciência natural de referência desde o século XVII. Trata-se, portanto, de um grande desafio para os professores dos três componentes de ciências da natureza, em particular os de biologia, trabalhar para que os jovens estudantes compreendam os processos de construção do conhecimento das ciências naturais de maneira consistente, reconhecendo que as ciências físicas e as ciências biológicas têm metodologias próprias. O processo de aprendizagem dessas ciências deve visar ao desenvolvimento da autonomia e do senso crítico dos jovens, permitindo-lhes o acompanhamento do desenvolvimento científico e reduzindo sua exposição a distorções e manipulações.

No momento em que este capítulo é escrito, no final do primeiro semestre de 2024, o Congresso Nacional discute o Projeto de Lei n. 5.230/2023, de iniciativa do Poder Executivo, que propõe uma nova reformulação da LDB, corrigindo algumas das modificações trazidas pela MP n. 746/2016. Assim, passados oito anos da introdução da reforma do ensino médio, em setembro de 2016, elementos essenciais ao planejamento da atividade pedagógica seguem indefinidos e as pressões vindas de setores que patrocinaram a reforma da educação básica por meio de medida provisória atuam ativamente na defesa de diretrizes que mais atendem à lógica de mercado do que promovem uma formação crítica e universal dos estudantes. Nesse cenário, buscamos identificar e responder: qual o papel da educação básica na defesa da ciência como elemento essencial à formação dos estudantes? Quais são as questões centrais para o ensino de biologia para sua afirmação como instrumento de interpretação crítica do mundo contemporâneo? Quais são os desafios a serem superados pelos professores de biologia para atingir seus objetivos pedagógicos? Que alternativas didáticas têm os professores para desenvolver seu trabalho?

De que tipo de ciência trata o ensino médio

Até a MP n. 746/2016, a LDB se referia à ciência e à cultura no artigo 36:

> [...] destacará a educação tecnológica básica, a compreensão do significado da ciência, das letras e das artes; o processo histórico de transformação da sociedade e da cultura; a língua portuguesa como instrumento de comunicação, acesso ao conhecimento e exercício da cidadania.

Esse artigo exprimia a compreensão do significado da ciência e da cultura no ensino médio como condição para o exercício da cidadania e foi suprimido na íntegra pela medida provisória (Brasil, 2016). Com isso, a lei deixou de tratar de linguagens, ciências humanas e sociais e ciências da natureza como saberes que devem ser pensados de maneira integrada e articulada durante o processo de formação dos estudantes de ensino médio. O texto que passou a vigorar se refere, em seu artigo 35, inciso IV, à "compreensão dos fundamentos científico-tecnológicos dos processos produtivos, relacionando a teoria com a prática, no ensino de cada disciplina", estabelecendo a vinculação da ciência à produção e à tecnologia e deixando de orientar o ensino de ciências da natureza no ensino médio no sentido de sua integração às diferentes formas de conhecimento.

O artigo 36 passou a vincular o currículo do ensino médio a um dispositivo legal, a BNCC, que ainda demoraria quase dois anos para ser publicada. Nele, o currículo do ensino médio é apresentado como "composto pela Base Nacional Comum Curricular e por itinerários formativos, que deverão ser organizados por meio da oferta de diferentes arranjos curriculares, conforme a relevância para o contexto local e a possibilidade dos sistemas de ensino" (Brasil, 2017). Observa-se que, além da desarticulação do conceito de ciência e de sua desvinculação de outros saberes que não aqueles voltados para as tecnologias de produção, todo o currículo ficou vinculado a uma BNCC ainda desconhecida. Não menos importante, as condicionantes "relevância para o contexto local" e "possibilidade dos sistemas de ensino" abriam um amplo leque de possibilidades de interpretação por parte dos governos locais de quais prioridades deveriam ser consideradas. Algumas das consequências mais destacadas do impacto dessa desarticulação puderam ser sentidas na oferta de livro didático, nos processos de seleção para ingresso em cursos de graduação e na formação inicial e continuada de professores, sendo essa última, provavelmente, a de efeito mais duradouro e de mais difícil reversão (Louzada-Silva *et al*., 2021; Bizzo; Garcia, 2023).

Ao mesmo tempo em que acontecia o processo de desarticulação dos parâmetros que tratam da ciência na legislação da educação básica, o conhecimento científico e sua aplicação sofriam outros ataques diretos. Duarte e Benetti (2022) destacam que, entre os grupos chamados negacionistas, ou terraplanistas, as narrativas não são necessariamente construídas com base na negação da ciência; há, também, a exploração das controvérsias na produção de fatos científicos e do questionamento a instituições como a Organização Mundial da Saúde, assumindo um discurso de defesa da ciência contra aqueles que, alegadamente, estariam a deturpá-la. Os autores afirmam ainda que

> [...] tal postura "assimétrica" é característica do jogo de poder epistêmico intrínseco ao debate contemporâneo sobre *fake news* e pós-verdade, no qual política, esoterismo e desrazão são atribuídos sempre ao enunciado do outro (*ibid*., p. 126).

A pandemia de Covid-19 serviu de palco para um embate entre diferentes formas de definir prioridades, com uma contraposição extrema nas propostas de como conter a disseminação do vírus por meio de políticas de supressão das cadeias de contágio. Silva e Videira (2020) destacam que, nesse período, "as noções de verdade e de fato perdem seu conteúdo e seu lugar nos discursos dominantes" (*ibid.*, p. 1043) em razão de "uma onda de obscurantismo e relativismo [que] tenta confundir a opinião pública, colocando o conhecimento científico, o achismo e a opinião infundada no mesmo nível" (*ibid.*, p. 1043). O efeito mais direto desse quadro é o comprometimento da própria finalidade da ciência, dos processos e métodos de fazer e divulgar ciência, enfim, de sua finalidade na orientação de decisões, de atuar como um instrumento social transformador:

> Quando a ciência deixa de ser uma força de orientação, quando perde sua dimensão existencial, e abdica de ocupar um papel mais elevado no mundo da cultura e de ser, enquanto um conjunto de práticas sociais, um modo de vida cuja atitude é por si mesma uma resposta à questão do sentido, então também se encontra ameaçada. As ciências são práticas sociais complexas, produzidas por coletivos. Mas os coletivos são formados por atores sociais e políticos, dotados de motivações e aspirações pessoais (*ibid.*, p. 1067).

A perda do sentido de orientação social e individual por parte das ciências biológicas tem consequências graves para a sociedade, justamente em um momento de afirmação desse campo de conhecimento como uma ciência autônoma em relação às ciências físicas. A sociedade contemporânea está habituada a tomar emprestado das ciências biológicas grande quantidade de termos, que ganham uma ou muitas conotações diferentes daquela para qual foram forjados, incorporando-se ao dia a dia das pessoas sem que elas os relacionem, necessariamente, à origem. Assim, apenas como exemplo, DNA é utilizado largamente no sentido de origem; vírus foi apropriado pelo setor de tecnologia para designar programas maliciosos que atacam computadores e redes; viralizar ganhou sentido de disseminação rápida de uma ideia ou imagem; meme se tornou sinônimo de piada transmitida por meio eletrônico e que atinge um grande público; e ecossistema é corriqueiramente utilizado no mundo dos negócios. Uma das tarefas do professor de biologia é trazer o vocabulário biológico já conhecido pelos jovens para o contexto específico da ciência.

Mais do que trabalhar a aprendizagem de conceitos e processos biológicos e suas relações com a vida dos estudantes, o professor deve deixar claro de qual biologia ele está tratando, quais pressupostos epistemológicos dão suporte a esses conhecimentos e quais as implicações de sua aplicação. As transformações por que passou o entendimento da biologia como ciência na segunda metade do século passado e no início do atual devem orientar o trabalho pedagógico.

Muitas vezes, as mudanças conceituais vivenciadas pelos alunos ao estudar ciências confrontam seu conhecimento comum, conceitos prévios e princípios relacionados às suas visões de mundo, o que exige do docente uma aproximação que leve em consideração essas individualidades (Mortimer; El-Hani, 2014). Essa é uma realidade que faz parte do trabalho pedagógico e, a depender da predisposição do discente, não constitui um impedimento à difusão do conhecimento. O cenário muda se o que se encontra são posições dogmáticas e, mais ainda, uma oposição prévia a qualquer conhecimento que se oponha a determinadas cosmovisões que promovem o ativismo anticiência. Esse cenário, antes muito restrito, está fortemente estabelecido hoje em dia e influencia a discussão de conceitos biológicos na educação básica.

De que biologia estamos tratando

Parte da transformação conceitual da biologia como ciência é resultado do trabalho de Ernst Mayr (1904-2005), zoólogo alemão que trabalhou nos Estados Unidos de 1931 até o final da vida. Mayr inovou ao defender que a melhor maneira de resolver os problemas da filosofia da ciência seria se valer de uma abordagem empírica, ao contrário da maneira predominante de tentar resolvê-los pela lógica (Mayr, 2005, p. 13). Essa forma de aproximação lhe parecia particularmente importante para o desenvolvimento de uma filosofia da biologia, uma vez que "a abordagem tradicional é baseada na premissa de que a biologia é uma ciência exatamente como qualquer uma das ciências físicas, mas há muitos indícios que levam a pôr em dúvida tal premissa" (*ibid.*, p. 14), o que poderia ser resolvido com uma "análise profunda do quadro conceitual da biologia e sua comparação com o quadro conceitual da física" (*ibid.*, p. 14), procedimento que até aquele momento nunca havia sido adotado. Um problema destacado na comparação entre a biologia e as ciências físicas seria a necessidade de ter clareza de quais são os problemas, quais as controvérsias ainda não resolvidas, pois "qualquer incerteza sobre algum problema menor pode ser usada por alguns opositores de certas teorias importantes da biologia para rejeitar essa teoria básica" (*ibid.*, p. 14), o que acontecia, particularmente, com as teorias evolucionistas de Charles Darwin. A despeito disso, Mayr reafirmou que "a validade do paradigma básico darwiniano se encontra tão firmemente estabelecida que não pode mais ser questionada" (*ibid.*, p. 14). Entre as diferentes contribuições trazidas para o pensamento biológico por Darwin, devemos destacar o rompimento com o pensamento tipológico (ou essencialismo) e o finalismo (Mayr, 2009, p. 99-100), posições filosóficas hegemônicas até o início do século XX, e a introdução de novos conceitos como população, seleção natural, acaso e história (Sepulveda; Mortimer; El-Hani, 2013, p. 447).

A dimensão e importância da evolução como alicerce da biologia contemporânea é um tema recorrente e que já havia sido resumido como preceito consagrado em um ensaio publicado por Theodosius Dobzhansky em 1973 na revista *The American Biology Teacher* com o título de "Nothing in biology makes sense except in the light of evolution" (Nada faz sentido em biologia exceto à luz da evolução) (Dobzhansky, 1973). Esse postulado, que propunha por si só um consenso, não foi, porém, suficiente para estabelecer a biologia como uma ciência autônoma, pois a identificação e o reconhecimento de uma epistemologia singular dependiam da superação de vinculações e referenciamentos históricos bem sedimentados daquilo que se entendia até então como ciência. Ao tratar de suas primeiras tentativas de se aproximar da "filosofia da ciência tradicional", Mayr (2005, p. 18-19) relata:

> Desenvolvi a impressão vaga de que os novos conceitos e princípios encontrados nos ramos mais teóricos da biologia poderiam construir um bom ponto de partida para uma genuína filosofia da biologia.

Aqui, no entanto, precisava ser muito cuidadoso. Não queria cair numa armadilha como a do vitalismo, nem me transformar num teleologista, como Kant na sua crítica do juízo. Estava determinado a não aceitar princípio algum nem causas que estivessem em conflito com as leis naturais newtonianas. A biologia para a qual queria encontrar a filosofia tinha de qualificar-se como uma ciência *bona fide* [de boa-fé], genuína.

Por um longo período, os modelos de ciência aceitos foram aqueles que tinham a mecânica, área de conhecimento fortemente dependente da matemática, como principal referência, o que tornou a ciência de Galileu e Newton a única forma de ciência aceitável por 350 anos. O entusiasmo com o avanço da física no início do século XX reforçava a percepção em determinados círculos de que a relatividade e a física quântica teriam impacto sobre os demais campos de conhecimento, o que não se confirmou. Aqueles novos conhecimentos só eram acessíveis aos formados no estilo de pensamento de físicos como, por exemplo, Albert Einstein, e em ramos específicos da matemática, e "praticamente nenhuma das grandes descobertas da física nos anos 1920 teve efeito aparente sobre a biologia" (*ibid.*, p. 32).

A transição para um contexto filosófico próprio das ciências biológicas trouxe algumas questões desafiadoras e com implicações diretas na formulação e apresentação de conceitos biológicos, particularmente na educação básica. Sepulveda, Mortimer e El-Hani (2013) discutem a existência, a natureza e o papel das leis na construção do conhecimento biológico e como esses fatores influenciam a construção de perfis para conceitos da biologia, especificamente evolução, tema particularmente importante para o trabalho docente no ensino médio. Trata-se de uma discussão relevante, em virtude das características anteriormente discutidas da área de ciências da natureza, campo em que convivem as ciências físicas e biológicas com suas divergências na maneira de tratar as generalizações, ou seja, com diferentes entendimentos para a formulação de leis. Apesar de sua relevância, não há como avançar esse tema neste capítulo, mas os autores reconhecem que a biologia tem uma tendência de manter

[...] um elevado grau de polissemia semântica em torno de conceitos centrais, não só ao longo da história das ideias, como também contemporaneamente, em decorrência da estabilização de significados múltiplos, cada qual com diferentes domínios de aplicação (*ibid.*, p. 473).

Tratamos, portanto, de uma ciência natural que diverge das ciências físicas em pontos essenciais, como a forma de aproximação do problema e a maneira de generalizar sua solução, mas que converge com essas no essencial, que é explicar o funcionamento da natureza. Essas divergências são explicadas pela própria natureza dos fenômenos estudados, com os processos físico-químicos aceitando abordagens fundamentadas na previsibilidade e na matemática, o que não é característico do estudo de processos biológicos. A autonomia da biologia como ciência entre as ciências da natureza trouxe para o ensino de biologia no ensino médio o desafio, bastante recente, de caracterizar e discutir as divergências conceituais e metodológicas dentro desse campo de conhecimento. Esse desafio tem de ser enfrentado sem que isso sirva para municiar os opositores da ciência, interessados em promover a rejeição de seus fundamentos teóricos básicos, por meio de um forte movimento organizado sistematicamente para influenciar decisões nas mais diferentes formas de atividade humana, particularmente nas políticas voltadas para a educação, a saúde e o meio ambiente. Para ter sucesso, esse movimento opera no sentido da captura da escola, em seus diferentes níveis de formação, uma vez que é ali que se concentram as principais atividades de difusão sistemática e criteriosa do conhecimento científico. Esse ataque se dá em todos os campos, desde as ciências humanas e sociais, que sofrem com a negação de eventos históricos e com sua reinterpretação, até as ciências da natureza, com a rejeição de evidências de mudanças climáticas ou em campanhas para desacreditar a vacinação, por exemplo.

As didáticas específicas no contexto do ensino de biologia

A organização do trabalho pedagógico em ciências da natureza tem, historicamente, uma área de tensão entre os pedagogos e os professores de áreas específicas. Na raiz dessa tensão, está a premissa que Libâneo (2015, p. 631) descreve nos seguintes termos:

> Uma coisa é o conhecimento disciplinar com sua lógica, sua estrutura e seus modos próprios de investigação e outra coisa é o conhecimento pedagógico, entendido como domínio de procedimentos e recursos de ensino sem vínculo com o conteúdo e os métodos de investigação da disciplina ensinada.

Nesse cenário, a formação dos professores de ciências da natureza ocorre em um ambiente em que os dois campos pedagógicos se colocam em oposição, tendo, de um lado, os professores das didáticas específicas, que desconsideram a didática geral, e, do outro, os professores de didática geral, que questionam o "pouco interesse de seus colegas pelos saberes pedagógicos como as teorias da educação, a psicologia da aprendizagem, as teorias do ensino, e a própria didática" (*ibid.*). É preciso também levar em conta que uma parte dos professores de ensino médio só faz essa opção profissional tardiamente, muitas vezes, após toda uma formação em sua área específica voltada, por exemplo, para a pesquisa, sem qualquer interesse pedagógico. Superar essa dicotomia exige um posicionamento claro não só no sentido da emancipação do conhecimento biológico, no contexto desenvolvido por Mayr, como também se deve avançar na própria formação do sujeito docente, a fim de promover sua independência como intelectual. Tal superação passa por uma sólida formação em conhecimentos específicos, aliada a conhecimentos pedagógicos gerais e específicos, em um processo que apenas começa quando do término da graduação, prosseguindo por toda a vida do profissional.

As didáticas específicas não constituem um conjunto de rotinas predefinidas, mas direcionam a ação do professor e dos alunos, reinventando a prática pedagógica com base na crítica do objeto estudado (Veiga, 2014). Ao introduzir a discussão sobre relações pedagógicas na aula da educação superior, Veiga trata dos limites da racionalidade técnica em contraposição à realidade emancipatória. Para a autora, "na perspectiva da racionalidade, a técnica, a ciência se baseia no conhecimento objetivo, elaborado pela experimentação e pela observação controlada, procurando o critério de verdade na experimentação e na lógica matemática" (Veiga, 2019, p. 21) e o domínio da racionalidade técnica e burocrática restringe as possibilidades de trabalho colaborativo e participativo. O resultado seria uma relação pedagógica de dependência dos estudantes em relação aos professores, caracterizada pela "separação entre conhecimentos científicos e conhecimentos provenientes do senso comum; e a separação entre natureza e pessoa" (*ibid.*, p. 21). Por outro lado, uma relação pedagógica com vínculo libertador estaria fundamentada em atitudes de empatia, apoio e aceitação, capazes de construir o conhecimento que emancipa, em uma relação de ensino e aprendizagem dialógica de partilha que busca "o desenvolvimento do pensamento, da capacidade de questionar, de problematizar, de criar e construir um pensamento estruturado", visando à superação da "fragmentação das ciências e suas implicações para a vida do homem e da sociedade" (*ibid.*, p. 24). É justamente para as implicações do ensino de biologia para a vida do homem e da sociedade que voltaremos nossa atenção na discussão de metodologias específicas.

Por ser a biologia um campo de conhecimento muito amplo e em permanente transformação, com acréscimos contínuos de novas informações e reinterpretações do entendimento de fenômenos, existe uma ampla diversidade de pedagogias específicas que podem ser adotadas na formação do professor de educação básica. Isso nos levou a estabelecer um recorte dos temas a serem tratados, concentrando nossa atenção naqueles que mais diretamente impactam a vida, o indivíduo e a sociedade, a saúde e o meio ambiente. Como discutido anteriormente, e não coincidentemente, são também temas visados por setores que trabalham com o objetivo de combater a ciência por meio da negação e da distorção do conhecimento científico. No campo da saúde, são muito frequentes os episódios de alinhamento com políticas contrárias à ciência, tendo como agentes, muitas vezes, instituições com ampla penetração na mídia e peso na formação da opinião pública, como o Conselho Federal de Medicina, que, durante a pandemia de Covid-19, corroborou as recomendações do Ministério da Saúde para o uso de cloroquina no tratamento, em oposição a entidades de especialistas, como a Sociedade Brasileira de Infectologia (Duarte; Benetti, 2022). Evidentemente, esse tipo de confronto de procedimentos causa confusão na população, quando não um processo de descrédito na ciência. Há também exemplos de ações voltadas para a superação da negação da ciência por meio da educação, como no caso da inclusão, nos projetos institucionais e pedagógicos de educação básica e superior, de temas ambientais específicos, como mudanças climáticas, proteção da biodiversidade e riscos e emergências socioambientais na Política Nacional de Educação Ambiental:

> Art. 10
>
> § 4º Será assegurada a inserção de temas relacionados às mudanças do clima, à proteção da biodiversidade, aos riscos e emergências socioambientais e a outros aspectos referentes à questão ambiental nos projetos institucionais e pedagógicos da educação básica e da educação superior, conforme diretrizes estabelecidas pelo Conselho Nacional de Educação, no uso de suas atribuições legais (Brasil, 2024b).

Se, por um lado, um dispositivo legal não garante a efetividade da inclusão de temas ambientais na formação básica e universitária, por outro, a explicitação desses temas que estão no centro da disputa fortalece as ações de conscientização e formação.

Quatro exemplos de didáticas específicas no ensino de biologia

I – Simulação realística

Amplamente utilizada em disciplinas de ciências da saúde, a simulação realística permite a substituição de animais vivos e peças anatômicas em diferentes tipos de procedimentos em sala de aula e laboratório. Os equipamentos utilizados podem ter alto custo financeiro, o que restringe seu uso em aulas de anatomia e fisiologia, por exemplo. Sua aplicação para a discussão de temas ambientais é mais recente e permite a abordagem de tópicos atuais e de grande impacto social, com a utilização de representação teatral e cenários de simples elaboração. Jácome *et al.* (2022) utilizaram atores para discutir temas ambientais com estudantes de bioética de cursos de ciências biológicas e biomedicina, simulando o cenário do desastre ambiental da barragem de Brumadinho, em Minas Gerais. A simulação é precedida pela apresentação de um protocolo que orienta toda a atividade, incluindo o debate que acontece ao final. Em uma escola de ensino médio, o professor pode utilizar os próprios estudantes como atores e integrar a atividade com outros componentes curriculares, como artes, por exemplo, caso haja um grupo de teatro. Esse tipo de atividade pode ser combinado com outras didáticas específicas, como o júri simulado.

II – Júri simulado

Técnica de ensino-aprendizagem em que os estudantes assumem papéis em defesa de posições opostas e argumentam a favor ou contra a situação proposta. O professor assume o papel de coordenador, garantindo que a atividade se desenvolva conforme o planejamento, enquanto os estudantes se distribuem nas tarefas de mediar os trabalhos e de atacar e defender determinada posição, previamente definida (Veloso Filho; Musse; Mihalache, 2017). O júri simulado proporciona um grande engajamento dos estudantes, favorecendo o aprendizado, a integração e a criatividade, mas deve ser utilizado com cautela, principalmente em temas controversos que envolvam costumes ou posições dogmáticas, pois há o risco de se tornar palco de extremismos. O professor deve avaliar criteriosamente se o tema proposto trará benefícios pedagógicos e permitirá que seus estudantes ampliem conhecimentos e capacidade argumentativa ou se, ao contrário, servirá para consolidar preconceitos e desinformação.

III – Protocolos experimentais

A utilização de protocolos para organizar experimentos laboratoriais é um procedimento comum nas ciências da natureza e nas ciências da saúde, tendo particular importância na organização de aulas de biologia. Os protocolos têm como características garantir o acesso de todos os estudantes às orientações e aos procedimentos a serem desenvolvidos, a possibilidade de aprendizagem colaborativa em grupo e a flexibilidade de ter sua configuração reformulada sempre que adequações forem necessárias (Branco; Veiga; Souza, 2017). A atividade experimental deve ser seguida de discussão em que os estudantes avaliam com o professor os resultados obtidos, sendo um momento privilegiado para identificação de acertos e erros de procedimento, possibilitando aos alunos aprender a lidar com insucessos e superá-los. Os protocolos podem, ainda, orientar a elaboração de relatórios de experimento, nos quais os estudantes apresentam o objeto de pesquisa, descrevem os procedimentos metodológicos, informam os resultados obtidos e os discutem. Para além das atividades em laboratório, os protocolos de experimentos são ferramentas importantes para o desenvolvimento de atividades de campo.

IV – Aulas de campo

Trata-se de um procedimento pedagógico típico do ensino superior em disciplinas como botânica, ecologia e zoologia, entre outras. Essas aulas são frequentemente realizadas em áreas de proteção, como parques e reservas naturais, o que exige certa logística em termos de equipamento e transporte. São atividades que permitem o desenvolvimento do conhecimento biológico por meio da observação direta, como também de métodos e procedimentos de observação e análise. Em um primeiro momento, os estudantes devem ser orientados sobre comportamento, segurança, vestuário, orientação espacial, equipamentos, uso de guias de campo e registro de observações, para, a seguir, passarem às atividades específicas da disciplina. Aulas de campo devem ser criteriosamente planejadas, com objetivos e procedimentos apresentados e discutidos com os participantes com antecedência e orientações escritas na forma de protocolo. O maior desafio para o professor de ensino médio talvez seja superar a ideia de que a natureza é algo que está fora da escola e que, para observar e estudar os seres vivos, é necessário deslocar-se para outros ambientes. Promover saídas de campo dentro da própria escola, ou em seu entorno, é um recurso didático muitas vezes possível e que deve ser explorado, visando à identificação de animais e plantas, das interações entre eles e de eventuais situações ambientalmente inadequadas. Além do conhecimento biológico, o reconhecimento do espaço da escola como uma comunidade biológica com características e complexidade próprias, tem o potencial de desenvolver nos estudantes a capacidade de observação, a noção de pertencimento e o respeito à natureza.

Considerações finais

A formação inicial do professor para atuar em educação básica é uma tarefa complexa que exige políticas públicas bem planejadas e contínuas que incluem medidas voltadas à permanência do estudante na universidade, à disponibilidade de recursos materiais e humanos que fortaleçam os cursos de licenciatura e à garantia de inserção profissional, com valorização da carreira do magistério por meio de uma política de remuneração justa e de estabilidade funcional. A última década foi marcada pela descontinuidade de políticas no campo da educação, pela redução de investimentos, pela precarização das relações de trabalho e pelo surgimento de movimentos organizados que contestam não só a atuação dos professores em sala de aula como também os conhecimentos construídos historicamente em alguns componentes curriculares, entre eles a biologia.

Um dos principais desafios para os professores de ciências da natureza é o enfrentamento de ações deliberadas de negação e distorção do conhecimento científico, promovidas por setores poderosos e bem estruturados. O movimento anticiência trouxe para o ambiente escolar variáveis que até muito recentemente não existiam e deve ser enfrentado por profissionais com sólida formação teórica e prática. O ensino de ciências deve estar voltado para promover a emancipação, fortalecer o senso crítico e o diálogo. Os professores de ciências da natureza desempenham papel preponderante na formação de jovens e no despertar de vocações e talentos, sem os quais não há como uma nação garantir sua soberania e seu desenvolvimento.

Referências

BIZZO, N. M. V; GARCIA, P. S. Reforma do ensino médio e formação de professores: uma cronologia insensata. *Revista de Ensino de Biologia da SBEnBio*, v. 16, n. esp. 1, p. 513-531, 2023. Disponível em: https://renbio.org.br/index.php/sbenbio/article/view/1051. Acesso em: 22 mar. 2024.

BRANCO, M. V. C.; VEIGA, I. P. A.; SOUZA, M. H. V. Protocolo de experimento: construindo trilhas para as atividades laboratoriais. *In*: VEIGA, I. P. A. (org.). *Metodologia participativa e as técnicas de ensino-aprendizagem*. Curitiba: CRV, 2017, p. 221-237.

BRASIL. Medida Provisória n. 746, de 22 de setembro de 2016. Institui a Política de Fomento à Implementação de Escolas de Ensino Médio em Tempo Integral, altera a Lei n. 9.394, de 20 de dezembro de 1996, que estabelece as diretrizes e bases da educação nacional, e a Lei n. 11.494, de 20 de junho 2007, que regulamenta o Fundo de Manutenção e Desenvolvimento da Educação Básica e de Valorização dos Profissionais da Educação, e dá outras providências. *Diário Oficial da União*, Brasília, seção 1, n. 184-A, p. 1, edição extra, 23 set 2016. Disponível em: https://www2.camara.leg.br/legin/fed/medpro/2016/medidaprovisoria-746-22-setembro-2016-783654-publicacaooriginal-151123-pe.html. Acesso em: 11 abr. 2024.

BRASIL. Lei n. 13.415, de 16 de fevereiro de 2017. Altera as Leis n. 9.394, de 20 de dezembro de 1996, que estabelece as diretrizes e bases da educação nacional, e 11.494, de 20 de junho de 2007, que regulamenta o Fundo de Manutenção e Desenvolvimento da Educação Básica e de Valorização dos Profissionais da Educação, a Consolidação das Leis do Trabalho – CLT, aprovada pelo Decreto-Lei n. 5.452, de 1º de maio de 1943, e o Decreto-Lei n. 236, de 28 de fevereiro de 1967; revoga a Lei n. 11.161, de 5 de agosto de 2005; e institui a Política de Fomento à Implementação de Escolas de Ensino Médio em Tempo Integral. *Diário Oficial da União*, Brasília, seção 1, n. 35, p. 1-3, 17 fev. 2017. Disponível em: https://www.planalto.gov.br/ccivil_03/_ato2015-2018/2017/lei/l13415.htm. Acesso em: 23 fev. 2024.

BRASIL. Conselho Nacional de Educação. *Resolução n. 2, de 20 de dezembro de 2019*. Define as Diretrizes Curriculares Nacionais para a Formação Inicial de Professores para a Educação Básica e institui a Base Nacional Comum para a Formação Inicial de Professores da Educação Básica (BNC-Formação). Brasília: Conselho Nacional de Educação, 2019.

BRASIL. Instituto Nacional de Estudos e Pesquisas Educacionais Anísio Teixeira – Inep. *Relatório do 5º ciclo de monitoramento das metas do Plano Nacional de Educação – 2024*. Brasília: Inep, 2024a. Disponível em: https://download.inep.gov.br/publicacoes/institucionais/plano_nacional_de_educacao/relatorio_do_quinto_ciclo_de_monitoramento_das_metas_do_plano_nacional_de_educacao.pdf. Acesso em: 24 jun. 2024.

BRASIL. Lei n. 14.926, de 17 de julho de 2024. Altera a Lei n. 9.795, de 27 de abril de 1999, para assegurar atenção às mudanças do clima, à proteção da biodiversidade e aos riscos e vulnerabilidades a desastres socioambientais no âmbito da Política Nacional de Educação Ambiental. *Diário Oficial da União*, Brasília, p. 1, 18 jul. 2024b. Disponível em: https://legislacao.presidencia.gov.br/atos/?tipo=LEI&numero=14926&ano=2024&ato=cb7AzaE5ENZpWTb6c. Acesso em: 25 jul. 2024.

DOBZHANSKY, T. Nothing in biology makes sense except in the light of evolution. *The American Biology Teacher*, v. 35, p. 125-129, 1973.

DUARTE, D. E.; BENETTI, P. R. Pela ciência, contra os cientistas? Negacionismo e as disputas em torno das políticas de saúde durante a pandemia. *Sociologias*, Porto Alegre, ano 24, n. 60, p. 98-138, 2022.

JÁCOME, M. Q. D. *et al*. Simulação realística: relato de aula de bioética sobre o desastre ambiental da barragem de Brumadinho – Minas Gerais/Brasil. A VOZ DOS PROFESSORES EM C&T, 2022, Vila Real, Portugal. [*Atas*]. Vila Real: Universidade de Trás-os-Montes e Alto Douro, 2022, p. 180-187. Disponível em: https://vpct.utad.pt/wp-content/uploads/2023/06/VPCT2022_Atas_compressed.pdf. Acesso em: 6 set. 2023.

LIBÂNEO, J. C. Formação de professores e didática para desenvolvimento humano. *Educação & Realidade*, Porto Alegre, v. 40, n. 2, p. 629-650, 2015.

LOUZADA-SILVA, D. *et al.* Formação continuada para o Novo Ensino Médio no Distrito Federal: desafios em tempo de pandemia de Covid-19. *Revista ComCenso*: Estudos Educacionais do Distrito Federal, v. 8, n. 2, p. 12-21, 2021.

MORTIMER, E. F.; EL-HANI, C. N. *Conceptual profiles*: a theory of teaching and learning scientific concepts. Dordrecht: Springer, 2014.

PIVARO, G. F.; GIROTTO JÚNIOR, G. O ataque organizado à ciência como forma de manipulação: do aquecimento global ao coronavírus. *Caderno Brasileiro de Ensino de Física*, v. 37, n. 3, p. 1074-1098, 2020.

SAVIANI, D. O vigésimo ano da LDB: as 39 leis que a modificaram. *Revista Retratos da Escola*, Brasília, DF, v. 10, n. 19, p. 379-392, 2016.

SEPULVEDA, C.; MORTIMER, E. F.; EL-HANI, C. N. Construção de um perfil conceitual de adaptação: implicações metodológicas para o Programa de Pesquisa sobre Perfis Conceituais e o ensino de evolução. *Investigações em Ensino de Ciências*, v. 18, n. 2, p. 439-479, 2013.

SILVA, V. C.; VIDEIRA, A. A. P. Como as ciências morrem? Os ataques ao conhecimento na era da pós-verdade. *Caderno Brasileiro de Ensino de Física*, v. 37, n. 3, p. 1041-1073, dez. 2020.

VEIGA, I. P. A. Didática geral e didáticas específicas: pontos para reflexão. *Olhar de Professor*, v. 17, n. 1, p. 13-19, 2014.

VEIGA, I. P. A. Introdução. *In*: VEIGA. I. P. A. (org.). *Relação pedagógica na aula da educação superior*. Campinas: Papirus, 2019. p. 17-28.

VELOSO FILHO, J. C.; MUSSE, L. B.; MIHALACHE, S. G. C. C. Júri simulado: uma técnica de ensino colaborativo. *In*: VEIGA, I. P. A. (org.). *Metodologia participativa e as técnicas de ensino-aprendizagem*. Curitiba: CRV, 2017. p. 57-74.